%100® DÜŞÜNCE GÜCÜ

Psikojenez Yolu

Jack Ensign Addington

Çeviren: Semra Ayanbaşı

AKAŞA®

Kitabın Orijinal Adı:
%100 Mind Power-Psychogenesis

Basım ve cilt: *Avcı Ofset / Matbaa Sertifika No:45259*
Fetih Cad. İpek İş Merkezi No:2/13 Topkapı İstanbul
Yayıncılık Sertifika No:44354
ISBN: 978-975-6793-91-6

AKAŞA
Yayın Dağıtım Tanıtım Tur. Dış Tic. Ltd. Şti.
Lamartin Cad. No:40 Asma Kat Taksim - İstanbul
Tel: (0212) 235 99 73 http://www.akasa.com.tr

Yirmi üçüncü Basım
İstanbul, 2026

İÇİNDEKİLER

Verdiği ilham ve sevgi dolu destekle bu kitabın yazılmasını mümkün kılan eşim Cornelia'ya...

Yerkürenin ilk oluşmakta olduğu zamandan beri aynı büyük gelişmenin birbirini takip eden aşamalarını izliyorduk. Jeokimya, jeo-tektonik ve jeo-biyoloji yoluyla daima tanınabilecek tek ve temel bir süreç bulduk; bu, ilk hücrelerin oluşumuyla maddesel form kazanan ve daha sonra sinir sistemlerinin oluşumuyla devam eden süreçtir. Jeojenezin biyojeneze terfi ettiğini gördük, ki sonunda onun psikojenez'den başka bir şey olmadığı anlaşıldı.

Teilhard de Chardin, *İnsan Fenomeni*

Düşünce gücünün eylemi, sınırlı bir bireysellikle sınırlı değildir. Bireyin yaptığı, kendisininkinden son derecede daha büyük ve sınırsız olan bir kuvveti harekete geçirmek ve ona yön vermektir; zeki, ama kişisel-olmayan bu kuvvet bireyin kişiliğinin etkisini alacak ve kendi etkisinin, bireyin başa çıkmak zorunda olduğu koşulları nesnel algılayışını kısıtlayan sınırların çok ötesinde hissedilmesini sağlayacaktır.

Thomas Troward, *Edinburg Konferansları*

BAŞLARKEN

YENİ BİR HAYATA GİRİŞ

İş hayatında faal bir avukat olarak geçirdiğim on altı yıl ve düşünce gücünü kullanarak kendini ve hayatını yönetme konusunda konferanslar vererek geçirdiğim yirmi yıl bana bir şey öğretti: İnsan kendisinin en büyük düşmanıdır.

Bu süre içinde en azından yirmi bin sorunlu insana danışmanlık yaptım. Onların her biri kendi sorununun benzersiz olduğunu düşünüyordu; ancak, benim gözümde hepsinin sorunu aynıydı. Her biri kendisini ve hayatta başarılı olma kapasitesini bir biçimde küçük görüyordu; her biri zihnini kendisine doyum getirecek doğru yollara yönlendirmeyi başaramamıştı; her biri hayatın kendisine karşı olduğunu düşünüyordu, oysa aslında onlar kendi kendilerine karşılardı.

Eğer insan onu denemeye gönüllü olursa her durumda işe yarayan bir zihin yasasının bulunduğunu keşfettim. Her ne zaman bir insan düşünüşünü değiştirmek ister, bilinçaltı zihnine yeni, bilinçli bir yön verirse, onun yaşamında ani bir değişim meydana geliyordu. William James, bu gerçeği geçen yüzyılın sonunda keşfetmiş ve her düşüncenin sonuca götüren bir araç olduğunu söylemişti; ama bu gerçek o zaman çoğu insan tarafından anlaşılmamıştı.

Bilinçaltı zihinde saklı olan o muazzam gücü keşfettiğimde ve onu nasıl kullanacağımı öğrendiğimde, artık insanların mahkemelerde birbirlerine direnmelerine yardım etmekten doyum bulmaz oldum. İnsanın düşünce gücüyle kendini ve hayatını yönetmesi ve insan-Tanrı ilişkisi konusunda verdiğim konferanslar ve danışmanlık hizmetiyle insanlara çok daha iyi bir yardım sunabileceğimi görmüştüm.

Ofisime akan insan selinin, hiç kesilmeyen telefon konuşmalarının ve daha iyi bir yaşam ifadesi ve felsefesi arayan insanlardan aldığım mektupların kayıtlarını tutmaya başladım. Çok geçmeden, dosyalarım, hayat koşullarını düzeltmek için yapabilecekleri bir şeyin olduğunu görmüş olan minnettar insanların vaka öyküleri, mektupları ve raporlarıyla dolup taşmaya başladı. Bu dosyaları "gösteri dosyalarım" olarak adlandırıyorum; çünkü onlar zihin gücünün, yani düşünce gücünün harika gösterilerini içeriyorlar.

İnsanlarla yaptığım bu çalışma sayesinde Kendini-Yönetme bilimini, yani bilinçaltı zihni doğru kullanım kanallarına yönlendirme sanatını geliştirdim. Bu bilimin etkililiği ve geçerliliği konusunda artık hiçbir kuşkum yok. *İnsan kendisiyle ilgili inandığı, güvenle beklediği şeyleri mutlaka yaşayacaktır.* İnsanın bildiği her sorunun üstesinden gelebilecek kesin ve kolayca uygulanabilir bir Kendini-Yönetme sistemi vardır. Bu bir yasa ve düzen evrenidir. Yani, hayatın her bölümü yasa tarafından yönetilir. Hiçbir şey şansa veya çevreye bağlı değildir. Dış dünyadaki her sorun zihnin işleyişiyle, düşünce gücüyle çözülebilir. Her sorun Kendini-Yönetme yoluyla çözülebilir. Bunun anahtarı Psikojenez'dir; *yani her şey zihinde, düşüncede başlar.* Bu sadece dünyanın başlangıcında, sadece bir kere olmadı: Hayat sürekli olarak kendisini yeniden yaratıyor. Biz de sürekli olarak baştan başlıyoruz ve tüm bunlar Zihin ile, Düşünce ile gerçekleşiyor. *Başlangıçta Zihin göğü ve yeri yarattı.* Zihnimize yerleştirdiğimiz her yeni kavram, deneyimimizde tamamen yeni bir olaylar dizisi olarak şekillenip tezahür eder.

Bu kitapta, bana sunulan en yaygın sorunların çözümlerini sunmaya çalıştım; bunlar birlikte çalıştığım insanlar tarafından çözülen sorunlardı ve şimdi bu kitapla birlikte daha çok insanın Kendini-Yönetme'den yararlanabileceğini umut ediyorum.

Kendini-Yönetme'de kullandığımız yasa şudur: *İnsanın bilinçli olarak düşündüğü her düşünce bilinçaltı zihni etkiler ve bilinçaltı bu düşünceyi -düşüncenin içerdiği güce ve arzuya göre- gerçekleştirir.*

Hepimizin bilinçaltı zihni nasıl temizleyeceğimizi, deneyimlemeyi seçmediğimiz düşünceleri oradan nasıl söküp atacağımızı öğrenmemiz gerekiyor. Bizim düşünüşümüze, dolayısıyla da hayatımıza hâkim olabileceğimizi; bilinçaltı zihnimize emirler verebileceğimizi kanıtlamamız ve Evren'in tüm gücünün ve bilgeliğinin işbirliğiyle bu emirlerin yerine getirileceğini bilmemiz gerekiyor. Kendini-Yönetme, zihnin olumlu emirlerimizi yerine getireceğini bilerek, bilinçaltı zihni olumlu bir biçimde yeniden-yönlendirme sanatıdır. Psikojenez, "Her şey zihinde, düşüncede başlar" prensibidir; Kendini-Yönetme ise bu prensibi kullanmanın yoludur.

Şimdi size kaderinizin efendisi olma fırsatını sunuyorum. Psikojenezi anladığınızda, kaderinizin efendisi olmak düşünebileceğinizden daha kolay olacaktır. Sizin bir ev kadını, bir işadamı, bir satıcı, bir öğretmen ya da bir öğrenci olmanız hiç fark yaratmaz. Psikojenezi Kendini-Yönetme yoluyla nasıl kullanacağınızı anladığınızda, istediğiniz zaman gevşeyip rahatlamayı, sizi rahatsız eden kötü alışkanlıklardan kurtulmayı, bir bebek gibi uyumayı, insanlarla daha iyi geçinmeyi, mutlu bir evlilik yaratmayı ve giriştiğiniz her işte hayallerinizin ötesinde başarılı olmayı öğrenebilirsiniz.

Jack Ensign Addington

1

HER ŞEY ZİHİNDE BAŞLAR

Başlangıçta Tanrı göğü ve yeri yarattı. Ve yerküre şekilsiz ve boştu; ve derin suların yüzeyi karanlıktı. Ve Tanrı'nın Ruhu suların yüzeyini kapladı.

JENESİS 1:1,2

Psikojenez (zihin+başlangıç), *her şey zihinde başlar* demektir. Başlangıçta Zihin göğü ve yeri, cenneti ve dünyayı yarattı. Zihin tüm var olandır. Tüm hayat Zihnin sürekli değişen yaratımıdır. Bu sizi şaşırtıyor mu? Bir an düşünün. Çevremizde gördüğümüz her şey önce Zihin'de bir fikir olarak ortaya çıkmıştır. Her birimiz Evrensel Zihin'de birer fikiriz. Biz kendimizi hayattan ayrı olarak düşünebiliriz, ama aslında, denizdeki bir su damlasının denizin bir parçası olması gibi, biz de Tek Zihnin bir parçasıyız.

Dünya ve onun içerdiği her şey tezahür etmiş fikirlerden oluşur. Tezahür etmiş ya da fiziksel evren gerçekte Zihin'de çoktan meydana gelmiş olan şeyin kalıcı görüntüsüdür, kanıtıdır. Dünyanın gerçek dediği şey psikojenezle, yani Zihnin görünmeyen dünyasında başlamış olmalıdır. İster hoşlanalım ister hoşlanmayalım, bu zihinsel bir dünyadır.

Kullandığınız otomobil, yaşadığınız ev, oturduğunuz koltuk önce Zihin'de bir fikirdi. Hepsi önce Zihin'de canlandırılmış, hayal edilmiş ve Zihnin yaratıcı süreciyle var edilmişti.

"Ama" diyebilirsiniz, "fiziksel bedenime ne demeli, penceremden gördüğüm ağaca ne demeli? Onları ben düşünmedim. Onlar var olmadan önce benim zihnimde değillerdi."

ZİHİN SONSUZDUR

Burada yanılgı Zihnin insanın beyninde bulunduğunu düşünmektir. İnsan beyni, Zihnin bir aracıdır sadece. Tezahür etmiş evrenin sistemli düzeni bir Evrensel Zekâ'nın, atomun içinde mevcut olan ve sonsuz Evren'e uzanan hayatın her parçasıyla yeniden üretilen bir Zekâ'nın var olduğunu kanıtlar. Bu Zekâ'nın var olmadığı hiçbir yer yoktur. Her şey Zihin'dir ve Zihnin ürünüdür.

Bu sabah bir papayayı ortasından kestim. Bir papayanın içinden daha güzel bir şey var mıdır? O kayısı renkli, saten dokuludur ve içindeki parlak siyah çekirdeklerin güzel tezadını yalnızca Ana Sanatçı plânlamış olabilir. Sizce bir papayada kaç çekirdek vardır? Bir gün onları sayacağım! O ne bolluktur! Her bir çekirdek sayısız meyve üretebilir. Bu, Hayat'ın bolluğudur! Bizim kavrayamayacağımız kadar büyük bir Zekâ bunu bu şekilde plânlamıştır. Hayatın her küçük ayrıntısı hayatın geriye kalanına tam uyacak şekilde plânlanmıştır ve her biri evrensel bütüne katkıda bulunmaktadır.

Siz hiç bir karasineğin kendini tımar edişini izlediniz mi? Bu çok ilginç bir şeydir. O, ince bacaklarını kaldırıp kanatlarının üstüne yerleştirir. Onun bacaklarının altındaki ince kıllar yumuşak bir fırça vazifesi görür. Sinek tekrar tekrar incecik kanatlarını yumuşak bir biçimde fırçalar. Bir toz parçası bile o narin kanatların hareketini engelleyebilir. Kanatların fırçalanması bir sineğin günlük yaşamında çok önemli bir ön-hazırlık olmalı. Bu sineğe kanatlarını böyle özenle parlatmayı annesi mi öğretmiştir? Bu tımar işlemini ilk sineğe kim öğretti? Güzel koyu-yeşil kanatları ve karışık aerodinamik sistemiyle o önemsiz sineğe kadar, her şeyi Zihin plânladı! Kuşkusuz, tüm bunların ardında bir Ana Zekâ, tüm yaşama nüfuz eden ve her-şeyi-bilen bir Zihin olmalı.

İnsan bedeninin çeşitli faaliyetleri arasında var olan kusursuz dengeyi başka türlü nasıl açıklayabilirsiniz? Ana Mühendis bedenin çeşitli organlarını, salgıbezlerini ve işlevlerini birbirine-bağlama konusunda öyle ustaca bir iş yapmış ki, bir salgıbezi uygun biçimde çalışmayan başka bir salgıbezinin işlevini üstlenebiliyor; ya da bedenimiz, biz farkında bile olmadan, çeşitli acil durumlarda gerekeni yapabiliyor, hatta bizim onu hor kullanmamızı bile telâfi edebiliyor! Bedenimizle kıyaslanabilecek bir makine var mı? Hayır, asla olmadı. İnsanoğlu tek bir unsur yüzünden bugüne dek kendi yerini alabilecek bir robot yaratamadı; bu unsur, Evrensel Zihnin birbirine-bağlama faaliyetidir.

Evren'in karışık tasarımını inceleyen insan kendine "Bir insan tüm bunların bir Ana Zihnin eseri olmadığına nasıl inanabilir?" diye sormalıdır. Bu Ana Zihni yaratımının herhangi bir parçasından nasıl ayırabiliriz? İnsanın hatası Hayat mucizesini gerektiği gibi takdir etmemek ve zaten kusursuz olan bir tasarımı değiştirmeye ve geliştirmeye çalışmaktır.

İNSANA EGEMENLİK VERİLMİŞTİR

Öyleyse, insana yaratma fırsatı nerede veriliyor? İnsana bireysel yaratıcılık alanında seçimler yapma ayrıcalığı, kendi düşüncelerini yönlendirme ve kendisine gelen fikirleri ifade etme yetkisi verilmiştir. İnsan, kendi hayat alanında Evrensel Zihin'le birlikte-yaratan kılınmıştır. Burada, ilahî plâna göre, insana egemenlik verilmiştir. Hayatın yaratıcı süreci insana kendi deneyiminde meydana gelen olayları yönetme yetkisini verir.

Davut Peygamber bunu şöyle ifade etmiştir: *İnsana senin yarattığın şeyler üzerinde egemenlik verdin; her şeyi onun ayaklarının altına serdin.*

Eğer kendimiz için yarattığımız dünyadan hoşlanmıyorsak, daha çok hoşlanacağımız yeni olaylar zincirini başlatacak yeni bir zihinsel kalıp oluşturarak yeni bir dünya yaratabiliriz; bize bu ayrıcalık verilmiştir. Bu Kendini Yönetmek'tir. Biz zihinsel kalıbı yaratırız ve Zihin onu bizim için doldurmak üzere hemen çalışmaya başlar. Bir kez Zihnin nasıl çalıştığını anladığımızda, ona güvenebiliriz.

ZİHİN HEM YÖNETİCİ HEM DE ÜRETİCİDİR

Evrensel Zihin, insanı kendi suretinde yarattığında, onunla yaratma gücünü de paylaştı. Hayatın erkek veçhesi, hepimizin içindeki bilinçli ve yönetici zihindir. Dişi veçhe ise her birimizin içindeki dişi zihindir; bilinçaltıdır; alıcı, yaratıcı vasıtadır. Başka bir deyişle, bilinç ve bilinçaltı olmak üzere, iki veçheli tek bir zihin vardır. Sizin bir erkek ya da bir kadın olmanız önemli değildir; her birimiz erkeksi, yönetici zihni ve dişi, yaratıcı zihni kullanırız. Zihnin bu çifte işleviyle bize hayatımız üzerinde egemenlik verilmiştir. Biz Evrensel Zihnin mutlak Gücü'nü kendi farkındalık noktamızda kullanırız. Var olan başka bir güç yoktur.

İNSANA MEYDAN OKUNMUŞTUR

Bu, Emerson'un tarifiyle, tüm insanlara mahsus olan ve her insanın onun giriş ve çıkış noktasını oluşturduğu tek Zihin'dir. Her birimiz Bilgelik, Anlayış ve Zekâ'nın evrensel ambarına girebiliriz. Sonsuz bir fikirler Kaynağı'na ulaşabiliriz. Emerson, her ilhamın Tanrısal Zihnin bizim zihnimize bir akışı olduğunu da söylemiştir; insanın anahtarı kendi düşüncesidir. Tanrısal Zihin insan vasıtasıyla yaratımını fikirlerle sürdürür. İnsanın zihni Tanrı'nın ağzıdır.

İnsanın ihtiyaç duyduğu her şey Evrensel Zihin'de zaten mevcuttur. İnsan algılayıcı hale geldiğinde ve Tanrısal Zihnin akışına nasıl açık olacağını öğrendiğinde, gelen fikirleri alabilir ve onlar arasında izlemek istediği yolu seçip uygulayabilir. İnsan kaderin bir piyonu olmak, şans rüzgârlarıyla bir o yana bir bu yana savrulmak zorunda değildir. İnsan rotasını Evrensel Zekâ'nın düzenli plânına göre çizebilir. İnsana ne muhteşem bir meydan okuma sunulmuştur: Ona yaşamına hükmetme fırsatı verilmiştir. Ama onunla birlikte, hayatın sonsuz kaynaklarını akıllıca kullanma sorumluluğu da verilmiştir.

BİR KADIN YAŞAMINA HÜKMETMEYİ NASIL BAŞARDI?

Bir zamanlar, tüm hayatını bir stres ve olumsuzluk atmosferinde yaşayarak geçirmiş olan bir kadına danışmanlık yapmıştım. Laura, tüm hayatı boyunca düşündüğü ya da yaptığı hemen her şey için suçluluk duyduğunu itiraf etmişti. Bana gelmesinin nedeni yaşadığı bir şoktu. Kocası ona önceden hiçbir uyarıda bulunmadan onu terk etmiş ve boşanma davası açmıştı. Laura umutsuzluk ve çaresizlik içindeydi. Bu ayrılığın kendisi için büyük bir şok olduğunu söylüyordu.

"Bunun olacağını hiç düşünmemiştim" dedi önce.

Ancak az sonra, çok kolay etkilenen bir kişi olduğunu, ne zaman bir boşanma haberi duysa, hemen "Ya kocam da benden ayrılırsa ne yaparım?" diye düşündüğünü kabul etti. Bu olasılığı birçok kez düşünmüş, her defasında da terk edilmenin ve yalnızlığın dehşetini hissetmişti. İlk başta bana bu ayrılığı asla düşünmemiş olduğunu söylemiş olsa da, kökü derindeki bu korkuyu yıllardır yaşadığı ortaya çıkmıştı. Evliliğinde bu derin korkuyu destekleyecek hiçbir kanıt olmamasına rağmen, Eyüp Peygamber'in dediği gibi, *çok korktuğu şey başına gelmişti.*

Laura, zihinsel olarak aynı anda iki yöne gittiğini anlamaya başlamıştı. Bilinçli olarak, kocasından ayrılmayı hiç düşünmediğini iddia ederken, bilinçaltında ayrılma korkusuyla doluydu. Zihninin derin, his bölümünde ayrılığı bir olasılık olarak kabullenmekle kalmamış; zihnine, düşüncelerine istemeden bu yönü vermiş ve en sonunda ayrılığı yaşamıştı.

Laura ve ben, onun şimdi yeni bir düşünce yapısı inşa etmesi gerektiği konusunda fikir birliğine vardık. O şimdi yeni bir zihinsel başlangıç yapabilmek için, Psikojenez prensibini uygulayarak, hayata karşı tamamen yeni bir yaklaşım geliştirmeliydi. Bu zor bir meseleydi. Laura nereden başlayacağını bilmiyordu. Ona, bir kırtasiyeciye gidip kendisine büyük bir defter almasını önerdim. Olumsuz düşüncelerinin farkına vardıkça onları bu deftere yazmasını istedim. Daha sonra, bu olumsuz düşünceleri analiz edecek ve onları olumlu karşılıklarına dönüştürmeye çalışacaktı. Onun, herhangi bir konuda suçluluk hissettiğinde, bu hissi de günlüğüne yazması konusunda anlaştık. O zaman her suçluluk konusu, bir kendini-suçlama meselesi olmak yerine, bir kendini-kabullenme meselesine dönüştürülebilecekti.

Aradan birkaç hafta geçti. Laura günlüğünü bana getirdiğinde, ona yazdığı olumsuz düşünceler üzerinde konuştuk. O, hayatında vuku bulan hemen her şeye karşı sürekli olarak olumsuz karşılıklar verdiğini görmeye başladı. Örneğin, avukatı ona borsaya yatırım yapmasını önerdiğinde, hemen bunun parayı sokağa atmak olacağını düşünmüştü. Arkadaşları, ortam değişikliğinin onu neşelendireceğini düşünerek, tatile çıkmasını önerdiklerinde, hemen yolda bir kaza geçirebileceğini düşünmüştü. Yeniden evlenme konusunda ise şöyle tepki verdiğini kabul etti: "Bir daha asla evlenmeyeceğim. Önümde uzun, mutsuz ve yalnız bir hayat var."

Ve şimdi, günlüğünü bana okurken, Laura gülmeye başlamıştı. Sonra, "Nasıl bu kadar olumsuz olabilmişim!" dedi.

Birlikte yeni, olumlu bir Kendini-Yönetme plânı hazırladık. Bu yeni bir düşünce yapısının çerçevesiydi. Laura, yaşama olumlu bir biçimde yaklaşmanın olumsuz bir biçimde yaklaşmak kadar kolay -ve çok daha üretken- olduğunu görmeye başladı. Günlük, çok şeyi açığa çıkarmıştı. Eğer siz de değerli zihninizi istenilmeyen düşüncelerden arındırmak istiyorsanız, bu sistemi size de tavsiye ederim. Bir gün Laura'nın da fark ettiği gibi, "Eğer zihninizde barındırdığınız düşünceler sizin deneyiminiz haline gelecekse, o zaman sadece deneyimlemek istediğiniz şeyleri düşünmeye başlasanız iyi olur."

Yeni düşünce yapısının hemen inşa edilip içine girilmeye hazır olduğunu söyleyebilmek isterdim, ama bu o kadar basit değildi. Eski düşünce yapısını söküp atmak biraz çaba gerektirdi. Laura, bir gün olumsuz karşılıklarla dolu bir günlüğe sahipken, ertesi gün güzel, yeni, olumlu bir yaklaşıma sahip olmadı. Onun düşünce bahçesinde birçok yararsız ot vardı ve onlar bir gecede kökünden sökülüp atılmadılar. Onun kurtulması gereken eski korkular, bilinçaltının derinlerine kök salmış eski suçluluk duyguları vardı.

Örneğin, o "hayatın artık kendisinden geçtiğini" yeniden evlenme şansına sahip olamayacağını düşünüyordu. Geçmişteki başarısızlığından ötürü kendini bağışlamakta zorlanıyordu. Gençliğinde tanınmış bir dansçıydı. Gizli kalmış başka bir yeteneğini bugün ortaya çıkarıp geliştirebileceğine inanmakta zorlanıyordu.

TAMAMLANMIŞ TABLODAN YOLA ÇIKARAK ÇALIŞMAK

Böylece, Laura'yla birlikte bir yeni hedefler listesi oluşturduk ve *tamamlanmış tablo* olarak adlandırdığım şeyden yola çıkarak çalışmaya başladık. O, bugünkü yalnızlığını, suçluluk ve yetersizlik duygularını düşünmek yerine, bütün dikkatini yaşamaktan hoşlanacağı türde bir hayata vermeye başladı. Her ne zaman eski olumsuz karşılıklar ortaya çıksa, Laura onları olumlu karşılıklarla dengeledi ve bu olumlu karşılıklar yavaş yavaş eski olumsuz kalıpları etkisizleştirdi. Olumlu yaklaşımlar gittikçe güçlendi ve en sonunda olumsuz kalıpları yendi. Laura bu hedefleri günlüğünün arkasına şöyle sıralamıştı:

1. Kendini ifade etmek
2. Arkadaşlık
3. Mutlu bir evlilik

Bugün, onun tüm hedeflerinin gerçekleştiğini söyleyebilmekten dolayı mutluyum. Oysa Laura onları ilk kez yazdığında, hepsinin imkânsız göründüğünü söylüyordu.

Şimdi Laura, bir zamanlar dansa yönelttiği coşku ve hevesle yağlı boya resim yapan başarılı bir ressam. Geçenlerde beni kişisel sergisine davet etti; galeride gezerken tablolarının çoğunun "satıldı" etiketi taşıdığını gördüm. Onun eserleri çok ilgi çekiyor ve talep ediliyor. Zihnini kendinden ve sorunlarından kurtardığından beri, dostluğu aranan bir kişi oldu. İşi sayesinde, sanat çevrelerinde birçok arkadaş, onun ilgi alanlarını paylaşan arkadaşlar edindi. İkinci hedefinin ilk hedefinin bir yan-ürünü olarak gerçekleştiği söylenebilir.

Çalışması sürerken, güzel tablolarından etkilenip kendisine yaklaşan dul bir ressamla karşılaştı. Adam bir arkadaşına, "Bu insanı mutlaka tanımalıyım" demişti. "Onun tabloları hayata duyduğu sevgiyi yansıtıyor. Onlarda çok fazla sevinç var; o harika bir insan olmalı."

Onlar tanıştılar ve daha ilk görüşte karşılıklı bir çekim hissettiler. Altı ay içinde evlendiler ve daha sonra onlara mutlu olup olmadıklarını sorduğumda, "Bunun cennette yapılmış bir evlilik olduğunu" söylediler.

Ve şimdi, üçüncü hedef de gerçekleşmişti. Size Laura'nın önceki ve sonraki hallerinin fotoğraflarını gösterebilmek isterdim. Bugün, o benim ilk tanıdığım kadın değil. Artık geçmişe bakmıyor, hiçbir içerleme hissetmiyor ve kendini suçlamıyor. Düşünce yapısını yenilediğinde, dünyasını her bakımdan yeniden oluşturdu. Onun kendisi için oluşturduğu hedefler, hakkında konuştuğumuz düşünce kalıplarıydı. Evrensel Zihin o kalıpların hepsini doldurdu.

2

KENDİNİ-YÖNETMENİN YOLU

Şimşeğin gök gürültüsünden önce gelmesi gibi, düşünce de eylemden önce gelir.

HEİNRİCH HEİNE

Hiç sarımsak hafiyesi diye bir şey duydunuz mu? Birkaç yıl önce ölen bir hanım arkadaşım bir sarımsak hafiyesiydi. O sürekli olarak sarımsak arardı, ama bunu sarımsağı sevdiğinden değil, ondan nefret ettiği için yapardı. Ona göre, sarımsak bir numaralı halk düşmanıydı. Ben bunun bir "tavuk mu yumurtadan, yumurta mı tavuktan çıkar" vakası olduğunu merak ederdim. O eskiden beri mi sarımsaktan nefret ediyordu, yoksa içinde sarımsak olan bir karışımı yiyip hoşlanmayınca sarımsağa alerjisi olduğunu hissetmeye mi başlamıştı? Her ne ise, bu onun için büyük bir endişe kaynağı haline gelmişti. Birisi grup olarak akşam yemeğine çıkmayı önerdiğinde, bunu olağan bir tartışma izlerdi. Bir arkadaş, "O hoş Fransız lokantasına gidebiliriz" dediğinde ya da "Bu akşam İtalyan yemeğine ne dersiniz?" diye sorduğunda herkes dönüp Alice'e bakardı. Alice hemen, "Öyle yabancı yemekleri denemesek daha iyi. İyi, sade Amerikan yemekleri sunulan yerlere gitmeyi daima daha güvenli bulurum. O yabancı lokantalar çoğunlukla sarımsak kullanıyorlar" diye karşı çıkardı.

Alice bize akşam yemeğine geleceği zaman salata kasesini sarımsakla ovmamaya dikkat ederdik. İçinde sarımsak tozu olmadığından emin olmak için hazır salata sosunun üzerindeki küçük yazıları bile okurduk. Eğer sosun içinde sarımsak varsa, sarımsak hafiyemizin onu hemen keşfedeceğini biliyorduk. O sık sık bizi ona tuzak kurmaya çalışmakla suçladığından, böyle önlem alarak bunun tümüyle onun zihninden kaynaklandığını kanıtlayabiliyorduk. O çok iyi bir arkadaş olduğundan, aramızda daima bunun şakasını yapardık. O bize, "Sizin sarımsağı sevdiğinizi biliyorum. Bahse girerim, bu gece onu bir şeylerin içine katmışsınızdır" derdi.

O, gittiği her yerde endişeyle sarımsak arıyor, genellikle de buluyor ve sonra hastalanıyordu. Bazen bir lokantanın şefi yemeklerinde sarımsak olmadığına dair garanti veriyordu, ama eğer varsa, Alice onu buluyor ve bedelini daha sonra acı çekerek ödüyordu. İşin ilginç yanı, bazen, yemekte hiç sarımsak olmasa da hastalanıyordu. Sarımsağın düşüncesi bile onu hasta ediyordu. Hayal edebileceğiniz gibi, bu onun için yıllar boyunca büyük bir sorun oldu.

BİLİNÇALTI ZİHİN: BEDENİN YAPICISI

Bilinçaltı zihne bedenin yapıcısı denir. O, bedenin işlevlerini otomatik bir biçimde yönetir. İster uyuyor olalım, ister uyanık, *büyük istem-dışı hayat* sürer. Ana Tasarımcı'nın bunu böyle düzenlemiş olması şanslı bir durum değil mi? Eğer kalbimizin atmayı, midemizin yemekleri sindirmeyi, kanımızın damarlarda dolaşmayı sürdürmesi için onlara talimat vermek zorunda olsaydık, bu ne kadar zor bir iş olurdu. Hayır, her şey harika bir biçimde bizim için yapılır. Tüm bedensel gelişim, bedenin her işlevi bilinçaltı zihinden kaynaklanır. Aslında, bedenin her hücresinde ve her atomunda bir zekâ vardır ve bu zekâ bilinçaltı zihne bağlıdır.

BİLİNÇALTI ZİHİN TÜMDENGELİMLİ OLARAK MUHAKEME EDER

Bilinçaltı zihin sadece tümdengelimli olarak muhakeme edebilir. Bilinçli zihin emirler verir, bilinçaltı zihin onları uygular. Tümdengelimli muhakeme, iki önermeyi alıp bir araya getirerek onlardan bir sonuç çıkarmak demektir; bu, *bir büyük önerme, bir küçük önerme ve bir sonuçtan oluşan mantıksal bir muhakeme biçimidir.*

Tümdengelimli muhakeme, saptanan veya *varsayılan* genel prensiplerden belirli sonuçlara varmaktır. Burada prensiplerin doğruluğunun kanıtlanması gerçekten önemli değildir; varsayılan prensipler bile bir sonuç çıkarmakta kullanılabilir. Bu şekilde sonuç çıkarma "kıyasla muhakeme etme" olarak bilinir ve bilinçaltının daima yaptığı budur. Bu muhakeme etme ve sonuç çıkarma biçiminin sadece orijinal önermenin doğru olduğu derecede doğru olduğunu kolayca görebilirsiniz.

Mesela, klasik bir örneği ele alalım: *Bütün Ruslar komünisttir. Müzik marketinde çalışan adam Rus'tur. Dolayısıyla, o bir komünist olmalıdır.* Oysa gerçekte Rus halkının sadece küçük bir bölümü komünisttir. Yani müzik marketinde çalışan adam muhtemelen bir komünist değildir.

GÖNÜLLÜ HİZMETKÂR

Bilinçli zihin bilinçaltı zihne emirler verir. Bilinçaltı zihin, tümdengelimli olarak muhakeme ederek, sadece tek bir şey yapabilir: O, emirler alır ve onları tam olarak uygular. İşte bu yüzden ona *gönüllü hizmetkâr* denir.

Verdiğiniz her emir, oluşturduğunuz her önerme, benimsediğiniz her inanç bilinçaltı zihninize kaydolur. Dahası, bilinçaltı zihin modern çağın bilgisayarını çok aşan bir bellek sistemine sahiptir. O bir teyp gibi kaydeder. Her emir, her inanç, düşündüğünüz her düşünce bilinçaltı zihnin asla hata yapmayan bellek sisteminin bir parçası haline gelir. Hatırladığınızı düşünmediğiniz şeyler bile orada depolanır ve gerektiğinde ortaya çıkarılabilir.

KENDİ YASALARIMIZI KENDİMİZ YAPARIZ

Bir gün terliyken açık bir pencerenin önünde oturduğunuzu varsayın. Rüzgâr üzerinize eser. O sırada bu size iyi gelir, ama daha önce "cereyanda kalmanın soğuk algınlığına neden olduğunu" duyduğunuzdan biraz tedirginlik hissedersiniz. Beklediğiniz gibi, nezle olursunuz. Beklentiniz nezle olmanızı kesinleştirir. O günden sonra kendiniz için bir yasa oluşturursunuz: *Cereyanda kalmak soğuk algınlığına neden olur.* Bu kıyassal muhakemedir. *Cereyanda kalmak soğuk algınlığına neden olur. Ben cereyanda kaldım. Öyleyse nezle olacağım.* Bilinçaltı zihin bunu "teybine" dikkatle kaydeder. Eğer siz bugün cereyanda kalırsanız, bilinçaltınız bedeninizin bu kayda göre karşılık vermesini sağlayacaktır. Sadece cereyanda kalmış olduğunuzu düşünseniz bile, bilinçaltı zihin vazifeşinaslıkla işin sonunu getirecek ve nezle olmanızı sağlayacaktır. Nezleye neden olan cereyanda kalmak değil, cereyanda kalınca nezle olacağınıza inanmaktır. Daima tetikte olan bilinçaltı zihin kayıtlardan bu inancı bulur ve soğuk algınlığı başlar. Bilinçaltı zihin size zarar vermeyi amaçlamaz, o sadece kendisine verilmiş olan emri yerine getirmeyi bilir.

Bilinçaltı zihin sadece tümdengelimli olarak muhakeme edebileceğinden, siz emri bilinçli olarak değiştirene kadar beklemek zorundadır. Finlandiya'da insanlar sıcak saunalarda yıkandıktan sonra dışarı çıkıp karlarda yuvarlanıyor ve hastalanmıyorlar. Bir gün, verilmiş olan emri Kendini-Yönetme yoluyla değiştirebileceğinizi, inancınızı değiştirdiğinizde bir daha asla nezle olmak zorunda olmayacağınızı öğrenebilirsiniz. Yıllar boyunca hiç nezle olmayan; cereyanda kalan, aşırı ısındıktan sonra soğuk havada dışarı çıkan, nezle olmaktan hiç korkmadan istediği şeyi yapan insanların bulunduğunu keşfedebilirsiniz. Sizin de nezlenin esiri olmaktan kurtulabileceğinize ikna olabilirsiniz. Bu olduğunda, bilinçaltı zihninize daha önce verdiğiniz emri değiştirmiş olursunuz ve o, o zaman yeni emri yerine getirecek, size nezleye karşı ebediyen bağışıklık kazandıracaktır.

KENDİNİ-YÖNETME NASIL İŞLER?

Sarımsak hafiyesine geri dönecek olursak, belki şimdi onu daha iyi anlayabiliriz. Bir gün yediği bir şey onu hasta etmiş ve o da bu durumu sarımsakla ilişkilendirmişti. Ondan sonra da "sarımsak beni hasta eder" önermesiyle yaşamıştı. Sarımsak yediğinde, hatta yediğini düşündüğünde, ikinci önermeyi oluşturuyordu: "Sarımsak yedim"; ve sonuç "Dolayısıyla, hastayım" oluyordu. Bu sonuç bilinçaltı zihin için bir eylem yasası haline gelmişti. Arkadaşım ölene dek bu yasayla yaşadı. Bu onun bir hayli endişe ve eziyet çekmesine neden oldu. O değiştirilebilecek yanlış bir önermeydi. Neyse ki, arkadaşları onu çok sevdiklerinden onun bu marazi hassasiyetine karşı çok hoşgörülüydüler.

Kendini-Yönetme yoluyla bu sorunun üstesinden gelinebilir miydi? Evet, ben, böyle önermeler oluşturmuş ve -daha iyi bir yolun bulunduğuna ikna olana kadar- onların esareti altında yaşamış birçok insanla çalıştım. Çeşitli yiyecek türleri hakkında kendileri için yasalar oluşturmuş birçok insan tanıdım. Bazıları yiyeceklerin onların düşmanı olduğuna inanma noktasına dek gelmişler, öyle ki geriye yiyebilecekleri pek bir şey kalmamıştı. Bu bir kendi kendini hipnotize etme biçimidir.

BİRÇOK İNSAN KENDİ KENDİNİ HİPNOTİZE EDER

İnsanlar kendi kendilerini gereksiz sınırlamayı kabul etme yönünde hipnotize ederler. Geçenlerde, genç bir kadın böyle bir sorunu konuşmak için beni aradı. Halen Los Angeles'te kent merkezinde çalıştığını söyledi. İşini çok seviyor ve iyi bir maaş alıyordu. Ancak, evde kendisine ihtiyaç duyan iki küçük çocuğu olduğu için evine daha yakın bir yerde çalışmak istiyordu. Evine yakın çalışabileceği bir iş mevcuttu, ama buna karşılık eline çok daha az para geçecekti. *O, bilinçaltını, evine yakın bir yerde ideal bir iş bulmasının imkânsız olduğuna ikna etmişti.* Konuşmamız sırasında, kendisi için oluşturmuş olduğu bu yasayı tekrar tekrar onayladı. "Evime yakın bir yerde çalışabilmek için, hoşlanmadığım ve çok daha düşük maaşlı bir işi kabullenmek zorundayım" deyip durdu.

Böyle birçok vaka gördüm. Bu genç kadının Kendini-Yönetme yoluyla yeni bir önerme oluşturabileceğine ve bilinçaltı zihnin onu gerçekleştirmek için harekete geçeceğine kesinlikle inanıyorum. Kuralları insan koyar. Bilinçaltı zihin sadece o kurallara uymayı bilir.

KENDİNİ-YÖNETME YOLUYLA ENGELLERİ KALDIRMAK

İşte, engelleri aşmayı başarmış olan iki adam. Birincisi, çalıştığı şirketin "Altmış beş yaşın üzerindekiler emekliye ayrılmalıdır" kuralı gereği işini bırakmak zorunda kalan, altmış sekiz yaşında, Harry adlı bir mimardı. Harry, hayata sunacak daha çok şeyinin olduğunu hissediyordu. Kendini yaşlı hissetmiyordu. Yaş yasasını kabul etmek istemiyordu. Bu noktada onun bir seçim yapması gerekiyordu. Bilinçaltına hangi önermeyi aktaracaktı? "Kimse altmış beş yaşını geçmiş birine iş vermez. Ben altmış beşimi geçtim; dolayısıyla kimse bana iş vermeyecektir" önermesini bir yasa olarak kabullenecek miydi? Yoksa "Daha benim sunacağım çok şey var. Üretebilen bir insan için zirvede bir yer daima vardır. Dolayısıyla, beni arayan iyi bir iş vardır" önermesini mi kabullenecekti? Harry ikinci önermeyi seçti.

Bir gün bu meseleyi ofisimde tartışırken o bana, "Henüz işim bitmedi. Çalışmayı bırakmak istemiyorum. Kaliforniya Eyaleti şimdi büyük bir okul inşaatı programına girişiyor ve ben de bu projenin içinde olmak istiyorum. Ben iyi bir mimarım, ama yaşım yüzünden beni geri çevirdiler" dedi.

"Sen de senin yaşında birinin bir iş bulamayacağı fikrini kabullendin mi?" diye sordum ona.

"Eh" dedi, "neredeyse kabullendim. İşte bu yüzden buradayım. Aslında bu tür bir sınırlamayı kabullenmeyi gerçekten istemiyorum."

Bana söylemesi gereken tüm şey buydu. "Bunu kabul etme, Harry" dedim. "Kendi düşünüşünden başka hiçbir şey seni sınırlayamaz. Eğer bu sınırlamayı bir yasa olarak kabul etmezsen, çalışmaya hazırsın demektir. Ancak senin yaşında bir kişi bir başka iş bulamayacak kadar yaşlı olduğu fikrini kabullendiğinde bu yasa ona karşı çalışır. O zaman, her şey onun iş bulmasını engellemek için işbirliği yapar. Bak, yasayı kendimiz oluştururuz. Onu bilinçaltı zihne aktarırız ve bilinçaltı bizi bir reddedilişten diğerine götürürken emrimizi yerine getirdiğini düşünür."

Bu konuda bir süre konuştuktan sonra, Harry yaş sınırlamasını doğru işi elde etmesinin önünde bir engel olarak kabul etmemeye ikna oldu. Açıklığa kavuşturulması gerektiğini hissettiğim bir şey daha vardı.

"Yeteneklerin doğrultusunda herhangi bir iyi işte çalışmaya gönüllü müsün? Devlet için değil de bir şahıs için çalışırsan mutlu olur musun" diye sordum ona.

"Ah, evet, olurum" dedi.

Şimdi o her yere gitmekte özgürdü. Ona, o sırada devlet kurumlarından birinde görev yapan bir arkadaşına mektup yazıp bu yeni projede yer almayı ne kadar çok istediğini belirtmesini, ama tüm umutlarını bu işe bağlamamış olduğunu yazmasını tavsiye ettim.

Harry'nin bu meseleye tüm yaklaşımını değiştirdik. Tüm endişeyi tablodan çıkardık. Onu bekleyen doğru bir işin, yaşını sorun yapmayarak onun yeteneklerinden yararlanmak isteyecek birinin var olduğu önermesini kabul ettik. Onun bilinçaltı zihni artık yaşından dolayı bir iş bulamadığını kanıtlamak zorunda değildi. Yeni emir, yaşın iş bulmakla hiçbir ilgisinin olmadığını kanıtlamaktı.

Çok kısa bir süre sonra, Harry arkadaşına yazdığı mektuba yanıt aldı. Arkadaşı, mimarlık dairesine gittiğini ve konuştuğu ilk kişinin Harry'yi yıllar öncesinden tanıdığını ve onun okul sistemindeki çalışmasını bildiğini söylüyordu. Harry bu adamın orada çalıştığını hiç bilmiyordu. Arkadaşının yazdığına göre, bu adam, "Harry'yi hemen buraya getirin. Ona ihtiyacımız var. Yaş kuralı mı? Ondan feragat ederiz!" demişti.

Bana ilk geldiğinde çalışmak için çok yaşlı olduğuna inanmak üzere olan bu adam, birkaç gün içinde Sacramento'daki mimari kadroda yerini aldı ve kendi isteğiyle emekli olana dek orada beş yıl çalıştı.

İnsanlar hep kendileri için yasalar oluşturuyor ve sonra, o yasalara göre yaşamak zorunda kaldıklarından, hayata sövüp sayıyorlar. Kırk beş yaşını geçtiklerinde iş bulamayacaklarını düşünen insanlar tanıyorum. Her nasılsa, onlar yaşla ilgili katı kuralları olan işverenlere başvurmayı başarıyorlar. Belki bu insanların oturdukları sokağın biraz aşağısında yaşın asla sorulmadığı bir iş vardır, ama onlar bilinçaltı zihinlerine verdikleri emri değiştirmedikçe bu fırsatı kaçıracaklardır.

Engellerle ilgili düşünceyi değiştirmenin insanın hayatını

değiştirmesiyle ilgili birçok örnek gördüm. Bunların en iyilerinden biri, Los Angeles'te tanıdığım bir adamla ilgili. Onun ismi Claude idi. O bir telefon şirketinde, sadece o ofiste sunulan bir uzmanlık işi yapıyordu. Claude, San Diego'ya yerleşmeyi çok istiyordu. Defalarca, onun "Elbette, bu asla mümkün olmayacak, çünkü orada benim çalışma alanım yok" dediğini duydum. Bir gün ona, "Yıllardır kendin için kabullendiğin bu yasayı değiştirmeyi neden denemiyorsun?" dedim.

Claude, söylediğimi neredeyse anında kavradı. "Peki" dedi, "yeni bir yasa oluşturacağım." Bu düşünceyi zihnine perçinlemek için hemen yazdı:

"Ben San Diego'da yaşamayı seçiyorum. Orada tüm yeteneklerimi kullanabileceğim güzel bir iş var. Dolayısıyla, San Diego'da benim için doğru bir iş var ve ben onu kabul ediyorum."

İster inanın ister inanmayın, Claude'un çalıştığı telefon şirketi onun çalıştığı bölümü altı ay içinde San Diego'ya taşıdı. Claude'un taşınma masraflarını bile şirket karşıladı.

HAYATIN DİĞER ALANLARINDA KENDİNİ-YÖNETME'Yİ KULLANMAK

Günlük hayatımızda bilinçaltı zihni yeniden yönlendirmemiz gereken birçok farklı alan vardır. Domatesin kendisini hasta ettiğine inanan bir adam tanıyorum. O, çocukken bir keresinde çok fazla domates yemiş ve midesi doğal olarak onları kabul etmemiş. O günden sonra bu onun yasası haline gelmiş: "Asla domates yeme. Domatesleri sindirmek zordur." Üstelik bu yasayı küçük oğluna da benimsetmişti. Çocuk domatesi seviyor, ama her yiyişinde hastalanıyordu.

İnsanların kendileri için oluşturdukları böyle birçok yasa vardır. Örneğin, danışanlarımın arasında, daima sabaha karşı üçte uyanan bir kadın vardı; bir türlü kilo veremeyen bir kadın vardı (o en fazla iki-üç kilo verip, sonra onları hemen geri alıyordu); sürekli işinden kovulan bir adam vardı (o, üç ay kadar çalıştıktan sonra, "geçinmenin imkânsız" olduğu bir iş arkadaşı buluyor ve -tekrarladığı kalıbı asla görmeden- başka bir iş aramaya başlıyordu).

EMİRLERİ SADECE SİZ VERİRSİNİZ

Bilinçaltı zihninize sadece siz emirler verebilirsiniz. Belki siz başka birinin sizin hakkınızdaki düşüncelerinin ve sizin için kabul ettiklerinin esiri olduğunuzu düşünüyorsunuzdur, ama bu sadece siz bunu kendiniz için kabul ettiğiniz için böyledir. Bu inancı değiştirdiğinizde deneyiminizi de değiştireceksiniz. Bu hayatta öğrenebileceğiniz en önemli şey budur: Düşüncelerinizi sadece siz seçiyorsunuz ve düşünceleriniz sizin dünyanızı şekillendiriyorlar.

KENDİNİ-YÖNETME

Ben kendi düşüncelerimi seçme hakkına sahibim.
Başkalarının benimle ilgili görüşleri beni bağlamaz.
Ben izin vermedikçe kimse benim adıma düşünemez.
Kendim için sağlık, mutluluk, refah, sevgi ve anlayış düşüncelerini seçiyorum.
Düşüncelerimde korku ve nefrete yer yoktur.
Bu andan itibaren hayatımın hâkimiyetini ele alıyorum.

3

ONA SAHİP ÇIK – O SENİNDİR!

Bir düşünce ek, bir eylem biç.

Avukatlık yaptığım günlerde vasiyetnamesini hazırladığım bir kadını asla unutmayacağım. Vasiyetnameyi bitirdikten sonra, o zihnimde yer eden bir şey söylemiş, kararlı bir biçimde şöyle demişti: "Bir gün, birisinin her isteğimi yerine getireceği bir durumda olacağım. Benim sadece 'İstiyorum' demem gerekecek ve birisi emrimi yerine getirecek."

Emerson, "Ne için dua ettiğinize dikkat edin, çünkü o gerçekleşebilir" demiştir. Bu kadın istediği şeyi elde etti. Birkaç yıl sonra onun bir inme geçirdiğini ve felç olduğunu öğrendim. O, yaşamının geriye kalan kısmını yatakta, başkalarının yardımına muhtaç olarak geçirdi. Bu arada konuşma yeteneğini de yitirmişti. Öldüğü güne dek sadece bir sözcük söyleyebildi: "İstiyorum." O "İstiyorum" dediğinde, hemen hastabakıcısı yanına geliyor, ona çeşitli şeyleri gösterip ne istediğini anlamaya çalışıyor, anlayınca da onun isteğini yerine getiriyordu. Kadının ölümünden kısa bir süre önce bu durumu öğrendiğimde, onun yasayı harekete geçirdiği günü hatırladım; vasiyetnameyi bitirmiş, gitmeye hazırlanırken bu sözleri duyduğum günü: "Bir gün, birisinin her isteğimi yerine getireceği bir durumda olacağım. Benim sadece 'İstiyorum' demem gerekecek ve birisi emrimi yerine getirecek."

GİZLİ TUTULAN ORTAYA ÇIKACAKTIR

Öyle görünüyor ki, zihne koyduğumuz şey er ya da geç ortaya çıkar. Şimdiki öykümüz biraz komik, ama gerçekten olmuş. Anne Lindbergh'in annesi Bayan Dwight Morrow bir gün kocasının ortağı Bay J. P. Morgan'ı çay saatinde evlerinde ağırlıyordu. Bay Morgan küçük Anne'i hiç görmemiş ve onunla tanışmak için gelmişti. Bay Morgan'ın korkunç bir burnu vardı. Bu burun sadece şişkin değildi, aynı zamanda kırmızıydı ve yüzünün büyük bir bölümünü kaplayacak kadar iriydi. Bayan Morrow, çocukların akıllarına geleni pat diye söyleyebileceklerini bildiğinden, Anne'in Bay Morgan'ın koca burnu hakkında söyleyebileceklerinden endişe ediyordu. Adamın bu konuda çok hassas olduğunu da biliyordu.

Bay Morgan salona girdi ve küçük Anne'le tanıştırıldı. İkisi kısa bir süre konuştular. Bayan Morrow, Anne'in gözlerini Bay Morgan'ın burnuna dikişini gittikçe artan bir endişeyle izliyordu. Küçük kız gözlerini adamın burnundan ayırmıyordu ve Bayan Morrow onun bir şeyler söylemesinden çok korkuyordu. Bu yüzden, Anne'i odasına gönderme vakti geldiğinde çok rahatladı. Küçük kız kapıya doğru yürürken bir an durup geriye, adamın burnuna baktı. Biraz daha yürüdü ve dönüp tekrar baktı. Sonunda ağır adımlarla odasına çıktı. O zaman Bayan Morrow derin bir "oh" çekip elinde çay fincanıyla Bay Morgan'a döndü ve sordu: "Burnunuza ne istersiniz, limon mu, yoksa krema mı?"

Tüm dikkat *buruna* verildiği için sonuç böyle olmuştu. Dikkatimizi verdiğimiz şey, tepki göstermemize neden olacak olan şeydir. Eyüp Peygamber, geçmişe bakarak, *başıma gelmesinden çok korktuğum şey başıma geldi* diye düşünmüştü.

Zihnin faaliyeti öyledir ki, bilinçli faaliyetten bilinçaltına ve oradan da görünür eyleme doğru sürekli bir tamamlama vardır.

Ernest Holmes, "Kendimizi her neyle özdeşleştirirsek, o hale geliriz" diye yazmıştır. "Düşündüğümüz şey yavaş yavaş bilinçaltı bir kalıp haline gelir, daima kendini hayatımızda tezahür ettirme eğilimi gösterir."

Emirleri bizim verdiğimizi görmek kolaydır. Sadece, bu emirler yerine getirildikten sonra, zihne bizzat yerleştirdiğimiz sonuçları kabullenmekten daima mutlu olmadığımızı fark ederiz. Kutsal Kitap'ta (Kitabı Mukaddes) dendiği gibi, *gizlenen ve açığa çıkmayacak hiçbir şey yoktur; saklanan ve bilinmeyecek hiçbir şey yoktur.* Ektiğimiz her zihinsel tohumun, yani her düşüncenin bir gün meyve vermesini garanti eden bir hayat yasası vardır. Meyveden hoşlanmazsak, ektiğimiz tohuma bakmamız gerekir. Bu yasa kişisel değildir, herkesi kapsar ve arzuladığımız şeyi bize getirmeye devam edecektir.

Geçenlerde aldığım bir mektupta, New Yorklu bir kadın şöyle yazıyordu:

"Babam sendikaların genellikle kabul görmediği bir dönemde sendikacıydı. Ben şu önermelerle büyüdüm:

'İşçi sınıfı, insan gibi yaşayabilmeyi sağlayacak gerekli parayı almak için, bu hakkı için mücadele etmeli ve savaşmalıdır. Ben işçi sınıfının bir üyesiyim, dolayısıyla hayatımı yeterince kazanabilmek için çok sıkı çalışmalıyım.'

Şimdi anlıyorum ki otuz yıldan beri bu kendini-sınırlayıcı yasaya göre yaşamışım. Yeni önermem ise şu:

Tanrı sonsuz Sevgi, Sağlık, Bilgelik ve Bolluk'tur. Ben Tanrı'nın kendi suretinde yarattığı bir çocuğuyum; dolayısıyla ben özgürüm, sevgi doluyum, bilgeyim; bana her bakımdan yol gösteriliyor ve ben sınırsız bir kaynağı tezahür ettirebilirim."

Bu kadın hayata yönelik tamamen yeni bir yaklaşım benimsemişti ve bu yaklaşımın onun hayatında mutluluk verici koşullar olarak tezahür etmesi kaçınılmazdı.

ZİHİN YASASINI ORTAYA ÇIKARMAK

Bu büyük bilimsel başarı çağında, zihnin bilimsel olarak anlaşılmasına nispeten az dikkat verilmiştir. Bir felsefe incelemesi bize, çağlar boyunca insanın tanımlayamadığı birçok şeyi anladığını gösterir. Bugün bu tanımlamalar üzerinde odaklanılıyor. Biz zihnin faaliyetlerini tanımlamaya başlıyor, onları günlük deneyimimizle ilişkilendiriyoruz. Aslında, zihnin düzenli, bilimsel bir süreci vardır. Bu düzenli süreci anladığımızda, düşüncelerimize hâkim olabiliriz. Ben buna Kendini-Yönetme diyorum. Bu, eylem halindeki Psikojenez'dir.

HAYAT YASA TARAFINDAN YÖNETİLİR

Hayatın her bölümü yasa tarafından yönetilir. Bu bir yasa ve düzen evrenidir; yani evrene yasaların oluşturduğu bir düzen hâkimdir. Fizik yasaları, matematik yasaları, ekonomi yasaları ve insan ilişkilerini kapsayan yasalar vardır. Bu yasalar hep vardı.

Psikojenez incelemesinde kullandığımız yasa şudur: *İnsanın bilinçli olarak düşündüğü her düşünce bilinçaltı zihni etkiler ve bilinçaltı bu düşünceyi -düşüncenin içerdiği güce ve arzuya göre- gerçekleştirir.*

Bunu bugün yaygın biçimde inanılan inançla karşılaştırın. Birçok insan kadere inanır. Sayıları oldukça fazla olan bu kaderciler hayatın önceden-mukadder-kılınmış bir kalıba göre geliştiğine, bu konuda yapabilecekleri hiçbir şeyin olmadığına, hayat koşullarının onların kontrollerinin ötesinde olduğuna inanırlar. Biz insanların "Hayat bana peş peşe darbeler vurdu" dediklerini duyarız. Bu, hayatındaki durumların kontrolünün ötesinde olduğuna, hayatın "darbeler" vurabileceğine ve kendisinin bu durumla hiçbir ilgisinin olmadığına inanan bir kadercinin düşüncesidir. Bu grupta "Bu neden benim başıma gelmek zorundaydı?" diyenleri de görürüz. Açıkça, böyle insanlar kontrollerinin ötesindeki insafsız bir kaderin devreye girdiğine ve onlara bir şey yaptığına inanırlar. Bir başka kaderci bakış açısı da, "Artık hiçbir işim yolunda gitmiyor" yorumuyla ifade edilir.

Popüler inanç dünyasında batıl inançlar çok geçerlidir ve "Şans Meleği" büyük önem taşır. Çevremizde "Şansa bak!" "Bu günlerde şansım yaver gitmiyor", "Şansım varmış ki bu iş oldu" ya da "Kötü şansım yüzünden elimdeki her şeyi yitirdim" gibi yorumlara sık sık rastlarız. İyi şans ya da kötü şans; bu tümüyle yasanın yanlış anlaşılmasıdır.

OLUMSUZ DÜŞÜNMENİN SONUÇLARI

Bazen, olumsuz düşünüşümüzün dramatik sonuçlarını gözlemleyerek zihnin nasıl çalıştığını görmek daha kolaydır. Aşağıdaki vakalar, insanlar Kendini-Yönetme'yi tersine, yani gerçekten istemedikleri bir şeyi elde etmek için, daha sonra kaderin acı cilveleri olarak gördükleri şeyleri elde etmek için kullandıklarında ne olduğunu gösteriyor. Bunlar bana yardım istemek için gelen insanlar tarafından anlatılmış gerçek öykülerdir. Onlar bilinçaltı zihne yanlış emirler vererek kendilerine çektikleri koşullardan kurtulmak istiyorlardı.

ZAMAN-SINIRLI MUCİT VAKASI

Yıllar önce, müthiş bir mucit olan bir adam tanıdım. Onun parlak fikirleri vardı ve onları hayata geçirmişti. Birçok yararlı şey icat etmişti. Peki, onu neden "zaman-sınırlı mucit" olarak adlandırdım? Çünkü onun başarıya ulaşmasını engelleyen kötü bir alışkanlığı vardı. Sürekli olarak, "Tüm büyük mucitleri araştırdım ve on iki yıllık mucitlik geçmişi olmayan bir mucit başarılı olamıyor" diyordu. Sonunda tüm zamanını alan ve birçok yararlı icatta bulunmasını engelleyen maaşlı bir işe girdi. O kendisi için bir yasa oluşturmuş ve çok yazık olmuştu.

RENKLİ MENDİL VAKASI

Burada suçlu renkli bir mendildi. Olayın kahramanı olan kadın kendisi için şöyle bir yasa oluşturmuştu: "Ben ne zaman renkli bir mendil kullansam burnum enfekte olup şişiyor." Sonuçta, mendilin üzerindeki küçük pembe gül baskısı onun burnunun kızarıp şişmesine neden olur görünüyordu. Bu da Kendini-Yönetme'nin yanlış kullanımının bir başka örneğiydi.

İnsanın bilinçli olarak düşündüğü her düşünce bilinçaltı zihni etkiler ve bilinçaltı bu düşünceyi -düşüncenin içerdiği güce ve arzuya göre- gerçekleştirir.

Gerçekten de, bu kadın renkli mendil kullandığı her seferinde onun burnu şişiyordu. Bu kumaşın boyasından mı kaynaklanıyordu? Hayır. Bu kadın bir yasayı eyleme geçirmişti.

SİVİLCE VAKASI

Bizim mahallede oturan bir oğlan yüzündeki bir sivilcenin neden olduğu kan zehirlenmesi yüzünden öldü. Tanıdığım bir aile bu vakayı alıp kendisi için bir yasa oluşturdu. Bu ailede bir kişinin yüzünde bir sivilce çıktığı her seferinde, o büyük bir endişe kaynağı oluyordu. Aile, boyun çizgisinin üstündeki her sivilceyi ölümcül olabilecek bir durum olarak görüyordu. Bu durumda hemen antiseptiklerle, iyotlarla ilk müdahale yapılıp hasta acele doktora götürülüyor ve korku dolu bir bekleyiş başlıyordu. Oysa biliyoruz ki bu tür kan zehirlenmesi gerçekten çok nadirdir. Cilt bozukluklarına sahip yüz binlerce genç cilt hijyenine çok az dikkat ederek ya da hiç dikkat etmeden hayatta kalır, ancak bu ailenin iki üyesi yüzlerindeki sivilcelerden kaynaklanan kan zehirlenmesi sonucu çok ağır biçimde hastalandı. Onlar kendileri için bir yasa oluşturup bu sonucu hazırlamışlardı.

HER ZORLUKTAN BİR ÇIKIŞ YOLU VARDIR

Ne kadar şanslıyız ki kendi yarattığımız bu zorluklardan bir çıkış yolu vardır. Kendimiz için oluşturduğumuz rahatsız yataklarda sonsuza dek uyumak zorunda değiliz.

Çözüm, bilinçaltı zihnimizi yeniden eğitmekte yatıyor. Bilinçaltı zihin bedenin ve onun meselelerinin mimarı olduğundan, biz işe bilinçaltına daha önce vermiş olduğumuz emirleri değiştirerek başlarız. Bu noktada şunu keşfederiz ki, kendimiz için yeni bir hayatı bilinçli olarak onaylasak da, bilinçaltı zihni yeni düşünüşümüze ikna etmedikçe, o kendisine geçen hafta, geçen ay, hatta yıllar önce verdiğimiz emirleri yerine getirmeye devam eder. O sadece bize hizmet etmeyi bilir ve bu işi iyi yapar. Bilinçaltı zihin, biz emirlerimizi kesin olarak değiştirinceye dek onları yerine getirmeyi sürdüren sadık bir hizmetkârdır. Onun bildiği ve uyguladığı emirler bizim kendimizle ilgili gerçek inançlarımızdır.

Siz hiç enerjiden yoksun olduğunuzu, kolayca yorulduğunuzu, her bulaşıcı hastalığa yakalanacak kadar zayıf olduğunuzu düşünme alışkanlığında oldunuz mu? Eğer olduysanız ve düşündüğünüz şeyi deneyimlediyseniz hiç şaşırmayın. Emir alıcı ve uygulayıcı bölüm tam bir uyum içindedir. Bilinçaltı zihin sürekli olarak, *istediğimizi düşündüğü şeyleri* deneyimlememizi sağlamaktadır.

Şimdi, bilinçaltı zihni yeniden yönlendirmeyi, eski olumsuz kalıpları silip onların yerine yeni olumlu kalıpları geçirmeyi öğreneceğiz. Bunun için izlenecek belirli bir teknik vardır. Kendini-Yönetme, öğrenmeye değer bir sanattır.

PARLAK YENİ BİR HAYAT İÇİN KENDİNİ-YÖNETME

Bu hayatımda bir dönüm noktasıdır.
Geçmişi siliyorum. Geleceği istediğim gibi seçebilirim.
Tam şu anda yarınlarımı oluşturuyorum.
Geçmişte yaptığım tüm hatalar için kendimi bağışlıyorum.
Yeni bir başlangıç yapıyorum.
Kendim için sadece deneyimlemek istediğim şeyleri seçiyorum.

Şunları seçiyorum: (Seçtiğiniz şeyleri belirtin: Sağlık, zenginlik, bolluk, mutluluk, arkadaşlık, başarı. Bilinçaltı zihin istediğiniz şeyi gerçekleştirmek için işe girişecektir.)

ONA SAHİP ÇIK – O SENİNDİR!

4

KENDİNİZ OLMAYA CESARET EDİN

En önemlisi, kendine karşı dürüst olmandır.
Gece gündüz bu doğruluğu izlersen,
Hiç kimseye karşı yanlış yapmazsın.
SHAKESPEARE, Hamlet

Kentin ana caddelerinden birinin köşesinde durup gelen geçen insanları izlerseniz, onların çok gergin ve endişeli göründüklerini görürsünüz. Çünkü onlar kendilerini reddetmektedirler. Hepimiz kendimizi reddetme eğilimindeyizdir. Başkalarının bizi reddettiklerini düşünme eğilimindeyizdir, ama durum hiç de böyle değildir. Biz kendi kendimizi reddetmekteyizdir ve bu yüzümüzden belli olur.

Bir güzel konuşma öğretmeni sınıfında ders veriyor, öğrencilerine şöyle söylüyordu: "Konuşurken, yüz ifadeleriniz daima sözlerinizle uyumlu olsun. Örneğin, eğer cennetten söz ediyorsanız, gözleriniz parlamalı, yüzünüz ışık saçmalı, sizden bir tür parıltı yayılmalı. Eğer cehennem hakkında konuşuyorsanız... eh, sadece günlük ifadenizi takının yeter." Sizin günlük ifadeniz nedir? O kendisini kabullenmeyen, kendisini tamamen reddeden bir insanın ifadesi mi?

KENDİNİ-KABULLENME SAATİ

Siz ne kadar harika olduğunuzu biliyor musunuz? Siz Yaradan'ın suretinde yaratılmışsınız. Siz tanrısal Zihnin dehası için bir giriş ve çıkış noktasısınız. Tüm Bilgelik ve Güç sizin vasıtanızla ustaca ifade edilmiş. Sizinle ilgili gerçek budur. Gerçek Benlik budur.

"Siz bütün Evren'de en önemli şeysiniz. Her nerede olursanız olun, kim olursanız olun, hayatınız ne kadar büyük ya da küçük olursa olsun, siz kendi dünyanızın merkezisiniz ve daima öyle olacaksınız" diyor Frances Wilshire, *Siz* adlı güzel kitabında. Ancak, o şunu da vurguluyor: "Bu asla bir *egotizm* değil, doğru anlaşılan *egoizm* meselesidir. Egoizm, gerçek Benliğin bilgisidir."

Hemen şu anda gerçek Benliğinizi tanımak ve kabullenmek için bir başlangıç yapmanızı önerebilir miyim? Buna, bir "kendini-kabullenme saati" belirleyerek başlayabilirsiniz. Her gün bir saat ayırın ve bu bir saat boyunca kendinizi gerçek benliğinizle kabul edin, tek bir kendini reddetme düşüncesine dahi yer vermeyin. *Gerçekten kim olduğunuzu biliyorsanız,* bunu yapabilirsiniz.

Gerçek bizim içimizdedir,
O inandığınız dışsal şeylerde bulunmaz;
Hepimizin içinde, en derinde bir merkez vardır,
Orada gerçek tam olarak bulunur;
Ve BİLMEK içten doğru kaynaklanır.

Robert Browning

İNSAN KENDİNİ KÜÇÜMSEME EĞİLİMİNDEDİR

İnsanın eğilimi kendini küçük görmektir. O kendisini sürekli olarak başkalarıyla kıyaslayarak kendine değer biçer.

Tek bir insan bu dünyada ne yapabilir? Çok şey. O çok şey başarabilir. Gerçek Benliğinin, içindeki Tanrısallığın farkında olan insan imkânsız denen şeyi başarabilir.

İnsan düşünebildiği, bilincine alabildiği, güvenle bekleyebildiği ve deneyiminde kabullenebildiği her şeyi yapabilir.

Evren sınırlar koymaz. *Biz o sınırları kendimizle ilgili inancımızla koyarız.*

GERÇEK BENLİĞİ KEŞFETMEK

Eğer bir kişi kendini bulmaya çalışıyorsa, kendini nerede kaybetmiştir? O kendini hiç tanımış mıdır?

Bir adamın bana şöyle dediğini hatırlıyorum: "Herkes kendini bulmaya çalışır, ama sadece olgun olanlar bunu başarır. Kararlı biçimde arayışa girmek olgunluğa doğru ilk adımdır."

Bir seferinde bir VİP (çok önemli kişi) karşımda oturarak, "Benim büyük sorunum kendimi bulmaktır!" demişti. Ona meraklı bir yüzle bakıp sordum: "Eğer kendini bulabilseydin, nasıl birini bulmak isterdin?"

Çok şaşırmış göründü. Kısa bir süre hiç konuşmadı, sonra yavaş yavaş gerçek düşüncesini söylemeye başladı: "Eh, bu çok basit. Ben John Fitzgerald gibi olmak isterdim... o hem şirketinin, hem de sosyal kulübünün başkanı... kentsel faaliyetlere katılıyor... çok zengin... insanlar ona saygı ve hayranlık duyuyorlar... o çok önemli bir insan."

"Ama" dedim, "sen *kendini* bulmaya çalışmıyorsun! Sen John Fitzgerald'ı bulmaya çalışıyorsun! O odur, sen de sensin. Her biriniz hayatı kendi yolunca ifade eden eşsiz varlıklarsınız. Eğer aynı olsaydınız, birbirinizin etkisini yok ederdiniz. 'Kendini bulma' kavramı kafa karıştırıcıdır. Sen kendini hiç yitirmedin ki. Hayır, bu *kendini* bulma değil, zaten orada olan *gerçek Benliği* ortaya çıkarma meselesidir. O nerededir? O senden ayrı veya senin *dışında* bir yerde değildir.

Biz gerçekte içimizdeki kusursuz, tanrısal Benliği ortaya çıkarmaya çalışıyoruz. Bu sanki gömülü bir hazineyi ortaya çıkarmak gibidir. Önce, yıllardır barındırdığımız tüm olumsuz düşünce birikiminden, korkulu düşünceler yığınından, gerçek

Benliği gözden saklayan düşüncelerden kurtulmamız gerekir."

"Sanırım ne demek istediğini anlıyorum" dedi karşımdaki adam. "Sözünü ettiğin bu olumsuz ya da korkulu düşünceler nedir?"

"Onlar sayılamayacak kadar çoktur" dedim. "İşte bazıları: Bencillik, kibir, gösteriş, sürekli kendini haklı görmek, kıskançlık, kendine-acımak, içerlemek, hilekârlık, kendini suçlamak, çekemezlik, itimatsızlık, eleştirip durmak, nefret, kendine güvenmemek, umutsuzluk, düşmanlık..."

"Anlıyorum! Evet! Anlıyorum!" diye bağırdı adam. "Benim için var olmayan bir benliği bulmaya çalışırken kendi gerçek Benliğimi reddediyordum. İsa, Tanrı'nın Krallığı'nı kendi içimizde aramamızı, gerisinin buna eklenerek geleceğini söylerken ne dediğini biliyormuş."

BİRE ÜÇ, YAPABİLİRSİNİZ

Margaret Blair Johnson, *Guideposts* dergisindeki bir makalesinde, papazlığa başladıktan kısa bir süre sonra işi bırakma noktasına nasıl geldiğini anlatıyor. O, New York Eyaleti'nin kuzeyinde, birbirinden oldukça uzak üç kilisenin bir papaz tarafından idare edilmesi gereken bir bölgeye gönderilmişti. Her Pazar bu üç kilisede birden görev yapması gerekiyordu. Kocası denizaşırı görevdeydi. İki bebeği vardı. Birçok şey ters gider görünüyordu, ama büyük darbe bir Cumartesi gecesi geldi. Dışarıda ısı sıfırın altındaydı ve kar yağıyordu. Kalorifer kazanı patladığında vakit gece yarısına yaklaşıyordu. Ücra bir bölgede yaşıyordu. Bir komşusu yardımına gelip yangını söndürdü, ama artık Margaret'in canına yetmişti! Kararını verdi, bu işi bırakacaktı. Gece yarısı olmasına rağmen kendi mezhebinin bölge yöneticisine telefon etti. O sırada paralel telefonların da açıldığını duydu... komşuları onu dinliyorlardı...

ama umursamadı. Yöneticiye tüm öyküyü anlattı ve "Artık canıma yetti. Buraya hemen başka birini bulursanız iyi olur. Ben bu işi sürdüremeyeceğim! Yapamam!" dedi.

Ertesi sabah, Margaret kapısının önünde imzasız bir mektup buldu. "Bire üç, yapabilirsin" diye yazıyordu mektupta. Mektubu yazan kişi, Aziz Pavlus'un yazdığı bir mektuptan bir alıntı da yapmıştı:

Çünkü Tanrı bize korku ruhu değil;
güç, sevgi ve doğru düşünme ruhu vermiştir.

Bu satırları okuyunca Margaret'in bir süredir duyduğu korku bir anda yok olmuştu. Evet, korku üç-bir mağlup olmuştu ve Margaret gülmeye başladı. İşini artık sürdüremeyeceğini düşünmüş olduğu için kendine gülüyordu. Birden, devam edebileceğini anladı. Çünkü hayat onunla birlikti, ona karşı değil, O günden sonra, kilisedeki görevini çok başarılı bir şekilde sürdürürken, birkaç kitap ve bir sürü makale de yazdı. O üç sözcük onun için dönüm noktası olmuştu: *Bire üç, yapabilirsin.*

Biz de sık sık böyle durumlarla karşı karşıya kalabilir, içinde bulunduğumuz durumu sürdürüp sürdüremeyeceğimizi düşünebiliriz, ama bire üç, yapabiliriz; çünkü tüm hayat bizimle birliktir, hiçbir şey bize karşı değildir. Bize karşıymış gibi görünen şeyler kendi oluşturduğumuz şeylerdir. Hayatta gerçek Benliğe herhangi bir biçimde karşı koyan hiçbir güç yoktur.

ASLA YALNIZ DEĞİLSİNİZ

Günlük "kendini kabullenme" saatinizde, yalnız olmadığınızı, içinizde Tüm Hayat'ın bulunduğunu da düşünün. *Üzerinde bulunduğunuz toprak kutsaldır.* Hayatın tüm yaratıcılığı, gücü ve mucizesi sizin içinizde yaşar; arzularınızı ve beklentilerinizi gerçekleştirmek için ihtiyaç duyduğunuz her şeyi size verir.

Korkunun birçok çocuğu vardır; haset, nefret, kin ve daha önce sözü edilen tüm olumsuz düşünceler korkunun çocuklarıdır. Korkunun bizi yönetmesine izin verecek miyiz? Bunu yapmak zorunda değiliz. Tanrı bize korku vermedi. Tüm bu çocukları biz evlat edindik ve onlar bizim varoluşumuzun lanetidir. Tanrı bize sevgiyi verdi ve *kusursuz sevgi korkuyu defeder*. Korkuyu defeden bu kusursuz Sevgi nedir? İçimizdeki o Benliği sevmek, içimizde her şeyi bizim vasıtamızla ve bizim için yapabilen bir Güç'ün bulunduğunu idrak etmektir. Bu, içimizdeki Güç'ün her şeyi bizim vasıtamızla yapabildiğini idrak etmektir. O, bizi yaratan tanrısal Sevgi'nin faaliyetidir. Sevgi bizi yaratıp bir vakuma koymadı veya düşmanca bir ortama bırakmadı. Sevgi bizi yaratıp imkânsızlıklar içine terk etmedi.

Bizi yaratmış olan bizi sever ve bu Sevgi koşullara bağlı değildir. O kim olduğumuza, nerede yaşadığımıza, hayattaki pozisyonumuza bağlı değildir. Herhangi bir kişiye, yere, şeye ya da koşula bağlı değildir. Koşulsuz Sevgi içimizde yaşar ve korkuyu defeder. Dahası, bu Sevgi her yerde mevcuttur. Nereye gidersek gidelim orada Sevgi'yi bulabiliriz. Yabancı diyarlara gittiğimizde Sevgi'nin değişik ifade biçimleriyle karşılaşırız. Tanrı, O'nu bireyleştirmemiz, ayrı ayrı ifade etmemiz, kişiselleştirmemiz için Kendini bize verdi. Her birimiz Tanrı'yı kendi farkındalık noktamızdan ifade ediyoruz.

TAKLİT İNTİHARDIR

Bir insan kendini reddettiğinde, Hayatı reddetmektedir. Bir insan kendisini suçladığında, Hayatı suçlamaktadır. Emerson, taklidin intihar olduğunu söylemiştir. İnsan eksiksiz olmak ve doyuma ulaşmak için başkalarını taklit etmek zorunda değildir. Her insan kendisi vasıtasıyla ifade edilen Bilgelik, Güç ve Sevgi'ye güvenmelidir. Hepimiz aynı Kaynak'tan geliyor ve O' ndan besleniyoruz. Hatalar yapabiliriz, ama ne fark eder! Bir hata, birisinin bir şeyin nasıl yapılması gerektiğiyle ilgili kanısından başka nedir ki? Doğruyu kim bilebilir? Kendiniz olduğunuzda hatalar yapamazsınız. Çünkü hâlâ kendiniz olursunuz. Eski bir özdeyiş, *"Hiç hata yapmayan kişiler, hiçbir şey yapmayanlardır"* der. Gelecek sefere daha iyisini yapmanın yollarını hatalarımız sayesinde bulmaz mıyız? Bazen hatalar pahalıya mal oluyormuş gibi görünebilir, ama hiçbir şey gerçekten pahalıya mal olamaz. Siz hiçbir şey yitiremezsiniz. Siz Sonsuz bir Kaynak'tan geliyorsunuz ve Sonsuz Olan'dan hiçbir şey alınamaz. Sadece yeniden deneyin.

EN BÜYÜK ARZUNUZ NEDİR?

Rotanızı seçebileceğinizi bilseydiniz, başarısızlığa uğramanızın imkânsız olduğunu bilseydiniz, ne yapmak, *gerçekten* ne yapmak isterdiniz? Hayatınızdan tam olarak memnun musunuz, yoksa onu kalbinizin arzusuna göre değiştirmek ister miydiniz? Kaderin elinde bir piyon olduğunuza mı inanıyorsunuz yoksa? Bu kesinlikle doğru değildir. Kararları ve emirleri veren sizsiniz. Siz mutlak bir nüfuz alanında mutlak bir hâkimiyete sahipsiniz. Sizin başarısız olmanız imkânsızdır. Kalbinizin arzusunu gerçekleştirebilirsiniz. Eğer bunu nasıl yapacağınızı anlarsanız, rotanızı çizebilir ve hedeflerinize ulaşabilirsiniz. Anahtar, Kendini-Yönetme'dir. Her şey *sizinle* başlamalıdır.

> Tüm insanlara mahsus tek bir zihin vardır. Her insan bu zihnin bir giriş noktasıdır. Düşünüp muhakeme etme hakkı verilmiş olan insan tüm Evren'in özgür varlığıdır. Bu insan, Eflatun'un düşüncelerini hissedebilir; herhangi bir zamanda herhangi bir insanın başına gelenleri anlayabilir. Bu evrensel zihne girebilen insan, var olan ya da yapılabilecek olan her şeye ortaktır; çünkü o bu Evrensel Zih-

nin tek ve egemen temsilcisidir; her birey O'nun bedenlenmiş halidir.*

Denizdeki balık gibi biz de sonsuz Zihin denizinde dolanıp duruyoruz. O tüm çevremizde bulunuyor ve içimizden geçiyor. Her gereksinimimizi karşılıyor. Biz Eflatun'un düşünmüş olduklarını düşünebiliriz; ama tıpkı denizin balığın onun sonsuz kaynaklarından ne aldığına hiç dikkat etmemesi gibi, Evrensel Zihin de her birimizin ondan ne almayı seçtiğimize hiç dikkat etmez.

İbrahim Peygamber'e söylenmiş şu sözler bize de söylenmiş demektir: *Görebildiğiniz tüm toprakları size vereceğim.***

> Evrenin yaratıcı Kuvveti sizin vasıtanızla iş görür. Siz onun için gelmiş geçmiş herhangi bir insan kadar büyük bir çıkış noktası olabilirsiniz. Sizin sadece onun içinde şekil alacağı kalıbı sağlamanız gerekiyor ve o kalıp düşünceleriniz tarafından oluşturulur. Sizin en büyük arzunuz nedir? En çok istediğiniz şey nedir? Ona inanın, o zaman ona sahip olabilirsiniz. Onu hâkim düşünceniz kılın, zihninizi onunla mıknatıslayın, o zaman bu düşüncenin gerçekleşmesi için gereken her şeyi kendinize çekersiniz."***

KENDİNİZ OLMAYA CESARET EDİN

Milyonlarca dolar varlığa sahip olan bir adam tanıyorum. Ama onu görseniz çok sınırlı bir gelire sahip olduğunu düşünürsünüz. Onun iki takım elbisesi, iki gömleği, muhtemelen iki çift çorabı vardır. Oysa o tanıdığım en cömert insanlardan biridir. Bir fikri ya da bir davayı desteklemek için hiç düşünmeden yüz binlerce dolar harcayabilen bu adam kendisi için

---

*Ralph Waldo Emerson, "Tarih," *Denemeler,* (Boston and New York: Houghton Mifflin co., 1881).
**Jenesis 13:15.
*** Robert Collier, *Yüksek Potansiyel Yasası*, (Tarrytown, N.Y.: Robert Collier Publishing, Inc., 1947).

beş kuruş bile harcamaktan hoşlanmaz. Birinci sınıf seyahat etmek, lüks şeylere para harcamak ona aptallık ve savurganlık olarak görünür. Oysa o en iyi şeylere sahip olabilirdi, çünkü sahip olduğu parayı bu hayatında harcayıp bitiremezdi. Ama ona göre parayı inandığı bir davayı desteklemek üzere kullanmak veya miras bırakmak çok daha iyidir. Bu insan hayatını değiştirmeyecektir. Bu onun seçmiş olduğu bir hayattır.

Büyük bir bireyci olan Henry David Thoreau, "Herkes kendi duyduğu tamtam sesine göre yürümelidir" diye yazmıştır, "Her birimizin kendi tamtamcısı var; bir başkasının tamtam sesine göre yürüyenler hayata ayak uyduramazlar."

George Chapman ise şöyle yazmıştır:

> Kendi kendisinin yasası olan insana hiçbir yasa gerekmez.
> O hiçbir yasaya aykırı davranmaz ve gerçekten bir kraldır.

Yukarıda sözünü ettiğim, kendisi için tutumlu, başkalarına karşı cömert olan adam kendi duyduğu tamtam sesine göre yürüyor. Bugün çoğu insan kitlelerin tamtam sesine ayak uydurmaya çalışıyor. Onlar, kendi içsel Rehberlerini dinlemek yerine, başkalarının beklentileri doğrultusunda hareket etmeye çalıştıklarından, sinir hastası olup bunalıma giriyor, enerji hapları ve sakinleştiricilerle yaşıyorlar.

Bizimle bireysellik kazanan büyük Evrensel Zihin, bize seçim hakkı da sunar. Ya cesur olup yapmak istediğimiz şeyleri yapabiliriz ya da risk almamayı seçip başkalarının yapmamızı istedikleri şeyleri yapabiliriz. Herkes kendisiyle ilgili inancına göre Zihni kullanır. Bilincimiz *kendimiz* ve bu dünyadaki deneyimimiz *hakkında neye inandığımızdır. "Neye inanıyorsanız, size o uygulanacaktır"* demiştir Üstat Öğretmen (İsa).

DÜŞÜNCELERİNİZİ SEÇMEYE CESARET EDİN VE ONLARI İYİ KORUYUN

Düşün ve Zengin Ol adlı kitabında Napoleon Hill şöyle yazar:

> Sadece düşünceleriniz üzerinde mutlak bir kontrole sahipsiniz. Bu, insanın bildiği en önemli ve ilham verici gerçektir! O, insanın tanrısal doğasını yansıtır. Kendi kaderinizi bu ilahî ayrıcalık sayesinde yönlendirebilirsiniz. Eğer kendi zihninizi, düşüncelerinizi kontrol edemezseniz, başka hiçbir şeyi kontrol edemeyeceğinizden emin olabilirsiniz. Eğer sahip olduğunuz şeylere karşı dikkatsiz davranmanız gerekiyorsa, bunlar maddi şeyler olsun. Zihniniz, sizin ruhsal mal-varlığınızdır! Onu bu ilahî ayrıcalığın hak ettiği şekilde dikkatle koruyun ve kullanın. Size bu amaçla irade-gücü verilmiştir.

Birçok insan kendi hayatının hâkimi olmadan cennetin kapılarını zorlayabileceğini düşünür. Kutsal Kitap'ta "İçimizdeki cennet krallığı" denen tanrısal mirasımıza girebilmek için, önce düşüncelerimize hâkim olmayı öğrenmeliyiz. Cennete kestirmeden girmeye çalışmak işe yaramaz. Biz arka kapıdan içeri süzülemeyiz ya da çitin üzerinden atlayıp giremeyiz, çünkü içeri girdikten sonra, arkada bitmemiş birçok iş bıraktığımızı görüp geri dönmek zorunda olduğumuzu anlayabiliriz.

> Dar kapıdan girin, çünkü mahvoluşa götüren kapı ve yol geniş olduğundan oradan giden çoktur. Yaşama götüren kapı ve yol dar olduğundan, onu bulan az olur.

Dar yoldan girmek, bir yasa ve düzen evreninde yaşadığımızı idrak etmektir. *"Düzen, cennetin ilk kuralıdır"* denmiştir. Hayatımızı düzene sokmak için düşüncelerimize hâkim olmalıyız. Bu her zaman kolay olmaz. Birincisi, gerçekleşmesini istediğimiz düşünceleri seçmemiz gerekir. İkincisi, düşüncelerimizi başkalarının etkilemesine karşı korumamız gerekir. Üçüncüsü, yeni düşünüşümüzü etkileyebilecek eski düşünce kalıplarını silmeye başlamamız gerekir. İşte bu amaçla Kendini-Yönetme'yi öğrenmeliyiz.

ZİHİN DENİLEN ŞEY NEDİR?

Bir Zihin denizinde yaşadığımızı söylemiştik. Onun içinde *yaşıyor, hareket ediyor ve var oluyoruz.* Biz beyinden söz ederken, Zihin'den söz ediyor olmayız. Bir kişinin "büyük bir beyin" olduğunu söylemek yanlış bir terim kullanmaktır. Beyin zihnin aracıdır. Tıpkı bir radyonun ses dalgaları denizine ayarlanması gibi, beyin de Zihin denizine ayarlanıp bazı düşünceleri bulup çıkarır. Zihin evrenseldir, her yerde mevcuttur. İçimizdeki cennet krallığı gibi, Zihin de burada ya da şurada değildir. O tek bir bölgeye veya tek bir kişiye mahsus değildir. Öyleyse düşünmek, *Zihni kendi farkındalık noktamızda kullanmaktır.*

Ünlü bir doktorun bu konuda söylediği şu sözü severim: "Beyin, karaciğerin safra salgıladığı gibi, düşünce salgılamaz."

Zihin beynin içinde ya da uzayda herhangi bir yerde değildir. Uzay, zaman gibi, insanın evrenle ilgili bir kavramıdır ve insanın seçtiği iki noktaya dayanır. Uzay sadece insanın beşerî yargısına göre ölçülebilirdir. Bu ölçü tümüyle görecelidir. Zihin evrenseldir. Sınırsızdır. Hiçbir şey Zihni kapsayamaz. Zihin âlemi insanın kafatasına hapsedilemez. Gri hücrelerin onunla hiçbir ilgisi yoktur. Önemli olan, Zihni nasıl kullandığımızdır. Böylece, Evrensel Ambar'dan fikirler almak için zihnini açabilen kişi, sadece eğitimsel yeterliliğine güvenen kişiden daha etkili bir düşünürdür.

Bugün en üzücü şeylerden biri, sadece üniversite mezunu oldukları için bazı insanların diğerlerine tercih edilmeleridir. Oysa üniversite mezunu olmayan bir kişi kendi alanında üniversite mezunu olan birinden çok daha yetenekli, yaratıcı ve bilgili olabilir. Birçok kişi için, üniversite diplomalarını rulo yaparken beyinlerini de onunla birlikte sardıkları söylenir. Kuşkusuz, girişimciliklerini ve başarı duygularını daha o günlerde diplomayla birlikte rafa kaldıranlar vardır.

Tüm insanlara mahsus tek bir Zihin vardır; o, Evren'in yaratıcı Zihni'dir. Emerson onu Üst-Ruh olarak adlandırmıştır. İsa, onu Baba olarak adlandırmıştır. Doğu dinlerinin büyük öğrencisi Paul Brunton onu Üst-Benlik olarak adlandırmıştır. Büyük sosyolog Dr. Pitirim Sorokin onu Bilinç-ötesi Zihin olarak adlandırmıştır. Diğerleri de onu Süper-Bilinçli Zihin ya da Tanrı olarak adlandırmışlardır.

ZİHNİN İKİ VEÇHESİ

Tüm insanlara mahsus tek bir Zihin olmasına karşın, bu Zihnin iki veçhesi, iki işlevi veya iki kullanımı vardır. Onlara bilinçli zihin ve bilinçaltı zihin denir. Bazen bilinçaltı zihinden bilinçsiz zihin ya da öznel bilinç olarak söz edilir Ben onu bilinçaltı zihin olarak adlandırmayı tercih ediyorum. Bilinçli zihin, sizin Zihni bilinçli farkındalıkla kullanmanızdır. Sizin uyanık zihniniz olarak düşündüğünüz o zihindir. Siz onu uyanık olduğunuz saatlerde kullanırsınız. Bilinçaltı zihin sizin zihninizin farkında olmadığınız bölümüdür. O, bir buzdağının denizin altında bulunan onda dokuzluk bölümüne benzetilir. Siz bütün Zihnin sadece küçük bir bölümünü bilinçli olarak kullanırsınız. Benim *sizin* zihniniz ve *benim* zihnim derken, sadece bizim Evrensel ya da Büyük Zihni kullanmamızdan söz ettiğimi hatırlayın. Her birimiz Zihnin belirli bir kullanım noktasıyla özdeşleşiriz ve bizim bireyselliğimiz de orada yatar.

Siz bilinçli zihni sadece uyanık olduğunuz saatlerde kullanırsınız; ama Zihni bilinçaltı olarak günde yirmi dört saat kullanırsınız. Mezmurlar'da güzel bir biçimde ifade edildiği gibi, *O, kullarını koruyan, ne dinlenir ne uyur.*

Bilinçaltı zihin beden işlevlerinizi yönetir. Geç saatte akşam yemeği yiyip, uyurken devam edecek olan karışık sindirim sürecini hiç düşünmeden, huzur içinde yatabilirsiniz. Eğer onu rahat bırakırsak, bilinçaltı zihin bedenimizi nasıl yöneteceğini bilir. Bedensel işlevleri hızlandırmak veya yavaşlatmak için bir şey yapmamız gerekmez. Doğru biçimde yaşayanların, organlarının ve hücrelerinin çalışmalarını hiç düşünmeleri gerekmez; düşünenler bilinçaltı zihne güvenmiyorlar demektir. Bilinçaltı zihniniz bedeninizi nasıl yöneteceğini, onun kusursuz bir biçimde işlev yapmasını nasıl sağlayacağını bilir. Sonsuz Zekâ, yaşamın en küçük birimi olan atomda bile iş başındadır. Sadece korkularımız, endişelerimiz ve değişik türde streslerimiz bu kusursuz işleyişi engeller. Bilinçaltı zihin sadece bedenimizin koruyucusu değildir; o aynı zamanda bedenimizin, hayatımızın ve ilişkilerimizin yaratıcısıdır.

İSTEDİĞİMİZ ŞEYE SAHİP OLABİLİRİZ

Hayatın işleyişi hakkında çok az şeyi anlıyoruz. Örneğin, elektriğin varlığını sorgulamadan kabul ediyoruz. Elektrik düğmesine basınca odamızı aydınlatabileceğimizi ya da mutfak aletlerimizi çalıştırabileceğimizi biliyoruz. Elektriği nasıl kullanmamamız gerektiği konusunda uyarıldık, ama onun neden ve nasıl oluştuğunu bilmiyoruz. Ben elektrik hakkında çok az şey biliyorum. Örneğin, elektriğe bağlı bir kabloyu alıp su dolu bir küvete girmeyi düşünmem, çünkü eğer bunu yaparsam hemen öleceğimi bilirim. Elektrikli tellere de dokunmam, çünkü hemen çarpılacağımı bilirim.

Çoğumuzun anlamadığı şey, hayata direnmenin, başkalarından nefret etmenin ve onları suçlamanın ya da mücadele ederek zihnimizde stres oluşturmanın daha da tehlikeli olduğudur. Bilinçaltı zihnin çalışmasını biraz olsun anladığımızda, kusursuz çalışmasını engelleyen şeyleri ortadan kaldırmanın ne kadar önemli olduğunu idrak ederiz. Bu dünyada, bilinçaltı düşünüşümüzü o engellerden arındırmaktan daha önemli bir şey yoktur. Bilinçaltı zihni anlayarak kullanmak, öğrenebileceğimiz en önemli şeydir. Evrensel Bilinçaltı Zihin öylesine bilge, herşeyi-bilen ve öylesine duyarlıdır ki, her isteğimize karşılık verecek, her talebimizi yerine getirecektir. O, kendisine ilettiğimiz her fikri ya da öneriyi uygulayacaktır. Öyleyse neden hep mutsuz oluyor ya da kalben arzuladığımız şeyleri elde edemiyoruz?

HÂKİMİYETİ ELE GEÇİRMEK

Hayatımıza bilinçli zihni kullanarak hâkim olabiliriz. Biz bir düşünceyi düşündüğümüzde, o çalışmaya başlar; bunu toprağa ekilen bir tohumun en sonunda meyve verecek bir ağacı üretmeye başlamasına benzetebiliriz. Bir tohum sadece kendi türünü üretmeyi bilir. Düşünce söz konusu olduğunda, yöneten bilinçli zihindir. Bilinçli zihinden gelişim döngüsünü başlatan düşünce tohumları gelir. Hangi tohumları ekeceğimiz konusunda seçime sahibizdir, bu bize bağlıdır. Salatalık sevmeyen birinin bahçesine salatalık ekmesi aptallık olur. Aynı şekilde, düşünce bahçemize hâkim olmazsak, bilinçaltı zihnin bizim vasıtamızla bizim zararımıza çalışmasına neden oluruz. Nasıl toprak kendisine ekilen tohumu yargılamazsa, bilinçaltı zihin de düşünce tohumlarını yargılamaz. Aslında, ona *zihnin toprağı* denir. O sadece kendisine ekilen tohum düşüncelere karşılık vermeyi bilir. Her türlü hastalık ve bozukluk bilinçaltı zihnin işleyişini anlayamamamızdan, onu hayatımızda bilgece kullanamayışımızdan kaynaklanır.

Yöneten, bilinçli zihindir. Burada, yaşamak istediğimiz deneyimlerin kalıbını oluşturacak düşünceleri seçeriz. Kendini-Yönetme üzerinde çalıştıkça, bilinçaltı zihni kullanmanın ve yönetmenin uygun yolunu öğreniriz. Bilinçli zihin, hayatla ilişki kurma biçimimizi seçer. Çeşitli ifade yollarımızı seçer. O seçim merkezidir. Plânlamayı yapar. Bilinçaltı zihne yerine getireceği emirleri verir. Güç; seçen, muhakeme eden, tasarlayan ve plânlayan bilinçli zihindedir. Bilinçaltı zihin daima, bilinçli zihnin kabul ettiği şeyi dışsal olarak tezahür ettirecektir. Eğer üretilen şeyden hoşlanmıyorsak, nereye dönüp bakmalıyız? Sadece, emir verici emri iptal edip, yeni bir yaratıcı faaliyet zincirini başlatabilir. Kendini-Yönetme küçük, inatçı, kararsız benliğin hâkimiyetini ele geçirmektir. Düşüncelerimizin Evrensel Bilinçaltı Zihne verdiğimiz emirler olduğunu bilerek, düşüncelerimizi seçmektir. Zihin bizim için çalışmaya başlar, emrettiğimiz şeyi tam olarak üretmek için Bütünü kullanır. Seçimlerimize bağlı olarak, istediğimiz şeylere sahip olabiliriz. Bu yüzden bilgece seçimler yapmamız çok önemlidir.

KENDİNİ-YÖNETME

Şimdi zihnimi fikirler almak için açıyorum. Sonsuz bir bilgi kaynağını, daha önce hiç denenmemiş yaratıcı fikirleri kullanabileceğimi biliyorum. Tek Zihni kullanırken, bilmem gereken her şeyi sezgisel olarak biliyorum. Ben hayatımda doğru faaliyet ve ilişkilerle sonuçlanacak bilgece seçimler yapmaya yönlendiriliyorum. Şimdi tüm korkulu ve endişeli düşüncelerden arınıyorum. İçimdeki sonsuz Zekâ'nın beni yaratıcı faaliyet kanallarına yönlendireceğine güveniyorum. Sessizlik ve güven içinde kuvvetime kavuşuyorum. Benim için hayırlı olanı harika biçimlerde artıracak fikirlere ve ilhama açığım.

5

HEDEFLERİNİZE ULAŞTIRAN BEŞ BASAMAK

Gerekeni yap ve güce sahip ol.

RALPH WALDO EMERSON

Geçen gün Kanada'nın Winnipeg kentinden genç bir adam beni aradı. Bir kitabımı yeni okumuştu ve gelip beni görmek istiyordu. Üç gün sonra çalışma odamda, karşımda oturuyordu. Yaptığım radyo programları hakkında konuşurken, bana, "Hedefleriniz nelerdir?" diye sordu. O anda verecek bir yanıt bulamadığımı itiraf etmeliyim. Sonra düşününce, metin yazmayı, konferans vermeyi, gelen bir sürü mektubu yanıtlamayı içeren günlük faaliyetim içinde gerçek hedeflerimi gözden kaçırdığımı fark ettim. Bir zamanlar hedeflerimi günlüğüme yazardım, ama son zamanlarda onlar elimdeki işleri sürdürmek için günbegün gösterdiğim çabanın içinde kaybolmuşlardı. Zihnimde sönükleşmişlerdi. Ancak, genç adamın sorusu beni durdurmuştu. O anda hedeflerimi unutmuş olduğumu fark ettim. Gerçekçi düşünme gibi görünen sınırlı düşünme yüzünden hedeflerimi gözden kaçırıyordum. Burada ben, hedef koymaya inanan ve başkalarına sadece koydukları hedefler tarafından sınırlandırıldıklarını öğreten bir kişi olarak, kendi hedeflerimi unutuyordum. Ben ayrıntılara gömülmüştüm. Genç adamın sorusu benim günlüğüme kaydettiğim hayalime geri dönmeme neden olmuştu.

Kendi hedeflerimi yeniden incelememe neden olan bu genç

adam şimdiden kendi hedeflerinin birkaçına erişmişti. Otuz sekiz yaşında, kendi işini çok büyük bir kârla satmıştı ve ticari dünyadan çekilmeye hazırdı. Şimdi, zamanını ve dikkate değer yeteneğini benim hedeflerimi gerçekleştirmeme yardımcı olmaya adamayı öneriyordu. Sonra söylediği şey bu bölüme ilham kaynağı oldu: "Yapmamız gereken şey, *şu anda ne kadar imkânsız görünürlerse görünsünler,* hedefler koymak ve sonra onlara doğru ilerlemeye başlamaktır."

BEŞ BASAMAK

Şimdi, hedefinize inanmayla başlayan ve ona ulaşmayla sona eren beş basamağı sunacağım. Onlar gelmiş geçmiş en büyük hedef koyuculardan biri olan İsa'nın şu öğretisi kadar uygulanabilirdir: "*Eğer arzu ettiğiniz şeyler için içtenlikle dua eder, onların gerçekleşeceğine inanırsanız, arzularınız gerçekleşecektir.*" Bu bir *elde etmiş gibi davranma ve elde etme* meselesidir.

1. Kendiniz için ideal zihinsel imajı oluşturun.
2. Çalışmadan, sadece inanmak hiçbir işe yaramaz.
3. Düşüncelerinizi kendinize saklayın.
4. Esnek olun; gerektiğinde plânınızda değişiklik yapın.
5. Gözlerinizi tamamlanmış tablo üzerinde tutun; yarı yolda durmayın.

KENDİNİZ İÇİN İDEAL ZİHİNSEL İMAJI OLUŞTURUN

Hedef koymanın anahtarı da aynıdır: *Düşünebildiğiniz, inanabildiğiniz ve güvenle bekleyebildiğiniz şeyi mutlaka deneyimlersiniz.* Hedefin, kişiyle, kişinin o hedefi en sonunda kendisi için kabullenebileceği biçimde ilgili olması önemlidir. Eğer siz bunun mümkün olduğunu kabul edebilirseniz, hemen hemen hiçbir hedefe erişmek imkânsız değildir. Bunun iyi bir örneği kadim Yunanistan'ın en büyük hatibi Demosthenes'tir. O, gençliğinde konuşma güçlüğü çeker, kekeleyerek konuşurmuş. Onun bir gün büyük bir hatip olacağını kim düşünebilirdi? Ancak, o sebat etmiş, azimle çalışmış. Anlatılanlara göre, ağzına çakıl taşları doldurarak konuşma talimi yaparmış. O, en sonunda, konuşma engelini yendi ve hedefine ulaştı. Büyük bir hatip oldu.

İnanç ilk adımdır, kendinize ve içinizdeki Güce inanın. Aziz Pavlus bunu *görünmeyen şeylerin kanıtı* olarak adlandırmıştır. Kendinizi size ideal olarak görünen şeyi yaparken, ideal hayatı yaşarken, ideal kişi olarak hayal edin ve öyle hissetmeye çalışın. Oluşturduğunuz bu öz-imaj hedefinizle nasıl ilişki kurduğunuzu belirler.

Eğer koyduğunuz hedef bir kitap yazmaksa, kendi içinizde bir yazar olmanın imajını yaratmalısınız; kendinizi bir yazar olarak hayal etmeli, öyle hissetmeye çalışmalısınız. Eğer büyük bir savunma avukatı olmak istiyorsanız, içinizde bir avukat olmanın imajını yaratmalı ve duygusunu hissetmelisiniz. Sürekli olarak bir topluluk önünde konuşamayacağını düşünen birisinin iyi bir avukat olamayacağı açıktır.

Bir zamanlar, genç bir adam bana gelip, başarılı bir golf turnuva oyuncusu olma hedefine erişmesine yardım etmemi istemişti. Bu oyuncuların ne kadar çok para kazandıklarını gazetelerde okumuştu. "Hangi stilde oynuyorsunuz?" diye sorduğumda bana ne dedi biliyor musunuz? "Bilmiyorum. Ben hiç golf oynamadım ki."

Hedeflerinize ulaşma konusunda endişelenerek aşırı ciddileşmeyin ve kasvetli olmayın. Yeni imajınızla ilgili olarak neşeli olun. Hayat hafif yaklaşıma karşılık verir, ağır drama değil. Hedefinizle ilgili olarak, sanki ona şimdiden erişmişsiniz gibi mutlu olun. Aslında, erişmişsinizdir. Bir kez onu kabul ettiğinizde, hiçbir şey o hedefi sizden uzak tutamaz ve sizin ona erişmenizi engelleyemez. Kendi kendinize sürekli olarak şunu söyleyin: "Ben bu hedefe eriştiğimi kabul ettim."

Emile Zola, otobiyografisinde üç hedefinden söz eder: 1. Bir çocuk sahibi olmak. 2. Bir kitap yazmak. 3. Bir ağaç dikmek. O birçok kitap yazdı, çocukları oldu ve en sonunda arazisine pek çok ağaç dikti. Onun hedefleri hayatın sürekliliğiyle ilgiliydi. *Varoluş nedeninin* hayatı sürdürmek olduğunu hissetmişti. Kitaplar zihinsel, ağaçlar fiziksel, çocuklar da ruhsal düzeyde bir şeyler bıraktı gelecek kuşaklara.

Mahatma Gandi kendisi için inanılmayacak kadar büyük bir hedef koymuştu. Fiziksel olarak çok şey başaramaz görünen bu küçük adamın Hindistan'ın kudretli İngiliz İmparatorluğu'nun hegemonyasından kurtulmasına vasıta olacağını kim hayal edebilirdi?

HEDEFLERİNİZİ SINIRLAMAMAYA DİKKAT EDİN

Hedeflerinizi sadece siz yargılayabilirsiniz ve yargınıza dikkat etmelisiniz, çünkü bunu yaparken büyük olasılıkla kendinizi sınırlarsınız. Her yıl orta yaşlı veya yaşlı insanlar üniversitelerden mezun olup yeni kariyerlere başlıyorlar. Bir arkadaşımın babası altmış beş yaşında avukatlık yapmaya başladı ve çok başarılı oldu. O, birçok insanın yeniden başlamak için çok geç diyeceği bir yaşta, altmış bir yaşında hukuk öğrenimine başlamıştı. Ancak, avukatlığı yirmi yıl sürdürdü ve bu süreçte iyi bir isim yaptı. Grandma Moses, yetmiş sekiz yaşında resim yapmaya başladı ve doksan yaşına geldiğinde -ailesini ve herkesi şaşırtan bir biçimde- dünyaca ünlü bir ressam oldu. Onun resimlerini alacak kadar ileri görüşlü olan birçok kişi bugün bunu yaptıkları için çok memnunlar! Ne kadar iyi ki, bu ufak tefek hanım yetmiş sekiz yaşında yeni bir kariyere başlamak için çok geç olduğunu düşünmemişti.

Hem Herbert Hoover, hem de oğlu Herbert Hoover, Jr.

kendileri için yüksek hedefler koydular ve onlara eriştiler. Baba Hoover kendisi için şu hedefi koymuştu: O, kırk yaşına dek yeterince para kazanıp, hayatının geriye kalanını halkın hizmetine adamak istiyordu. Stanford Üniversitesi'nin jeoloji bölümünden mezun oldu. O, bugün bizim "hayatın her türlü darbesini yemiş" diyebileceğimiz bir adamdı. Küçük bir çocukken anne ve babasını kaybetti, akrabaları tarafından büyütüldü ve tüm okul hayatı boyunca giderlerini karşılamak için çalışmak zorunda kaldı. Stanford'dan mezun olduğunda hemen çalışmaya başladı, ama jeolog veya maden mühendisi olarak değil, Kaliforniya'da bir madende sıradan bir işçi olarak. Çok geçmeden bu zor işi bıraktı ve hepimizin bildiği gibi, maden mühendisliği alanında isim yaptı. Kırk yaşına gelmeden birçok maden şirketine danışman olup New York, San Fransisko ve Londra'da ofisler açtı. Artık, hâlâ genç olan bir mültimilyoner olarak, insanlığa yardım etmeye hazırdı ve bunu olağanüstü bir başarıyla yaptı. Birinci Dünya Savaşı patladıktan sonra, ondan açlık çeken uluslara yiyecek dağıtması istendi. O da savaş boyunca, büyük diplomatik ve pratik zorluklara rağmen, işgal altındaki Belçika ve Fransa'ya piyasa değeri bir milyar doların üzerinde olan beş milyon ton yiyecek ve giyecek gönderdi. Bu başarı ona dünya çapında bir ün kazandırdı. Onun insanlığa yaptığı diğer hizmetleri anlatmaya bu kitap yetmez. Biz onu en çok, Birleşik Devletler'in otuz-birinci başkanı olarak tanıyoruz.

Belli ki, Herbert Hoover Jr. de kendisi için benzer bir hedef koymuştu. O, kendi hedefine -o günün altını olan- petrol araştırmaları sayesinde ulaştı ve yaşamını halkın hizmetine adamak için kırk yaşında iş hayatını bıraktı.

İnsanın eğilimi kendini küçük görmek, yeteneklerini ve potansiyelini küçümsemektir. Bazen, hedeflerimizin neyi başarabileceğimizin daha çok farkında olan başka birisi tarafından koyulması gerekebilir. Bunun bir örneği, adamları için yüksek hedefler koyarak onları sürekli çaba göstermeye zorlayan satış müdürüdür.

Geçenlerde, çok başarılı bir iş danışmanı olan bir arkadaşım, müşterilerinden biri olan sigorta komisyoncusu bir firmayla ilgili bir öykü anlattı. Bu firma geçen yıl yedi yüz bin dolarlık iş yapmış. Arkadaşım onlara, "Bu yıl bir milyon üç yüz bin dolarlık iş yapacaksınız" dediğinde aldığı yanıt, "Deli olmalısınız! Neredeyse geçen yılkinin iki katı bu!" olmuş. Arkadaşım onların hakkında hiç düşünmedikleri potansiyellerini dikkate almıştı. Bu tahmini yaparken ciddiydi. Bu yıl bu firma tahmin edilen rakama ulaşmakla kalmayıp binlerce dolar da fazla kazandı. Ünlü şair Robert Browning'in dediği gibi, *insan, elinin uzanabildiğinden daha ötesini amaçlamalıdır.* Evet, hedef koyma zihinde, düşüncede başlar. Bu bir Kendini-Yönetme meselesidir.

ÇALIŞMADAN İNANMAK HİÇBİR İŞE YARAMAZ

Bu çalışma bölümüdür. Hedefleriniz için bir şeyler yapın. İlerleyin, gerekli adımları atın. Hedefler koyup da onlarla ilgili gerekli adımları atmamak kendi kendinizi baltalamaktır. Çalışmadan, öylesine inanmak hiçbir işe yaramayacağı gibi, tamamen verimsiz bir tutumdur. İnancımıza göre davranmazsak, sadece hayal kurmuş oluruz. *İnanç çalışmakla kusursuzlaştırılır.*

Birçok insan, o konuda bir şeyler yapmayı hiç amaçlamadan, bir hedef hakkında konuşup durur. Çoğu kez, onları hedefleri yönünde hareket etmekten alıkoyan bir engel vardır ve bu başarısızlık korkusu, alay konusu olma korkusu, bir başkasını incitme korkusu veya "başkaları ne düşünür" korkusudur.

İNANCINA GÖRE DAVRANMAYA CESARET EDEN BİR KADIN

Şimdi size, inancına göre davranmaya cesaret eden bir kadının öyküsünü anlatacağım. Onun yıllarca hayal kurmaktan yorgun düştükten sonra bu noktaya geldiğini düşünüyorum. O, yıllar boyunca evlenmek istediği halde evlenememişti. Belki bunun nedeni annesinin onunla birlikte yaşaması ve annesinin duygularını incitmek istememesiydi. Evlenmek istediği adam Hawai Adaları'ndan birinde, körfeze yüksekten bakan güzel bir evde yaşıyordu. Adamın iyi bir geliri vardı ve çok yaratıcı bir kişi olarak, iyi bir hayat sürüyordu. Onun da büyük hayali bu kadınla evlenmekti. Kadının bana başvurduğunda anlattığı öykü buydu.

O öyküsünü bitirdiğinde, "Bana yardım istemek için geldiniz, ama belli ki bu konuda bir şey yapmaya hazır değilsiniz" dedim.

"Ne demek istiyorsunuz?" diye sordu.

"Diyelim ki içinizden gelen ses gidip bu adamla evlenmenizi söylüyor. Birbirinizi seviyorsunuz ve tüm Hayat sizin mutlu olmanızı arzu ediyor, ama iç sesinizin yapmanızı söylediği şeyi yapar mıydınız? Halen annenize çok yakınsınız. Bu konuda bir şey yapmazsınız. Sorunu halletmek için gereken adımları atmazsınız."

"Evet, ne demek istediğinizi anlıyorum" diye karşılık verdi, "Ben o konuda bir şey yapmaya gönüllü olmadıkça, bu fikri kabul etmenin bir anlamı yok. Pekâlâ, gerekeni yapacağım."

Kadın evine gitti ve bavullarını hazırlamaya başladı. Annesi endişelenmeye başladı ve ona ne yapacağını sordu. O da Hawai'ye gidip, yıllardır evlenmeyi hayal ettiği adamla evleneceğini söyledi. Ve her şey yolunda gitti. Anne kızının gözünü onunla korkuttuğu kalp krizini geçirmedi. Hatta yalnız yaşamaktan hoşlandığını gördü. Kadınla adam evlendiler ve mutlu bir hayat sürmeye başladılar. Görüldüğü gibi, kadın daha önce evlenme fikrini aklına koymuştu, ama o konuda hiçbir şey yapmıyordu. Evet, gerekli beşerî adımları atmaya gönüllü olmalısınız. Ancak bu, dışarıdan başlayıp hayatı yönlendirerek (manipüle ederek) bir şeyleri oldurmaya çalışmaktan çok farklıdır.

Biz Güç'ün sevgiyle kullanılması gerektiğini bilerek, ideal zihinsel imajı inançla yaratmakla başlar ve sonra aldığımız içsel Rehberliğe göre davranırız. İlham almak için içimize yönelir ve sonra onu ifade ederek yaşarız.

DÜŞÜNCELERİNİZİ KENDİNİZE SAKLAYIN

Zihinsel imajınızı kendinize saklayın. Gerekeni yapın ve sonucun ortaya çıkmasını bekleyin. Kimseye bir şey söylemeyin.

Sık sık, başkalarıyla fikirlerimizi paylaşır ve bu sırada o fikri gerçekleştirmek için gerekli gücü kaybettiğimizi fark etmeyiz. Belki siz belirli bir fikirle ilgili olarak çok şevklisinizdir, o noktada ilhamınız onu gerçekleştirmek için gerekli tüm güç ve şevkle beraberdir. Ancak hayalinizi bir başkasına anlattığınızda, bu hayal o kişinin düşünce çizgisine uymayabilir ve o sözleriyle şevkinizi kırabilir. O hayalin ne kadar gerçekleştirilebilir olduğunu hiç göremeyebilir. O konuşmasını bitirdiğinde, yelkenlerinizdeki tüm hava sönmüş, tüm şevkiniz kırılmış, geriye bir şey kalmamıştır.

Zihinsel imajınızı sürdürün, içinizdeki Rehberliğin ilham ettiği gerekli beşerî adımları atın. İnancınızı koruyun, ama ondan en yakın dostunuza bile söz etmeyin. Bırakın sonuç kendi adına konuşsun. Evet, başkalarını da deneyiminize sokmanız gereken zamanlar vardır, özellikle eğer hayaliniz ortak bir girişimi gerektiriyorsa. Ama yine de, başkalarının alkışlarının veya alaylarının sizi etkilemesine izin vermemek için, zihinsel imajınızı kendinize saklayabilirsiniz. Fikrinizi açığa vurmanız gerekebilir, ama bunu ona olan inancınızdan kaynaklanan bir güvenle yapın. Aldığınız tepkilerle bir o yana bir bu yana meyletmeyin. En iyi eserlerin bazılarının birçok yayıncı tarafından geri çevrildiğini hatırlayın. Bir başkasının olumsuz yaklaşımına kapılmanıza izin vermeyin.

ESNEK OLUN, GEREKTİĞİNDE PLÂNINIZDA DEĞİŞİKLİK YAPIN

Bir hedef bizim erişmeyi gerçekten istediğimiz bir şey olmalıdır. Anlayışımız geliştikçe, hedeflerimizi değiştirmek ya da onları şimdiki düşünüşümüze uyarlamak isteyebiliriz. Bir ağacın hedefi dimdik ayakta kalmaktır, ama onun rüzgâra göre eğilebilmesi de gerekir. Eğer katı bir hedef koyarsak, o erişilebilir olabilir, ama süreç içinde bizi yaralayabilir.

Bazen hedeflerimiz beklenmedik biçimlerde gerçekleşebilir. Örnek olarak, bir zamanlar tanıdığım, bir at çiftliği sahibi olmayı hayal eden bir adamı alalım. O, hayalini gerçekleştirebilmek için önce çok para kazanması gerektiğini düşünüyordu. Yıllar boyunca iş dünyasında çalışarak sonunda büyük bir başarıya erişti. En sonunda, uzun zamandır arzuladığı at çiftliğine sahip olabilecek kadar zengin olduğuna karar verdi. İşin içine girdiğinde, at yetiştirmenin çok kârlı bir iş olduğunu gördü ve çok şaşırdı. O, iş dünyasında o uzun ve yılgınlık verici yılları geçirmeden, gerçek hedefinin keyfini çıkarabilirdi.

Bu adamı, tanıdığım ve bir avokado bahçesine sahip olmayı çok isteyen başka bir adamla karşılaştırın. O, avokado konusunu incelemeye başladı, bahçeciliği ve bir avokado yetiştiricisinin bilmesi gereken her şeyi öğrendi. Asıl işini sürdürürken, avokado yetiştirilen bölgede bir arazi satın aldı ve avokado ağaçları dikti. Bir yıl sonra garaj işini bıraktı ve en başarılı avokado yetiştiricilerinden biri olma yolunda ilerledi.

İlgi Projesi'nin kurucusu Dr. James Turpin'in öyküsünü ele alalım. James kendisi için önce iyi bir doktor ve toplum lideri olma hedefini koymuştu. Otuzlu yaşlarının başında yaşadığı kentin önde gelen doktorlarından biri oldu ve şehir meclisinde yer aldı. Onun hedeflerini değiştirmesi ilginç bir biçimde gerçekleşti. Ondan her hafta yarım gün Meksika'da ücretsiz hizmet veren bir klinikte gönüllü doktor olarak çalışması istenmişti. Bana söylediğine göre, bu işi birkaç hafta yaptıktan sonra, onu sabırsızlıkla beklemeye başlamıştı. Onun dışında her şey nispeten önemini yitirmişti. Casa de Todas'taki kliniğe onunla birlikte gittiğim gün ne demek istediğini anladım. Bu ödüllendirici çalışma onun hedefini değiştirmesine neden olmuştu. Yeni hedefi, dünyanın her yanında, tıbbi yardımın mevcut olmadığı yerlerde ücretsiz hizmet veren klinikler açmaktı. Bunun sonucunda Hong Kong'da, Güney Vietnam'da, Meksika'da ve daha birçok yerde kliniklere sahip olan İlgi Projesi (Project Concern) ortaya çıktı.

GÖZLERİNİZİ TAMAMLANMIŞ TABLO ÜZERİNDE TUTUN; YARI YOLDA DURMAYIN

Eğer dikkatinizi hedefiniz üzerinde tutarsanız, bilinçaltı zihniniz ayrıntıları halledecektir. O, hedefinize ulaşmanıza yardımcı olacak insanları, doğru fırsatları ve durumları hayatınıza sokacaktır. Sizin yapmanız gereken şey, gerçekleştirmek istediğiniz hedefi gerçekten deneyimleme bilincini geliştirmektir.

Tanrı'nın İbrahim Peygamber'e dediği gibi, *görebildiğiniz tüm topraklar size verilecektir; ama siz gidip onu sahiplenmelisiniz.*

Hayalinizi zihinsel olarak bitirin ve sonra onu dış dünyada gerekeni yaparak tamamlayın. Biz tüm ayrıntıları tasarlamak zorunda değiliz, ama gidip toprağı (o bilinci) sahiplenmek zorundayız. İhtiyacınız her neyse ona zaten sahip olduğunuzu hayal edin; mutlu bir evliliğiniz olduğunu, iş hayatında başarılı olduğunuzu; sağlıklı, faal, sevgi dolu ve herkes tarafından sevilen biri olduğunuzu hayal edin ve bu hayali hissetmeye çalışın. Kendinizi zihinsel olarak o deneyimin havasıyla kuşatın. Sonra, Emerson'un dediği gibi, "Gerekeni yapın, o zaman güce sahip olacaksınız."

Bitirilmiş bir iş, elli tane yarı-bitirilmiş işe bedeldir. Onu önce *zihinde, düşüncenizde* bitirin ve sonra onu dışsal olarak bitirmek için gerekli adımları atın.

Bir gün, bir emlâkçı beni görmeye geldi. Görünüşe göre, o işi için koşturup duruyor, ama hiçbir işi sonuçlanmıyordu. Tam bir satış sözleşmesini gerçekleştirmek üzereyken, bir pürüz çıkıyor ve anlaşma bozuluyordu; bu durum defalarca tekrarlanmıştı. Onun düşünüşünü analiz edene dek bu durum bana inanılmaz görünmüştü. Biz konuşurken, onun bir şeyi tekrar tekrar söylediğini ve bunun onda bir kalıp haline gelmiş olduğunu fark ettim: O her seferinde, "Eh, bu kez bu işi satış sözleşmesine kadar götüreceğim" diyordu. Onun emlâk satışıyla ilgili zihinsel imajını değiştirmesi gerekiyordu. Emlak satış işlemi, para alındığında ve mülk yeni sahibine devredildiğinde tamamlanır. Bu adam bu gerçeği tam olarak kavradı ve o günden sonra satışlarını tamamlamayı başardı. Zihinsel imaj değiştirildiğinde, bunu yeni deneyim izledi. Çoğu kez, bizim zihinsel imajımız erişmek istediğimiz hedefin son noktasını içermez, o bir noktada kesilir.

Projemiz her ne ise, onu tamamlanmış olarak düşünmeli, öyle hissetmeli ve sonra onu deneyimimizde gerçekleştirmek için gereken adımları atmalıyız. Aksi takdirde, sevdiği bir insanın iyileşmesi için gece gündüz dua eden, ama bu sırada cenaze plânları yapan kişi gibi ya da iş hayatında başarılı olmak için dua eden, ama kendisini hep iflas etmiş olarak hayal eden kişi gibi yanlış davranmış oluruz. *Nasıl inanıyorsanız, size öyle davranılır.* Hayat'ın öznel yanı, Yasa, dualarımızın gerçek anlamına göre davranır ve bize Hayat'tan almaya gönüllü olduğumuz şeyi verir.

HEDEFLERİNİZİN ENVANTERİNİ ÇIKARIN

Ara sıra hedeflerinizin zihinsel bir envanterini çıkarın. Hayatta gerçekten elde etmek istediğiniz şeyler yönünde ilerlediğinizden emin misiniz? Siz, zengin olmak istediğini düşünen, ama tüm zamanını neyin eksik olduğunu düşünerek geçiren biri misiniz? Bir fatura ödediğiniz her seferinde yoksullaştığınızı mı hissediyorsunuz? Arkadaşlığı özlüyor, ama kendinizi kimsesiz ve yalnız mı hissediyorsunuz? *Bir insan tüm gün boyunca üzerinde düşündüğü şeyin bütünüdür.*

Eğer tüm zamanınızı *deneyimlemek istemediğiniz şeyler* hakkında düşünerek geçiriyorsanız, yanlış yönde koşan bir futbolcu gibisinizdir. En çok hatırladığım futbol maçlarından biri, oyunculardan birinin yanlış gol çizgisine doğru koştuğu maçtır. Oyunu hangi takımların oynadığını, kazanan tarafı, maçın yapıldığı yılı hatırlamıyorum, ama bu futbolcunun kendi takım arkadaşlarından biri tarafından engellendiğini hatırlıyorum. Düşünüşümüzde ne kadar sık biçimde yanlış gol çizgisine doğru koştuğumuz zamanları -başarısızlıklarımızı, kaybettiğimiz paraları, yaptığımız hataları- vurgularız! Başarılarımızı, kazançlarımızı, doğru davranışlarımızı olağan bir şey olarak kabul eder, onları yeterince takdir etmeyiz, ama başarısızlıklarımızı ne kadar dramatize edip abartırız! Bu yanlış gol çizgisine doğru koşmaktır. Evet, hepimiz şu ya da bu zamanda yanlış gol çizgisine doğru koşma hatasını yaparız. Barındırdığımız her olumsuz düşünce, yanlış yönde atılmış bir adımdır.

Bölüm 5

KENDİNİ-YÖNETME

1. Hedeflerinizi yazın.
2. Hedeflerinizi dikkatle değerlendirin. Onlar gerçekten deneyimlemek istediğiniz hedefler midir?
3. Hedeflerinizi zihinsel olarak kabul edin.
4. Hedeflerinize eriştiğinizi hayal edin ve hissedin.
5. Hedeflerinizin tersini asla düşünmeyin. Sadece hedefinize odaklanın.
6. Her gün hedeflerinizi kabul edin; size sunulan adımları atın ve hedeflerinize ulaşın.

6

SINIRSIZ FİKİRLER KAYNAĞINA ERİŞMEK

Aranmadan ansızın akla gelen düşünceler çoğunlukla en değerli düşüncelerdir ve bu yüzden korunmalıdırlar; çünkü nadiren tekrar gelirler.

JOHN LOCKE

Hepimizin içinde, derinlerde çağların Bilgeliği vardır. İçimizde asla tükenmeyecek, sonsuz bir yaratıcı fikirler Kaynağı vardır. İnsanlar ihtiyaç duydukları fikirleri hayatın yüzeyinde, kitap sayfalarında ya da başkalarının zihinlerinde ararken, her insanın varlığının merkezinde onun ihtiyacını mükemmel bir biçimde karşılayacak fikirler vardır. İnsanın var olduğuna inanmaya cüret ettiği her şeyin ötesindeki ilham, tam insanın bulunduğu yerdedir.

FİKİRLER NEREDEN GELİRLER?

Neden büyük şirketler, ayaklarını masalarının üzerine uzatıp dinlenmekten başka bir şey yapmıyormuş gibi görünen fikir adamlarına en yüksek maaşları verirler? Çünkü bu insanlar tüm kuruluşun başarılı olmasını sağlayan fikirleri üretirler. Fikirler nereden gelirler? Müzisyenler, yazarlar, bilimciler ve mucitler yaratıcı fikirlerini nereden alırlar? Bir bestecinin zihninde yeni bir senfoniyi sanki o çoktan bestelenmiş gibi işitmesi nasıl mümkün olur? Neden bazı insanlar diğerlerinden daha yaratıcıdırlar?

Çünkü gerçekten yaratıcı her insan, doğrudan bağlantı kurduğu Evrensel Bilinçaltı Zihne, tüm fikirlerin görünmeyen Kaynağı'na güvenmeyi öğrenmiştir. Bu insanın kullandığı araç sezgidir. Sezgi; *direkt bilme, ilahî rehberlik, aydınlanma, fikirler ve içe doğma* olarak adlandırılmıştır. İçimizin derinliklerinden çıkıp gelen fikirler, görünüşte aniden ortaya çıkan fikirler sezgi yoluyla gelirler.

Ben sezgiyi, *düşünmeye, mantığa, muhakemeye değil, içgörüye ya da ruhsal algıya dayanan bilgi* olarak tanımlıyorum.

Sezgi, muhtaç olduğunuzda duanıza hemen verilen bir yanıt olabilir. O, Kutsal Kitap'ta sözü edilen *dingin, küçük sestir*. Bir çıkış yolu bulamadığınız için tüm projenizden vazgeçtiğiniz anda beklenmedik bir biçimde gelen fikirdir. Sezgi düşünülüp tasarlanılarak ortaya çıkarılamaz, o kendiliğinden ortaya çıkar; isteyerek değil, istem-dışı olarak ortaya çıkar.* O asla zorlanamaz; tam ihtiyaç duyulan anda gelen beklenmedik bir ses gibidir. Bazen o, yapmakta olduğumuz şeyden vazgeçmemizi, bazen neşelenmemizi söyler; bazen de bize ani bir görüş, yargı veya karar değişikliği getirir. Eğer onu dikkate alırsak, o hayatımızdaki en değerli şeydir. Gerçekten başarılı olan insanlar sezginin sesini dinleyip rehberliğini izlemeyi öğrenmiş olanlardır.

TÜM ZAMANLARIN BÜYÜK ADAMLARI SEZGİYE GÜVENİRLER

John K. Williams, *Bilinçaltı Zihninizin Bilgeliği* adlı harika kitabında şöyle der: "Bilinçli zihnin, muazzam ve besleyen bir bilinçaltının sadece 'meydana çıkan uç noktası,' üst düzeyi olduğu, psikolojide kabul edilen bir veri haline gelmiştir.

* Paul Brunton, *Üst-benliğin Bilgeliği,* (New York: E.P. Dutton&Co., Inc., 1943).

Araştırmalar, zihnin bu daha derin alanını harekete geçirme yeteneğinin bilimci, yazar, besteci, mucit ve işadamı gibi yaratıcıların başarılarını belirlediğini göstermiştir."

Williams şöyle devam ediyor: "Etik bilimin kurucusu Sokrat'ın zamanından, Edison, Ford, Markoni, Westinghouse, Einstein ve Kettering'in yaratıcı dehasına kadar, bu tanınmayan ve çok az anlaşılan zihinsel faaliyet alanı bildiğimiz modern uygarlığı mümkün kılan ve sürdüren hemen her büyük başarıya içgörü ve yöntem-bilgisi vermiştir."

Harvard Üniversitesi, Yaratıcı Diğerkâmlık Araştırma Merkezi Yöneticisi Dr. Pitirim A. Sorokin, sezgi Kaynağı'na "bilinç-ötesi" adını veriyor ki bu sonsuz Zekâ'ya, yani Tanrı'ya verilen bir başka isimdir. Dr. Sorokin, *Sevginin Yolları ve Güçleri* adlı kitabında diyor ki:

> Bilinç-ötesi, insanın bilim, din, felsefe, teknoloji, ahlâk, yasa, güzel sanatlar, ekonomi ve politika gibi yaratıcı faaliyet alanlarındaki en büyük başarılarının ve keşiflerinin asıl kaynağı gibi görünüyor. Bu kaynağın dehası ve çalışması olmadan, sadece bilinçli ve bilinçsiz faaliyetlerle ancak vasat başarılar elde edilebilir; asla en büyük başarılar elde edilemez. Bir edebiyat ya da müzik profesörü edebi veya müzikal bir başyapıtın oluşumunda rol oynayan tüm mantıklı kuralları ve teknikleri çok iyi bilebilir; ama eğer o bilinç-ötesi dehadan yoksunsa, Shakespeare, Chaucer, Bach ve Beethoven'in dahice yaratıcılığına asla erişemez. Bir bilimsel yöntem profesörü için de aynı şey geçerlidir; eğer o bilinç-ötesinden yararlanamıyorsa, asla Galileo, Newton, Eflatun ya da Kant gibi olma şansı yoktur. Bu anlamda, bilinç-ötesi bilinen en yüksek yaratıcı enerjidir.
>
> Bilinç-ötesi, *bilinç-ötesi sezgi* yoluyla yaratır ve keşfeder. O, algılama, gözlem gibi duyusal sezgilerden ve mantıksal, matematiksel, kıyassal muhakemeden farklıdır. Duyular ve mantık ile karşılaştırıldığında, sezgisel ilham veya biliş -sabırlı bir duyusal gözlemden ya da matematik-

sel, mantıksal analizden farklı olarak- bir anda akla gelir, anlık bir parlama olarak ortaya çıkar. Bu anlık parlamanın zamanının ve koşullarının önceden görülmesi, tahmin edilmesi ya da isteyerek yaratılması çok zordur. Bu parlama çoğunlukla en beklenmedik anda ve koşullarda vuku bulur.

SEZGİ İNSANA NASIL GELİR

Sezgi, en yüksek anlamıyla, küçük, beşerî benliğimizi yoldan çekebildiğimizde bize gelen yüce ilhamdır. Sorokin'in dediği gibi, "O, egoyu tamamen ve koşulsuz olarak aşar."

İsa da, *ben kendim hiçbir şey yapamam; her şeyi yapan içimdeki Baba'dır* sözünü bir anda aldığı ilahî bir sezgiyle söylemiş olmalı. Sezgi, Browning'in "içsel ihtişam", Azize Teresa' nın "Ben değil, benim vasıtamla çalışan Tanrı" dediği şeydir. Her mistik, tanrısal Benliğin tüm ihtişamıyla ortaya çıkabilmesi için küçük benliğin ölmesi gerektiğini bilirdi.

> *Tanrı bir kere söyledi, iki kere söyledi, ama insanlar anlamadılar. Bir gece, insanlar yataklarında derin uykuya dalıp rüya görmeye başladıklarında, Tanrı onların kulaklarını açtı ve talimatını aktardı.*
>
> Kutsal Kitap, Eyüp Bölümü 33:14-16

Elias Howe, yaklaşık yüz elli yıl önce bir gece derin uykudayken gördüğü bir rüyada veya bir vizyonda modern dikiş makinesinin icadını mümkün kılan fikri aldı. O, haftalardır bu icadı üzerinde çalışıyordu. Ancak makineyi tamamlayacak son parçayı yaratamıyordu bir türlü. İpliği geçirdiği iğnenin üst ucunu makineye nasıl bağlı tutacağını bir türlü bulamıyordu. Bir gece, geç saatlere dek çalıştıktan sonra, bitkin düşmüş bir halde uyuyakaldı. Rüyasında kendini yamyamlar tarafından esir edilmiş gördü; onlar, eğer yirmi dört saat içinde makineyi tamamlayacak parçayı bulamazsa onu yiyeceklerini söylüyorlardı. Yamyamlar onun çevresinde dolanıp duruyorlardı. Ve sonra Howe, kabile şefinin elindeki mızrağın ucunda bir delik olduğunu gördü. Ter içinde uyandığında, sorunun çözümünü bulmuştu!

FİKİRLER ONLARI HİÇ BEKLEMEDİĞİMİZDE GELİRLER

Mucitlerin, yazarların, ressamların, bestecilerin fikirlerini nasıl aldıkları konusunda incelemeler yapılmıştır. Tüm incelemeler fikirlerin hiç beklenmedikleri anlarda, insanlar onlar için uğraşmaktan vazgeçtiklerinde ve yarı-uykuluyken veya hayal kurarken geldikleri sonucuna varmıştır. Bazıları, araba kullanırken, balık tutarken, avlanırken ya da iş dışında dinlenmek amacıyla bir şeyler yaparken *"birdenbire", "hiç beklenmedik bir anda"* fikirlerin geldiğini söylüyorlar.

Birçok ressam tüm tabloyu zihninde görüp aceleyle tuvale aktarmıştır. Besteciler senfonileri beklenmedik bir biçimde içsel olarak duyup notalara dökerler. Mozart, ilhamıyla ilgili olarak şöyle demiştir: "Hayalimde bir bestenin bölümlerini sırayla duymuyorum; tüm besteyi, olduğu gibi, birden duyuyorum... Bunun bana ne kadar büyük bir zevk verdiğini anlatamam."

Ben en iyi konuşmalarımı televizyonda bir golf ya da futbol karşılaşmasını izlerken hazırlarım. Böyle zamanlarda ailem aklımı yitirdiğimi düşünür. Öğleden sonrayı boşa geçirdiğimi düşünen karım, "Neden yapacağın konuşmayla meşgul olmuyorsun?" diye sorar. Hukukçu geçmişim yüzünden, sarı çizgili not defterimi yanımdan hiç ayırmam. Oturmuş maçı izlerken, çok geçmeden aklıma bir fikir gelir ve onu başka fikirler izler. Kuşkusuz, bu fikirler futbol maçından değil, bilinçli zihnimi yoldan çektiğim için bilinçaltı zihnimden gelirler.

Bir profesör arkadaşım bahçesindeki gülleri budarken en

iyi fikirlerini alırdı. O, tıbbi araştırmalarla ilgili makaleleriyle ünlüydü. Bu makaleler yayınlandıktan sonra, arkadaşım o makalelere kaynaklık eden fikirler geldiğinde hangi gülleri budamakta olduğunu söyleyebilirdi.

Paul Brunton, *Üst-benliğin Bilgeliği* adlı kitabında, sezgiyi, *bilinçli düşünüşün eşiğinin altındaki daha derin zihin tabakasına* yerleştiriyor:

> Yazarlar ve şairler, sık sık, kafalarına üşüşen garip düşüncelerle uyanıp, onları kâğıda dökmek için yataklarından fırlarlar. "Kubla Han" gibi uzun bir şiirin, şair Coleridge'in uyuyan zihninde ortaya çıktığını; uykuya dalmadan önce kafamızı meşgul eden ve çözülemez görünen bir sorunun ertesi sabah uyandığımızda kendiliğinden çözülmüş olduğunu; unuttuğumuz ve bir türlü hatırlayamadığımız isimleri uyandıktan sonra hatırlayabildiğimizi göz önüne aldığımızda, varabileceğimiz tek ve aşikâr sonuç, zihnin gizemli bir tarzda, gece boyunca -ertesi gün bilince bitmiş bir sonuç sunmasını sağlayan- gizli bir faaliyeti sürdürdüğüdür. Tüm o muhteşem sanatsal ilhamların, eksik bilgilerin hatırlanışının ve kafa karıştırıcı durumların üstesinden gelen sezgisel kararların gizli kaynağı olan şey, bilinçli düşünüşün eşiğinin altındaki bu daha derin zihin tabakasıdır. Zebur yazarı Davut Peygamber, "Tanrı, sevgili kullarına gerçeği uykuda sunar" demiştir. Dolayısıyla, uyku esnasındaki bu kanıtlanmış zihinsel faaliyeti görmezden gelerek, uykunun tam bir bilinçsizliğe geçiş olduğunu söylemek, bu deneyimi yalnızca dış görünümüyle dikkate alıp, onun altında yatan her şeyi göz ardı etmektir.

YARATICILIĞINIZI NASIL ARTIRABİLİRSİNİZ?

Benim amacım Evren'in Yaratıcı Zihni'nin varlığını kanıtlamak değildir. Bu daha önce ve daha iyi bir şekilde yapılmıştır. Burada anlatmaya çalıştığım şey, her birimizin Yaratıcı Zihne erişime sahip olduğumuz, her birimizin -Emerson'un dediği gibi- *bu Zihnin bir giriş ve çıkış noktası olduğumuzdur.* Bizim için önemli olan, ilham perisini (Muse) nasıl çağıracağımızı öğrenmektir. Kadim Yunanlılar, sanatların ve bilimlerin dokuz tanrıçanın kontrolünde olduğuna ve fikirlerin gelebilmesi için onların teveccühünün kazanılması gerektiğine inanırlardı. Bugün "muse" sözcüğü İngilizce'de meditasyon yapmak, derin düşünceye dalmak anlamına gelen bir fiildir. Aynı zamanda dalgınken, adeta kendinden geçmişken derinlemesine düşünmek mantıken çelişkili görünür, ama Evren'in Yaratıcı Zihni'ne biz tam olarak böyle erişiriz. Yüzeysel zihinden uzaklaştığımızda, derinlemesine düşünebilir ve bilinçaltının sonsuz kaynaklarından yararlanabiliriz.

Kendini-Yönetme yoluyla derin bilinçaltı zihni belirli bir çizgiye yönlendiririz ve eğer bilinçli zihni açık ve algılayıcı olacak kadar dinginleştirebilirsek, o bizim için çalışacaktır.

YARATICILIĞI ARTIRMAK İÇİN DÖRT YARARLI KURAL

1. *Düşüncelerinizi bir noktada toplayın:*

Bir besteci müziği, özellikle de ilgilendiği müzik türünü düşünür. O, zihnini fiziğe veya elektroniğe odaklamaz. Ressam, bilimci, tasarımcı, yazar; hepsi dikkatlerini, yaratıcı fikirler aradıkları belirli alana yöneltirler. Eğer siz tek bir fikri alıp onunla birlikte yaşarsanız, onun kendisine çektikleri sizi şaşırtacaktır. Bir kez kapıyı açtığınızda, ilk fikrinizi zenginleştirmek için her yerden fikirler gelecektir. Hangi yolu tutacağınızı iyi belirleyin ve her defasında tek bir fikri davet edin.

2. *Derinlemesine düşünmek aceleye gelmez:*

En iyi sonuçlar için projenizi bilinçaltı zihne ayrıntılarıyla aktarmanız gerektiğini hatırlayın. Dünyanın tüm zamanına sahipmişsiniz gibi çok rahat olun. Aklınıza gelen fikirlerle oynayın, onları sevin, onları kınamayın. *Uygula-*

malı İmgeleme adlı kitabı bugün birçok yaratıcı düşünme kursunda ders kitabı olarak kullanılan Alex F. Osborn, bize gelen fikirleri yargılamamanın en önemli şey olduğunu söylüyor. "Eleştiriyi erteleyin" diyor. Grupların bir araya gelip fikirlerini serbestçe bir araya getirmelerini öneriyor; bu beyin-fırtınası (yeni fikirler üretmek için toplanma) olarak bilinen bir uygulama. Burada ana kural, diğerlerinin fikirlerini asla eleştirmemek veya onlarla alay etmemek. Aynı şey bireysel beyin-fırtınası için de geçerlidir. Kınamanın fikir akışını kesintiye uğrattığı kanıtlanmış bir olgudur. Şimdi herhangi bir fikri reddetmek Kaynak'tan gelen akışın önünü kesecektir. Daha sonra, size gelmiş olan fikirleri değerlendirmekte seçici davranabileceğiniz bir zaman olabilir.

Rahat olun, eğer isterseniz, ellerinizi çok zorlayıcı olmayan bir şeyle meşgul edin, televizyon izleyin veya güzel bir müzik dinleyin. Tüm bu süreçte derin zihniniz kendisine verilen sipariş üzerinde uzun uzadıya düşünecek ve çok geçmeden fikirler öylesine hızlı akmaya başlayacaktır ki siz hepsini nasıl yakalayabileceğinizi merak ediyor olacaksınız.

3. *Fikirler geldiğinde onları yakalamaya hazır olun:*

Sezgisel düşünceler çok kısa süren, uçup giden, geçici düşüncelerdir. Onlar adeta bir parçanız haline gelmiş, alışılmış, sınırlı düşüncelerinizden tamamen farklıdır. Bu düşünceler bir kelebeğin hassasiyetiyle parıldar ve hızla kaybolurlar. Onlar henüz belleğinize kaydedilmemişlerdir. Araba sürerken ya da gece yarı uykuluyken size gelen ilhamı kesinlikle hatırlayacağınızı düşünmeyin. Birçok iyi fikir bu şekilde kaybolur gider. Durum her ne olursa olsun, arabayı durdurun ya da kalkıp ışığı yakın ve *o fikri bir yere yazın.*

Yaratıcı bir insan -içsel kulağıyla dinlemeyi öğrenmiş olan bir insan- not defterini ve kalemini yanından ayırmaz. Fikirler çoğunlukla uykudan uyanırken ya da gece boyunca geldiğinden, not defterini ve kalemi yatağınızın başucunda tutun. Birçok insan yanıtlanmasını istediği bir soruyu yatmadan önce sorup, istediği yanıtla uyanmayı güvenle beklemeyi öğrenmiştir.

Bir konuşmacı ya da yazarsanız, kendinize kısa bir taslak hazırlayın. Onun birkaç kez üzerinden geçerek zihninize yerleştirin. Sonra da birkaç gün içinde gelecek fikirleri yakalamaya hazır olun. Onları, diktiğiniz "ağaca" asın; çok geçmeden o ağaç her zamanki bilinçli düşünüşünüzün bulabileceğinden çok daha iyi tasvirlerle dolacaktır. Dahası, bu endişeli gerilimi ortadan kaldıran kolay bir çalışma biçimidir.

4. *Şimdi fikirlerinizi değerlendirip kullanabilirsiniz:*

Beyin-fırtınası seansınızı bitirdikten sonra seçici olabilirsiniz. Bu, birçok fikir arasından hangilerini kullanmak istediğinize karar verme, geriye kalanları eleme ya da gelecekte kullanmak üzere depolama zamanıdır. Deneyimlerime dayanarak söyleyebilirim ki, bir saatlik yaratıcı düşünme, çok uzun bir süre yararlı olabilecek fikirler üretebilir ve her fikir daha fazla fikir üretir. Gerçekten de, sezgi bizim Sonsuz Olan ile bağlantımızdır.

Gleen Clark, *Evrenin Sırlarına Erişen İnsan* adlı bir kitap yazdı. Bu, tek bir hayatta beş ayrı hayat yaşadığını söyleyen Walter Russel'in öyküsüydü. Russell başarılı bir müzisyen, mimar, ressam, heykeltıraş, kitap ve dergi ressamı idi. 1897 ve 1898 yıllarında *Collier's Weekly*'nin sanat editörlüğünü yaptı ve sonra, İspanyol Savaşı sırasında *Collier*'s ve *Century* için savaş ressamı olarak çalıştı. 1900'de bu dikkate değer adam ilk olarak Turin Uluslararası Sanat Sergisi'nde sergilenip İtalya'da büyük övgü alan, daha sonra tüm Avrupa'da sergilenip Fransa, Belçika ve İspanya'da ödüller kazanan ve kendisine Toledo'daki İspanyol Sanat ve Edebiyat Akademisi üyeliği getiren "Çağların Kudreti" adlı alegorik tablosunu tamamladı. Daha sonra büyük bir portre ressamı oldu ve ülkenin birçok köşesinde ünlü kişilerin portrelerini yaptı. Bu dönemde birçok kitap yazdı ve yüzlerce konferans verdi. Mimarlıkla ilgili hiçbir eğitimi olmamasına rağmen -resmi eğitimi on yaşında bitmişti- New York'ta tüm dünyaca bilinen, milyonlarca dolarlık binaları tasarladı ve inşa etti. İnşaatları kendisi finanse etti ve hepsini sattı, hatta kooperatif mülkiyeti yasal olanağını yarattı.

Dr. Clark, "Walter Russell'in resimden heykele geçişi elli altı yaşında bir rastlantı sonucu oldu" diye yazıyor. "O, tüm yaşamı boyunca ressamlık yapmış, kile elini bile sürmemişti. Sanat ve Bilim Topluluğu'na başkan seçilmişti ve bu topluluk Edison'a bir madalya verecekti. Madalya için büst yapacak olan heykeltıraş onları yarı yolda bırakmıştı. Bunun üzerine Walter Russell biraz kil aldı ve Bayan Edison'a telgraf çekip büstü kendisinin yapacağını bildirdi."

Russell, daha sonra bilim alanında büyük keşifler yapmasına ve bir filozof ve konuşmacı olarak uluslararası bir ün kazanmasına rağmen, asıl ününü heykeltıraşlığıyla kazandı. Zamanımızın birçok büyük adamının büstünü yapmış olmasına rağmen, en çok konuşma özgürlüğünü, inanç özgürlüğünü, yoksunluktan kurtuluşu ve korkudan kurtuluşu temsil eden dört figürden oluşan eseriyle tanındı.

> "Walter Russell hiçbir zaman Tanrı'dan başarıya ulaşmasını sağlayacak gücü vermesini istemedi; çünkü o bu güce zaten sahip olduğunu biliyordu. Onun Tanrı'dan sözsüz ve ilham-verici bir iletişim içinde istediği tek şey, O'nun kendisinin içindeki Evrensel Sınırsız Güç'ün daima farkında olmasını sağlamasıydı."

Dr. Clark'ın kitabına neden *Evrenin Sırlarına Erişen İnsan* ismini verdiğini hâlâ merak ediyor musunuz?

Walter Russell ve diğerleri evrenin sırlarına eriştiler, biz de erişebiliriz. *Eflatun'un bildiğini siz de bilebilirsiniz.* Sezgi sadece psişiklere, medyumlara ve kâhinlere has bir özellik değildir. Sigmund Freud ve Carl Jung sezgiyi geçerli olarak, zihnin normal bir işlevi olarak kabul ettiler, ama keşfedemediler. Zihnin erişebileceği yerler henüz ortaya çıkarılmamıştır. Her birimiz bu alanda bir kâşif olabiliriz. Sezginin sesini dinlemeyi öğrendiğinizde, endişelenmeyi bırakabileceğinizi, sorularınıza yanıtlar bulabilmek için ondan ona koşmayı bırakabileceğinizi göreceksiniz. İçinizdeki Bilen, karşılaşabileceğiniz her sorunun çözümünü bilir ve beşeri düşünüşün ürünü olan yanıtlardan farklı olarak, bunlar doğru yanıtlar olacaktır. Deneyin. Şaşırabilirsiniz.

KENDİNİ-YÖNETME

Ben de evrenin sırlarına erişebilirim. Ben Sonsuz bir Kaynak'la iletişimdeyim. Şimdi (mevcut sorumla ilgili) *yanıtları almak üzere zihnimi açıyorum* (burada o anda yanıtını öğrenmeye ihtiyaç duyduğunuz soruyu belirtin). *Sessizlik içinde dinliyorum, açığım, almaya hazırım. İlham içimde yükseliyor. Tam olarak ihtiyaç duyduğum fikirleri ve onları gerçekleştirecek Gücü alıyorum.*

7

YARATICI İMGELEMENİN GÜCÜ

Sonsuz dünyalara erişmeye çalışmaktan; insanın ölümsüz gözlerini kendi içine, düşünce dünyalarına, yani Tanrı'nın bağrında daima genişleyen sonsuzluğa, yani insanın hayal gücüne açmaya çalışmaktan asla vazgeçmeyeceğim.

WİLLİAM BLAKE

William Blake, insanın hayal gücünü, *Tanrı'nın Bağrı* olarak adlandırmıştır. İlk bakışta, bu kutsal değerlere biraz saygısızlık gibi görünüyor, ama bakalım gerçekten öyle mi? Yaratıcı imgeleme, Tanrı'nın bize vermiş olduğu en olağanüstü ve en etkileyici araçlardan biridir. Tanrı, insanın hayal gücü vasıtasıyla yaratmayı sürdürür ve dolayısıyla hayal gücünün insandaki tanrısal özellik olduğu söylenebilir.

Altıncı bölümde, her birimizin içindeki Öğretmen'in ihtiyaçlarımızı bildiğini ve o ihtiyaçları sınırsız bir fikirler Kaynağı ile karşıladığını gördük. O, eğer dinlemeye gönüllüysek, ihtiyaç duyduğumuz Rehberliği ve İlhamı sürekli olarak sağlar. Yaratıcı imgeleme, Hayatın Yaratıcı Süreci'nin tezahür etmiş Evreni yaratmak için kullandığı kalıbı oluşturur. Üzerinde oturduğunuz sandalye önce bir insanın zihninde bir fikirdi. Bu fikir o insanın zihninde görsel bir imgeye dönüştürüldü. O imgeden de fikrin fiziksel ifadesi ortaya çıktı. Albert Einstein, "Hayal gücü bilgiden daha önemlidir" demiştir. Ralph Waldo Emerson ise, "Bilim, hayal gücüne ne kadar çok şey borçlu olduğunu hiç bilmez" diye yazmıştır.

Yayınlandıkları dönemde tamamen hayalî, sınırsız bir hayal gücünün ürünü olarak görünen bilim kurgu kitapları ve dergileri, bugün yeniden incelendiklerinde, çoğunlukla "gerçeği ifade ediyor" olarak görülüyorlar.

YARATICI İMGELEME SİZİN İÇİN NE ANLAMA GELEBİLİR?

İnsan yaratıcı imgelemeyi anlayarak ve uygulayarak tüm hayatını yeniden yaratabilir. İnsan, yaratıcı imgelemeyle, kendisi ve yaşadığı dünya ile ilgili inancını, dolayısıyla o inancın tezahürünü değiştirebilir. İnsan yaratıcı imgelemeyle bir başarı düzeyinden diğerine doğru ilerlemiştir. Uygarlığımızda tüm ilerleme yaratıcı imgelemenin kullanımından kaynaklanmıştır. Ruhsal gelişim ve daha büyük anlayış insanın yaratıcı imgelemeyi kullanmasıyla gelir.

Hayal kurulmayan yerde, insanlar mahvolurlar.

Darbımeseller 29:18

KUTSAL KİTAP YARATICI İMGELEMEYİ NASIL KULLANIR?

Kutsal Kitap bize Yakup'un yaratıcı imgelemeyi nasıl kullandığıyla ilgili güzel bir öykü sunar. Yakup'un kayınpederi Laban güvenilir bir adam değildi. O, Yakup'u daha önce aldatmıştı. Ancak bu kez Yakup yaratıcı imgeleme yoluyla bu oyunun üstesinden gelebildi. Laban, kendisine yıllarca sadakatle hizmet etmesine karşılık, Yakup'a sürüsündeki tüm benekli hayvanları vermeyi kabul etmişti. Ama anlaşmayı yerine getirme zamanı geldiğinde, Laban sürüsündeki tüm benekli hayvanları alıp sakladı ve Yakup'a hiçbir şey bırakmadı. Yakup bu durum karşısında hiç endişelenmedi ve yaratıcı imgelemeyi uyguladı. Hayvanların su içmeye ve üremeye gittikleri yere benekli kamışlar dikti. Ve sürekli olarak karşılarında o benekli kamışları gören dişi hayvanlar sonunda benekli yavrular doğurdular.

Bu bir hayat yasasıdır. *Dikkatimizi her neye veriyorsak, o hayatımızda tezahür eder.* Bizim bu yasayı bilmemiz ve etkili biçimde kullanmamız gerekir.

İNSAN TANRI İLE BİRLİKTE YARATIR

Başka bir deyişle, Tanrı insan vasıtasıyla yaratır. Kutsal Kitap bize, "Başlangıçta, Tanrı'nın yeri ve göğü, cenneti ve dünyayı yarattığını ve sonra insanı kendi suretinde yarattığını" söyler. Yani insan yaratıldığında her şey zaten vardı; insanın yaratımı uyarlama ve değişiklik yapmaydı. Bunu hangi güçle yapabilirdi? Elbette ki var olan tek güçle, Tanrısal Güç'le. Bu tümüyle insanın sağladığı düşünce kalıbına göre gerçekleşir.

İnsanın en büyük nimetlerinden biri, sonuçlar dünyasını ihtiyaçlarına uyacak şekilde yeniden düzenleyebilmesidir. İnsan, zihninde barındırdığı fikirlerle, içindeki tüm Hayatın Kaynağı'ndan kaynaklanan fikirlerle kendini ve yaşamını sürekli olarak değiştirirken, Tanrı ile birlikte yaratmaktadır. Tanrı insana sezgi yoluyla öğretir; Tanrı insan vasıtasıyla, imgeleme yoluyla yaratır. Her şey fiziksel olarak tezahür etmeden önce mutlaka bir fikir olarak var olur. Fikir yolu açar.

İMGELEME BİZDEN ÖNCE GİDER

> *Babamın evinde birçok oda var. Öyle olmasaydı, size söylerdim. Orada sizin için bir yer hazırlamaya gidiyorum.*
>
> Yuhanna 14:2

Evrensel Zihin'de birçok bilinç hali vardır. Her insanın kendisiyle, fikirleriyle ve çevresindeki hayatla ilgili kendi inancı vardır. *Babamın evinde birçok oda var.* İsa bundan o kadar emindi ki çevresindekilerin de bunu bildiklerini varsaydı. *Orada sizin için bir yer hazırlamaya gidiyorum.* İçimizdeki Bilgelik, yaratıcı imgeleme, yolumuzu açmak için önden gider.

İsa bize şunu öğretmişti: *Her neyi arzuluyorsanız, onun için dua ettiğinizde, onu elde edeceğinize inandığınızda, ona sahip olacaksınız.* Bu yaratıcı imgelemeyi kullanmak değil midir? İsa, *her neyi arzuluyorsanız* demiş, hiçbir sınırlama ve koşul koymamıştı. Her neyi arzuluyorsanız, içsel Kaynağa başvurduğunuzda, arzu ettiğiniz şeyi elde edeceğinize inandığınızda, onu bilinçli olarak kabul ettiğinizde, elde ettiğinizi imgelediğinizde, ona sahip olacaksınız. Onu kesinlikle deneyimleyeceksiniz.

İÇİMİZ NASILSA, DIŞIMIZ DA ÖYLEDİR

Her birimiz bu yoldayız. Her birimiz kendi içindeki en yükseğe uygun olarak yaşamaya çalışıyor. İnsanlığın ve kendilerinin zararına şeyler yapıyormuş gibi görünenler bile, bunu, o anda onun yapabilecekleri en iyi şey olduğunu hissettikleri için yaparlar. Ama kendi imajımızı yeni bir boyuta yükselttiğimizde, çevremizdeki hayatın değişmeye başladığını görürüz. *Ve eğer ben dünyadan yukarıya yükselirsem, tüm insanları da beraberimde yükselteceğim.** Bilincimizi daha yüksek bir boyuta yükselttiğimizde, çevremizdeki hayatın da yeni bilince uyduğunu görürüz. Bu iş başındaki yaratıcı imgelemedir!

YARATICI İMGELEMEYİ NASIL KULLANIRIZ?

Bunun birçok yolu vardır. Size iki yolu sunacağım. Genellikle, sahip olduklarımızla bulunduğumuz yerden başlamamız söylenir; ama bu kez ben baştan değil, sondan başlamanızı önereceğim. Bu size garip geliyor, değil mi? Bu biraz farklı bir yak-

---

*Yuhanna 12:32.

laşımdır, ama aslında aynı şeyi söylüyoruz. Siz gerçekte sahip olduklarınızla, bulunduğunuz yerden başlarsınız. Bu tümüyle sahip olduğunuz şeyin içindedir. Siz bir başarısızlık, eksiklik imajına mı sahipsiniz, yoksa başarı ve tamamlık imajına mı? Aradığımız şeyin yaratıcı imgeleme yasasıyla bilincimizde oluştuğunu bilerek, (erişmek istediğimiz sondaki) en yüksek hayrımızı imgeleyerek ve onun için dua ederek başladığımızda, aradaki tüm adımlar -tam bir doyum getirecek şekilde- hallolacaktır.

Başka bir deyişle, dua ettiğimizde, zihnimizin yoksunlukla meşgul olmasına izin vermeyiz. Zihnimizi hastalık ve dertle meşgul etmeyiz. Dua ettiğimizde, aradaki her şeyin bize sağlanacağını bilerek, En Yükseğe başvururuz. Emmet Fox bunu Altın Anahtarı kullanmak olarak adlandırmış ve şöyle eklemiştir: "Zorluğa sırtınızı dönün ve dikkatinizi Tanrı'ya yöneltin." Bu en yüksek hayırdır, alfa ve omegadır, başlangıç ve sondur. Bu, *önce (içinizdeki) Tanrı'nın Krallığı'nı arayın ve istediğiniz her şey ona eklenerek size verilecektir* sözünün anlamıdır.

BİR PRENS YARATICI İMGELEMEYİ NASIL KULLANDI?

Kambur bir prensle ilgili eski bir efsane vardır. Bu prens, sakatlığı konusunda çok duyarlı olduğundan halkının karşısına nadiren çıkardı. Bir gün sarayın heykeltıraşını çağırıp ondan kamburu yokmuş gibi güzel bir heykelini yapmasını istedi. Heykeltıraş çalışmaya başladı. Zamanı geldiğinde prense, tam görünmek istediği gibi bir heykel sundu. Prens çok mutlu olmuştu. Heykeli bahçede gizli bir köşeye koydu ve her gün oraya gidip sahip olmak istediği görüntüyü uzun uzun seyretti. Aradan aylar geçti; prens heykeli her ziyaretinden sonra biraz daha dik durabilmeye başladı. Aradan birkaç yıl geçti. En sonunda prens tüm halkını bir toplantıya çağırdı. Halk krallığın dört köşesinden onu görmeye geldi. Bu kez prens onların karşısına memnuniyetle çıktı. İnsanlar onu gördüklerinde gözlerine inanamadılar. Prens artık kambur değildi. O hep kusursuz bir sırtın görüntüsüne bakmış ve bu ideal imaj onun deneyiminde tezahür etmişti.

HER BÜYÜK MUCİT YARATICI İMGELEMEYİ KULLANIR

Eli Whitney, Yale Üniversitesi'nden yeni mezun olan genç bir adamdı. İngiliz sömürgecilere karşı verilen bağımsızlık savaşının generallerinden Nathaniel Greene'in Georgia Savannah'daki evine davet edildi. Oradayken, birisi ona tohumları pamuktan ayırmakta çekilen büyük güçlükten söz etti. Siz hiç tohumları pamuktan çıkarmayı denediniz mi? Tohumlar beyaz lifin ortasına gömülüdür ve tek bir tohumu bile ayırmak dakikalar alır. Tohumları ayırmak için bir yol bulunamadığından pamuk üretimi pahalıya mal oluyordu. Ama üniversiteden yeni mezun olan bu genç adam, "Bu sorunun bir çözümü olmalı" diye düşündü. Yanıtı bulmak için hemen işe koyuldu ve tohumun pamuktan kolayca ayrıldığını hayalinde canlandırdı. Başka bir deyişle, fikri Zihne koydu ve çok geçmeden bu işin çok basit bir biçimde başarılabileceğini görmeye başladı. Birkaç gün içinde, günde yirmi beş kilo pamuğu temizleyebilen küçük bir araç geliştirdi ki bu o günün insanı için mucizevi bir başarıydı. Eli Whitney bunu başardığında yirmi dört yaşındaydı. Zaferinden büyük heyecan duyarak, Kuzey'e geri döndü ve çırçır makinesi üretmek için bir fabrika kurdu. Talep o kadar büyüktü ki arz yıllarca bu talebi karşılayamadı. Eğer yaratıcı imgeleme sebatla kullanılırsa, bir fikrin olduğu yerde daima başarı da vardır.

Hepimiz mucit olmayı seçmeyiz. Ancak, yaratıcı imgeleme birçok biçimde, hayatın basit şeylerinde kullanılabilir.

DUA, YARATICI İMGELEMENİN EN YÜKSEK BİÇİMİDİR

Tanrı dua yoluyla çalışır; zihnimizi onu karıştıran eski kavramlardan kurtarmak, böylece onu tüm Bilgeliğin Kaynağı'ndan gelen yaratıcı etkiye açabilmemizi, yeni fikrin hayatımızda tezahür etmesine izin vermemizi sağlamak amacıyla yaratıcı imgelememizi kullanır.

Bunun bir örneği, bu bilimsel gücü başkaları için kullanmaktır. Dünyanın tüm yükünü omuzlarında taşıyormuş gibi görünen birinin bize geldiğini varsayın. O her şeyin kendisine karşı olduğunu hissetmektedir. O durumda biz eski görüntüyü söküp atmalı, bu kişiyi bütün ve özgür olarak görmeliyiz. Yaratıcı imgeleme yoluyla biz şimdi Güç ile dolu ruhsal bir varlığa bakmaktayızdır. Bir kez biz o ölümlü yüzün ardını gördüğümüzde; o insanı kusursuz, tanrısal bir varlık, Yaradan'ın suretinde yaratılmış bir varlık olarak gördüğümüzde, hiçbir şey bu Gerçek'in galip gelmesini engelleyemez.

NE DÜŞÜNÜYORSANIZ O'SUNUZ

Aynı şekilde, kendimizi yeni bir hayata, yaşamak istediğimiz türde bir hayata adım atarken görmeliyiz. Eğer sağlıksız, sürekli yorgun, cesaretsiz ve mutsuz olduğumuzu düşünüyorsak, önce bu tabloyu değiştirmeliyiz. Düşünceler yaratıcıdırlar. Bugünkü düşünüş kalıbımız yarınlarımızı yaratmaktadır. Bir kez bunu anladığımızda, bir kendine-acıma krizine girmeden önce iki kere düşünürüz. Bu Hayat Yasası karşısında öylesine büyük bir huşu duyarız ki eski olumsuz düşünüş kalıpları içinde debelenmektense kısa yoldan ölmeyi tercih ederiz.

Ne düşünüyorsanız, o'sunuz. Kendi hakkınızda neye inanıyorsanız, o sizin deneyiminiz haline gelecektir. *Ne düşünüyorsanız, o olursunuz.* Bırakın hayal gücünüz aşağılara değil, yukarılara bakmanıza, Sonsuza doğru bakmanıza, zihni Evrensel Hayat'ın yaratıcı etkisine açmaya vasıta olsun. Yaratıcı imgelemenin gücüyle, erişilemeyecek kadar büyük bir hedef, gerçekleştirilemeyecek kadar büyük bir hayal yoktur. "Eğer insan hayalleri yönünde güvenle ilerlerse ve hayal ettiği hayatı yaşamaya çalışırsa, beklemediği bir başarıyla karşılaşacaktır" diye yazmış Henry Thoreau.

Hayal kurmaktan korkmayın. Hayat hayallerle yaratılır; ama hayal kurduğunuzda, o hayale inanın, onu madde dünyasında çoktan gerçekleşmiş gibi hayalinizde canlandırın. Çoktan kusursuz bir sağlığa sahip olduğunuzu hayal edin ve öyle hissedin. Arkadaşlarınıza ve akrabalarınıza, "Kendimi harika hissediyorum!" dediğinizi duyun. Tekrar tekrar, "Bu harika bir yıl oldu. Çok başarılı bir yıl geçirdim. Yaptığım her işte başarılı oldum!" dediğinizi hayal edin.

Einstein, hayal gücünün bilgiden daha önemli olduğunu söylemiştir. William Blake onu "Tanrı" olarak adlandırmıştır. Ben de, hayal gücü eylem halindeki Tanrı'dır diyorum.

KENDİNİ-YÖNETME

Kendimi harika hissediyorum! Ben güçlü, sağlıklı bir insanım. İyi bir sağlığın tadını çıkarıyorum.

Benden sadece hayırlı şeyler çıkar ve bana sadece hayırlı şeyler gelir.

Hayatıma harika arkadaşları çekiyorum.

İhtiyaç duyduklarım ve bana ihtiyacı olanlar kapıma gelirler.

Hayal gücümü yapıcı biçimde kullanıyor, yaşamak istediğim şeyi hayalimde canlandırıyorum.

Tüm hayallerim harika biçimlerde gerçekleşiyorlar!

8

KENDİNE GÜVEN NASIL OLUŞTURULUR

Güven, zihnin büyük ve onurlu yollara kesin bir umut ve inançla girmesini sağlayan bir duygudur.

ÇİÇERO, Retorik Buluş

Hepimiz özgüven geliştirmenin gerekli olduğunun farkındayızdır. Bugün var olan birçok kulüp ve -satıcılık kursları, insan ilişkileri kursları gibi- birçok kurs bireyin özgüven duygusu geliştirme ihtiyacına adanmıştır.

Ama insanlar özgüvenden yoksun olduklarını söylediklerinde, hepsi aynı şeyden mi söz etmektedir? Bazı insanlar kalabalık bir dinleyici grubu karşısında konuşmaları gerektiğinde kendilerine güvenemezler. Bazıları araba kullanma konusunda kendilerine güvenemezler. Don Blanding konuşmacı kürsüsünde çok rahattı, ama araba kullanma yeteneğine güvenmezdi. Ty Cobb beysbol sahasında kendine hâkim, güvenli ve rahattı, ama dinleyici karşısında konuşma yapmaktan korkardı. Bu örnekler açıkça gösteriyor ki bir insan bir alanda özgüvene sahip olabilir, ama başka bir alanda ona sahip olmayabilir. Bazıları sporda kendilerine güvenemezler. Bazıları insan ilişkilerinde güvensizdirler. Çoğu insan hayatının bir alanında güvenden yoksundur.

UTANGAÇLIĞI YENMEK

Her ne zaman dikkatler bir birey üzerinde yoğunlaşsa, o

birey huzursuz olabilir ya da utanabilir. Dikkatlerin bir kişi üzerinde odaklanması o kişinin cesaretini kırabilir. İnsan dikkat odağı olduğunda kendine güvenini yitirebilir. Kendisine eleştirel gözlerle bakılması insanın soğukkanlılığını yitirmesine ve kendi sınırlılıklarının farkına varmasına neden olabilir. O zaman korku devreye girer. Korku insanın kendini korumak için oluşturduğu bir duygudur. Bunun bir örneği, başkalarının gözünde başarısız olmamak için sanatını sürdürmekten vazgeçen yetenekli müzisyen veya ressamdır. Korku, insanın normalde yapmayacağı ve söylemeyeceği şeyleri yapmasına ve söylemesine; rahat ve soğukkanlı olması gereken yerde, rahatsız ve beceriksiz olmasına neden olur. Herkes bu felç edici korkudan kurtulmak, böylece her durumun içine başı dik olarak ve güven duygusuyla girmek ister.

KARANLIKTA ISLIK ÇALMAK

Kendine güven ile kendini beğenmişlik arasında epey fark vardır. Güven, hayatla ilgili bir güven hissidir, insanın her durumda kendisine güvenebileceğiyle ilgili içsel bir biliştir. Bir kişi kendini beğenmiş veya kibirli olduğunda, o başkalarını aslında sahip olmadığı özgüvene sahip olduğuna ikna etmeye çalışmaktadır. O aslında kendine güvensizdir ve karanlıkta ıslık çalmaktadır. Böyle bir kişi sadece utangaç, sıkılgan olan bir kişiden daha büyük bir güvensizliğe sahiptir.

BAŞARISIZLIK KORKUSU

İnsanın kendine güvenini yitirmesine neden olan korkulardan biri başarısızlık korkusudur. Her insan başarılı olmak ister. Başarılı olmayı çok istediği için, yarış sırasında başarısızlığa uğramasına neden olacak bir şeyin vuku bulacağı korkusuna kapılan atleti ele alalım. Bu başarısızlık korkusu atleti iki şekilde etkileyebilir; onu, başarısızlığa uğramamak için daha da büyük bir başarı kazanmaya teşvik edebilir ya da kendisini bu başarısızlık korkusuna kaptırıp güvenini yitirmesine neden olabilir. O zaman da atletin yeteneği kaybolup gitmeye başlar.

Birkaç yıl önce izlediğim bir golf maçını hatırlıyorum. Büyük bir turnuvanın son günüydü. Her vuruş büyük miktarda para ve itibar kazanmak demekti. Belirli bir oyuncu öndeydi. Önde olduğundan, yapacağı bir hatanın sonuçlarının daha fazla bilincindeydi. Onun oyun ilerledikçe giderek daha çok gerginleştiğini görebiliyordunuz. Yine de, yöntemli bir oyun oynadığından, o turnuvayı kazanacakmış gibi görünüyordu. On altıncı delikte heyecan doruğa ulaşmıştı. Potansiyel şampiyonumuzun uzun bir atış yapması gerekiyordu. Onun vuruşa yoğun bir biçimde konsantre oluşunu izledim. Vuruş çizgisi, topun çim alandaki hızı, alanın eğimi, her şey onun kontrolü altındaydı. Atışı adeta ezbere yapabilirdi. Topa vurmak için golf sopasını kaldırırken, yanı başındaki film kamerası "Brrr, brrr, brrr" diye çalışmaya başladı. Adam aniden cesaretini yitirdi. Hayatımda onun kadar şaşırıp sersemleyen birini görmedim. Bu film kamerası dikkatini buna çekene kadar, o seyircilerin kendisinin her hareketini izlediklerini düşünmemişti. O anda vuruşunu yapamadı. Orada öylece durdu.

Sonunda topa vurmayı başardı, ama artık aynı oyuncu değildi. Çünkü birden tüm dikkatlerin odağı olduğunun farkına varmıştı. Turnuvayı bitirdi, ama kazanamadı. Neden? Çünkü tüm dikkatleri üzerinde hissedince özgüvenini yitirmişti. Başarısızlık korkusuna kapılmıştı. Atışı yapamazsa ne olacağını düşünmeye başlamıştı. Böylece o vuruşu ve sonraki birkaç vuruş isabetsiz oldu. Eyüp Peygamber gibi, *çok korktuğu şey başına gelmişti.*

ALAYA ALINMA KORKUSU

Başka bir korku da, gülünç görünme korkusudur. Bu birçok insanın kendine güvenini yitirmesine neden olur. Hepimiz dengeli ve özgüvenli görünmek isteriz. Gülünç değil, kendinden emin görünmek isteriz. Kombinezonunun görüneceğinden korkan ve günün sonunda korktuğunun başına gelmiş olduğunu gören kız, bu olayı her düşündüğünde utanır. Spor kıyafetle gittiği partide herkesin üzerinde smokin olduğunu gören adam, bunu yıllar sonra bile hatırladığında, "Ne gülünç duruma düşmüştüm!" diye düşünür ve özgüveni sarsılır. Hayatımız boyunca gülünç görünmemize neden olan birçok küçük olay vuku bulur. Birden tüm dikkatler üzerimize çevrilir ve bunu hissettiğimizde utanır, kızarır, kekeleriz.

"ŞU ADAM BANA TEKME ATTI!"

İşte başka bir korku: İncinme korkusu. Ego çok duyarlıdır ve daima incinme arar. Bir arkadaşım şu öyküyü anlatmıştı: Öğle yemeği için o uzun dar mekânlardan birine gitmiş. Dar koridorda yürürken, nasıl olduysa, ayağını koridora doğru hafifçe uzatmış olan bir kadına takılmış. Özür dilemek için döndüğünde kadının, "Bu adam bana tekme attı!" diye şikâyet ettiğini duymuş.

Arkadaşım kadından özür dilemiş ve yürümeye devam etmiş. Uzaklaşırken, kadının tekrar tekrar "Zaten birileri beni *hep* itip kakıyorlar!" diye yakındığını duymuş. Bu kadın *birilerinin hep onu itip kaktığını* düşünüyor ve böylece bu olayları kendine çekiyordu. Siz de hep birileri tarafından itilip kakılan böyle birini tanıyor olabilirsiniz. Böyle kişilerin özgüvenlerini yeniden kazanmaya ihtiyaçları vardır.

Ego, yıllar içinde geliştirdiğimiz küçük dış benliktir, kişilik benliğidir. Kişilik (personality) sözcüğü, Latince'de "maske" anlamına gelen "persona" sözcüğünden gelir. Kişiliğimiz, onun gerçek olduğunu düşünecekleri umuduyla insanlara sunduğumuz maske veya dış görünüştür. Kimsenin o maskenin ardına bakıp da, oradaki o titreyen, güvensiz, küçük kişiyi görmesini istemeyiz. Bu yüzden, çoğunlukla, ego ya da kişilik maskemizin düşürüleceği ya da zarar göreceği korkusu içinde yaşar ve onu korumak için hemen her şeyi yaparız.

REDDEDİLME KORKUSU

Başka bir korku da reddedilme korkusudur. Bunun klasik bir örneği, genç bir kızdan bir randevu istemek üzere olan utangaç gençtir. O kızarır, kekeler, çok utanır. Akıcı bir biçimde konuşamaz. Acınacak haldedir. Bize komik gelen bu durum onun için hiç de komik değildir. Onunki reddedilme korkusu, geri çevrilme korkusudur. Bu durumda o özgüvenini tamamen yitirmiştir. Reddedilme korkusu hayatın birçok alanında karşımıza çıkar. Bazı insanlar arkadaş edinmekten korkar ve reddedilme olasılığından korunmak için yalnız bir hayat yaşamayı yeğlerler.

Psikologlar bu reddedilme korkusunun evlilik ilişkilerinde en önemli sorunlardan biri olduğunu bulmuşlardır. Bu korku yüzünden, çoğunlukla eşlerden biri tüm benliğini evliliğe veremiyor, kendini tutuyor. İyi bir evlilik eşlerin kendilerini o evliliğe yüzde yüz vermelerine dayanır. Eğer eşlerden biri, "Ben senin sevgini ve bağlılığını istiyorum, ama ben sana bunları veremeyeceğim; çünkü incinmekten korkuyorum" tutumu içindeyse, bu iyi bir evlilik olamaz. Birçok evlilikte eşlerin kendilerini o evliliğe yüzde elli-elli verdikleri yönünde çok şey duyuyoruz. Bu tür bir kendini-veriş hâlâ kendini korumaya dayanan bir yarışmadır.

ONAYLANMAMA KORKUSU

Sonra, onaylanmama korkusu vardır. Çocuk kısa bir şiir ezberler ve onu ebeveynlerine okur. Ebeveynler çocuğun beklediği kadar hoşnut olmazlar. Belki onlar onun şiiri okuyuş tarzını eleştirirler. Çocuk hemen onaylanmadığını hisseder, utanır ve kendine olan güvenini yitirir. Bu deneyimin anısı çoğunlukla onun gelecekteki hayatına yansır.

Çoğu kez ebeveynler çocuğun erişebileceğinden daha yüksek standartlar koyar ve çocuğun hayatta zorlanmasına neden olurlar. Kekemelik sorunu çoğunlukla ebeveynlerin çocuktan karşılayamayacağı bir mükemmellik talep etmelerinden kaynaklanır. Kekemeliğe, çoğunlukla, onaylanmama korkusuna dayanan utangaçlık neden olur.

Onaylanmama korkusu sadece çocuklara ait bir sorun değildir. Biz bu korkunun insan deneyiminin her aşamasında ortaya çıktığını görürüz. Birçok insan, arkadaşları tarafından onaylanmayacağı korkusuyla gerçek yeteneklerini ortaya koymaktan kaçınır. Bu korku, insanın özgün düşünmekten kaçınıp, çoğunluğun sıradan düşünüşünü körü körüne onaylama eğilimini açıklıyor. Bugün uygarlığımızda, "normal" olmayı adeta bir fetiş haline getirmişizdir. En sonunda, bir insan kendisi adına düşünebilme yeteneğine olan güvenini yitirir. Gazetesi onun kutsal kitabı, arkadaşları tarafından onaylanmak hayattaki en yüksek hedefi haline gelir. O böylece gerçek kimliğini yitirir.

Bunun alkoliklerin temel sorunu olduğunu görürüz. Bir insan iyi bir arkadaş olmak ve arkadaşları tarafından onaylanmak için içer. Dolayısıyla, o başlangıçta gerçekten arzulamadığı içkileri içmeyi kabul eder. Daha sonra o içkiler onun egosunu destekleyen bir gereklilik haline gelir. Onaylanmama korkusu kendine güvenmemeye neden olur. Alkol bu insana sahte bir özgüven kazandırır.

İSTENMEYEN SONUÇLARLA KARŞILAŞMA KORKUSU

İstenmeyen sonuçlarla karşılaşma korkusuna ne demeli? Ben -o girişimin istenmeyen sonuçları olabileceği ve bununla yüzleşemeyecekleri korkusuyla- yeni bir işe girişmeye cesaret edemeyen insanlar tanıdım.

San Fransisko'da çok büyük bir şirketin yöneticisi olan bir adam tanımıştım; o sadece mükemmel bir yönetici değildi, aynı zamanda herkes tarafından sevilen bir insandı. O, şirketi için yeni bir iş alması söz konusu olduğunda paniğe kapılırdı. Üzücü olan şey şuydu ki, onun şirketi bu paniği hiç gerektirmeyecek kadar zengindi. Yeni bir iş alıp almamaları gerçekten önemli değildi. Ancak, o dikkatini yeni bir iş almaya çevirdiği anda farklı bir insan oluyor, endişeleniyor ve kendine güvenini yitiriyordu. Bir kişiden diğerine gidip, "Bunun nasıl yapılması gerektiğini düşünüyorsun?" diye soruyordu. Onlar, onun kendilerinden önce en az on kişiye daha aynı şeyi sorduğunu ve kendilerinden sonra da başkalarına sormaya devam edeceğini bilmeden, özenle tavsiyelerde bulunmaya çalışırlardı. Bir gün, tam böyle bir projenin ortasında, bu adam canına kıydı. İstenmeyen sonuçlarla karşılaşma korkusu onun için dayanılmaz hale gelmişti...

BİZ NEYE GÜVENİYORUZ?

Buraya kadar, kendine güvensizlikten söz ettik. Kendine güvensizliğin, her şeyin sınırlı, beşerî benliğe bağlı olduğu hissinden kaynaklandığını gördük. Peki, bunun zıddı nedir? Bu şu soruya vereceğiniz yanıta bağlıdır: Siz küçük benliğinizin mi farkındasınız, gerçek ve sonsuz Benliğinizin mi? Biz güvenimizi neye bağlıyoruz? Ben hiç kimseye kişilikte ya da küçük benlikte nasıl güven bulacağını söyleyemem. Kutsal Kitap'ta, *İnsanlarla bu imkânsızdır; ama Tanrı ile her şey mümkündür* der. Gerçek özgüven tanrısal Benliğe güvendir; o, içindeki Mutlak Güce güvendir.

Tam olarak güvenmemiz gereken bu Benlik nedir? O, tüm yanıtları bilen ve hayatımızda ortaya çıkabilecek her sorunu çözebilecek olan Sonsuz Zekâ'dır. Bizi korumasız bırakmayacak olan, her zaman imdadımıza yetişen ve asla incinmemize izin vermeyecek olan Sevgi'dir. Yapmamız gereken her şeyi yapacak kuvvet olarak hayatımıza inen Her Şeye Kadir Güç'tür.

Bu Benliğe güven oluşturmak için atılması gereken ilk adım insan benliği yoldan çekmektir. İsa bu gerçeği idrak ettiği için *ben kendim hiçbir şey yapamam* demişti. O, gerçek Benliğe gerçekten güvenen bir varlıktı. O, iblislere meydan okuma cesaretini göstermiş, her türlü hastalığı iyileştirmiş, kitleleri doyurmuş, ölüyü bile diriltmişti. Ancak o, *kendi başına hiçbir şey yapamayacağını* kabul etmişti. Gerçek Benliğe-güven bu kabulle başlar. İsa, içindeki, kendisinden daha büyük bir Güç'ün tüm bunları yaptığını biliyordu. O, gerçek Benliğe güveniyordu, çünkü içindeki Güç için hiçbir şeyin imkânsız olmadığını biliyordu. Sadece insanlar için imkânsız vardır. Bu çoğu insanın es geçtiği bir ipucudur. Bizim beşerî kuvvetimiz ve zekâmızla mücadele etmemiz gerekmez; bizim tüm Güç ve Zekâ'nın Kaynağı olan Tanrı'ya başvurmamız gerekir. Belki İsa'nın sözlerini başka sözlerle açıklamak yararlı olabilir: "Ben insan benliğimle hiçbir şey yapamam; içimdeki Zekâ yapar her şeyi."

GÜVEN OLUŞTURMANIN BİR YOLU VARDIR

Nasıl özgüven oluşturabilirsiniz? Bilmemiz gereken ilk ve en önemli şey, her şeyin içimizden kaynaklandığıdır. *Tüm Güç Tanrı'ya aittir.* Biz bu Güç'ten ayrı değiliz. İsa'nın dediği gibi, *cennette* (içimizde) *ve dünyada* (dışsal tezahürde) *gerekli olan Tüm Güç bana verilmiştir.* Cennetteki (Hayat'ın görünmeyen yanındaki) ve dünyadaki (dışsal olarak tezahür etmiş) her şey, İsa'nın *Baba* dediği Tek Kaynak'tan gelir. Yediğimiz yiyecek bile, titreşim frekansı düşürülerek görünür olarak tezahür ettirilmiş olan Ruhsal Madde'dir (Öz). İçimize çektiğimiz hava bizi kuşatan ve yaşatan Ruh'tur. *Ruh'ta yaşar, hareket eder ve var oluruz.*

KENDİNE-GÜVEN BİRÇOK ALANDA UYGULANABİLİR

Topluluk önünde konuşmayı ele alalım; hitabet sanatı bir hayli Özgüven gerektirir. İsa havarilerine, vaazlar ve şifalar vermek için gittikleri yerlerde konuşmacı kürsüsüne çıkmadan önce ne söyleyeceklerini düşünüp tasarlamamalarını, Ruh'a (Tanrı'ya) güvenmelerini ve o anda Ruh'un onlara anlatmaları gereken şeyi bildireceğini söylemiştir. Bu düşünceyle, tüm utangaçlık, sıkılganlık yok olur ve gerçek Özgüven, Benliğe-güven hâkim olur. İnsanın iyi konuşma teknikleri öğrenmek için çalışması ve pratik yapması doğru ve uygundur. Konuşmak istediği konu hakkında araştırma yapıp hazırlanması iyidir. Bunlar gerekli beşerî adımlardır; ama endişeye kapılmamanız gerekir; İlham, Güç ve Zekâ içinizden kaynaklanır.

İşte, evde, okulda, her yerde yaptığımız her şeyde Hayatı ifade ettiğimizi ve bu Hayat'ın Sonsuz ve Kusursuz olduğunu anlamalıyız. İfade ettiğimiz bu Hayat tüm Hayat'la birdir; bundan dolayı Tanrı ile insan arasında ya da insan ile insan arasında bir ayrılık yoktur. Hepimiz Zihin'de Bir'iz.

Parmaklarından müziğin akmasına izin veren piyanist, Yaratıcı Zihni ifade etmeye çalışan yazar, her ikisi de kendi noktasından Güzelliği ifade eder. "Tüm yazılanlar, yapılanlar ve sahip olunanlar Tanrı'nın inayetiyle gelir" diyor Emerson. Evet, uygulama yapmak ve çalışmak, hedeflenen kariyer için hazırlanmak iyidir; ama insan çalışırken Evrensel Zihni kullanmaktadır. İnsan vasıtasıyla ifade edilen Sonsuz Zekâ olmadan, çalışmak imkânsız olur. Gerçek büyüklük ve tüm İlham, küçük benliği yoldan çekip Tanrısal Benliğe kanallık edildiğinde gelir.

KORKUYU KOVMAK

Tanrı Sevgi'dir; her yerde mevcut olan, Kendi yarattıkları vasıtasıyla ifade edilen Ruh'un kendini-verişidir. Bu kusursuz Sevgi korkuyu kovar. Sevgi'yi böyle tanımazsak, kendimizi Hayat'tan ayrı, yalnız ve mücadele içinde; acımasız ve rekabetçi bir dünyayla yüz yüze hissederiz. Özgüven, içimizdeki Benliğe, Tanrı'nın Ruhu'na güvenmek demektir. İçimizdeki Güce ve Zekâ'ya inandığımızda her şeyi yapabiliriz. *İnsanlar ile bu imkânsızdır; ama Tanrı için her şey mümkündür.*

İnsan İsa kimseyi iyileştirmedi; ama içindeki Tanrı'nın varlığına uyanmış Mesih İsa için her şey mümkündü. O, her olayda Baba'ya, yani içindeki Mutlak Güce başvurdu ve muhtaç olduğu Gücü elde etti. *Oğul Baba'nın yaptığını gördüğü işleri yaptı. Benim yaptığım işleri sizler de yapacaksınız; benim yaptıklarımdan daha da büyük işler yapacaksınız,* dedi.

KİM BİZE KARŞI OLABİLİR?

Bakın, Tanrı bize nasıl bir sevgi bahşetmiş ki bize Tanrı' nın çocukları deniyor (Yuhanna). Hepimizin içindeki Benlik, onun için her şeyin mümkün olduğu Mesih Benlik'tir, o Tanrı'nın çocuğudur. Biz umutsuzca mücadele etmek, insafsız ve anlayışsız bir dünyayla savaşmak zorunda değiliz. Gücü sınırlı olan insana bağlı olmak zorunda değiliz. Biz asla yalnız değiliz. Sonsuz Olan daima bizimle birliktedir. Bütün dünya bize karşıymış gibi görünebilir, ama *eğer Tanrı bizimleyse, kim bize karşı olabilir.* Her zaman içimize, hiçbir yenilgi bilmeyen Güce dönüp, onun vasıtasıyla yükselebiliriz. İçimizdeki Mutlak Güç hiçbir sınırlama tanımaz. Sonsuz Zekâ tüm yanıtlara sahiptir ve her birimiz vasıtasıyla bir vaaz verilebilir, harika bir konuşma yapılabilir, şaşırtıcı bir kitap yazılabilir. Utangaçlık, sıkılganlık beşerî benliğe bağlı olmaktan ve başkaları bizim yaptıklarımız hakkında ne düşünecekler diye kaygılanmaktan kaynaklanır. Özgüven ise bizim için her şeyi yapabilen, hayal gücümüzü aşan şeyleri İlham ve Şevk ile başaran Güce güvenmekten kaynaklanır.

MEDİTASYONLA KAZANILAN GÜÇ

Gününüze, Tanrı'nın büyüklüğü ve hayatınızdaki yeri üzerinde en az on beş dakika meditasyon yaparak başlayın. Günlük mücadelelere sırtınızı dönün ve ilham verici spiritüel metinleri okuyun. Bu sırada gelen ilham verici düşünceleri tüm gün boyunca barındırın. Bu meditasyon dakikaları, tıpkı işyerinizdeki amirinizle yaptığınız günlük toplantı gibi, Kaynağınız ile bağlantı kurduğunuz zaman olsun. Sonra hayat deneyiminize girin ve yaşamak istediğiniz Hayatı tam bir Özgüven ile, yani içinizdeki tanrısal Benliğe duyduğunuz güvenle yaşayın. İçinizdeki Gerçek Ruhu bilmeniz gereken her şeyi size öğretecek ve sizi en doğru eylem yollarına yönlendirecektir. İnsanın gün boyunca Kaynağı'na mümkün olduğu kadar çok dönmesi iyidir. Bu gerçekten ferahlatan ve güçlendiren bir duraklamadır. Yapmanız gereken şeyle ilgili talimatlar almak için bu Kaynağa başvurun. Bunun için bir-iki dakika yeterli olacaktır. İçinizdeki Tanrı'ya "Peki, şimdi ne yapmalıyım?" diye sorun. Bir süre dinleyin; İlhamınızı aldıktan sonra güvenle ve şevkle yaşamaya devam edin. *Tanrı'ya dönerseniz korunursunuz; sessizlik ve güven içinde kuvvet bulursunuz.**

İçimizden gelen talimatlara uymaya gönüllü olmalıyız. Bel-

* Yeşeya 30:15.

ki hazırlamış olduğumuzdan farklı bir konuşma yapmaya yönlendiriliriz. Belki inşa ettiğimiz ev ilk başta istediğimizi düşündüğümüz gibi olmayacaktır ya da satın aldığımız giysi satın almak için alışverişe çıktığımız giysi olmayacaktır. Ama içsel Rehberimize güvendiğimizde sonuç daima çok daha iyi olacaktır; çünkü o bizi asla başarısızlığa uğratmaz ve yüzüstü bırakmaz.

İçimizdeki Hayatı sevmenin ve ona tam olarak güvenmenin önemini ne kadar vurgulasam azdır. İçinde bulundukları koşullardan ve diğer insanlardan korkmayı alışkanlık haline getirmiş insanlar için bazen bu zor bir şey olarak görünür. Başkalarını geçmek için ya da haklı olduğumuzu kanıtlamak için başarılı olmaya çalışmak gibi yanlış güdüleri terk etmeliyiz. Gerçek Özgüven oluşturmak için, tüm şanı ve şerefi içimizdeki Güce vermeye gönüllü olmalıyız. Böyle yaparak, korkularımızı da bırakabiliriz, çünkü onlar Tanrı'nın Huzuru'nda var olamazlar. Özgüvene daima yaşamı ateşleyen şevk ve coşku eşlik eder. Coşku, şevk (enthusiasm) sözcüğü Yunanca "Tanrı'da" anlamına gelen *en theos* sözcüklerinden türetilmiştir. Coşku ve şevkle yaşadığımızda, Tanrı'yla bir oluruz ve hiçbir şey bizi yenemez. *Eğer siz benim içimde kalırsanız ve benim sözlerim sizin içinizde kalırsa, istediğiniz şey size verilir.**

*Tüm kalbinizle Tanrı'ya güvenin; kendi anlayışınıza güvenmeyin. Yaptığınız her şeyde O'nu kabul ve tasdik edin, o zaman O size yol gösterecektir.*** Her Şeye Kadir Güce, Sonsuz Sevgi ve Zekâ'ya tamamen güvenerek her deneyime içsel bir güven ve tam bir huzur duygusuyla girebiliriz. *Savaş bizim değil, Tanrı'nındır.* Özgüven oluşturmanın yolu gerçekten budur. Bu, her şeyi bizim vasıtamızla, bizim için yapan içimizdeki Mutlak Güce tam olarak güvenmektir. Böyle güvendiğimizde artık

*Yuhanna 15:7 **Darbımeseller 3:5,6.

belâlı egoyu korumamız gerekmez; dolayısıyla artık kaybedecek bir şeyimiz olmaz ve kazanacak çok şeyimiz olur. Bir kez bu içsel Güvenliği bulduğumuzda, bir daha asla güvenimizi yitirmeyiz. Bir kez gerçek Özgüvene sahip olduğumuzda, Sonsuz Zekâ'nın -insanın felç edici korkuları tarafından engellenmeden- bizim vasıtamızla özgürce ifade edilmesine kapı açmış oluruz.

Evet, *Tanrı'ya güvenmek insana güvenmekten daha iyidir* ve bütün yanıt bu sözde yer alır. Biz gerçekten ne arıyoruz? Eğer insan egosunu övgü ve yaltaklanmayla yatıştırmak bizim için önemliyse, o zaman başarısızlığa, korkuya ve hayal kırıklığına mahkûmuz demektir. Ancak, Emerson'un "böbürlenen hiçliğimiz" dediği şeyi tanrısal devrenin yolundan çektiğimizde, gerçek Özgüveni elde edebiliriz.

KENDİMİZE "GERÇEKTE NEYİ ARIYORUZ?" DİYE SORMALIYIZ

İhtiyacımız olan şey başkalarının bizi daha çok sevmesi değil, bizim onları daha çok sevmemizdir.

Gerçek Özgüven budur.

Savaştan korkmak zorunda olmamak için ülkeler arasında barış yapmaya çalışmamalı, kendi karmaşa içindeki benliklerimizde barışı ve huzuru bulmalıyız.

Gerçek Özgüven budur.

Değişken bir dünyanın takdirini kazanmak için çalışmamalıyız; içimizdeki Tanrı'yı hoşnut etmek için gösterdiğimiz çabayla doyum bulmalıyız.

Gerçek Özgüven budur.

Tanınan başarılarımızla dünyayı sarsmamız gerekmiyor; başarısızlığı asla bilmeyen içimizdeki Ruh'un gerçek zenginliğini bulmalıyız.

Gerçek Özgüven budur.

ÖZGÜVEN OLUŞTURMAK İÇİN ANAHTAR DÜŞÜNCE

İnsanlar için bu imkânsızdır, ama Tanrı için her şey mümkündür. İçimdeki Mutlak Güç her şeyi kolaylıkla ve kesinlikle yapabilir. Mutlak Gücün benim vasıtamla konuşmasına ve benim için eyleme geçmesine izin veriyorum.

ÖZGÜVEN İÇİN KENDİNİ-YÖNETME

Başarısızlıktan korkmayı bıraktım. Şimdi yaşamanın saf sevinci için yaşıyorum. İçimdeki Yaratıcı Güce inanıyor ve güveniyorum.

Sadece kendi içimdeki değil, herkesin içindeki Tanrı'ya güveniyorum. Kimse beni reddedemez, çünkü ben tüm Hayat'la bir'im.
Hayatı sevinçle ve sevgiyle kabul ediyorum.
Şu anda Hayat tarafından kabul ediliyorum.

İçimdeki Ruh bana daima güç, huzur ve güven veriyor.
Ben her nerede olursam olayım, her ne yaparsam yapayım, Sonsuz Mevcudiyet orada benim vasıtamla Kusursuz Biçimde yaşamaktadır.

9

KARAR VERMEK ÇOK KOLAY OLABİLİR!

Düşüncelerine hâkim olamayan kişi, çok geçmeden eylemlerine de hâkim olamaz hale gelir.

THOMAS WİLSON

***S**izin* kararlarınızı kim verir?

Eğer tek gözünüz olsaydı, tüm bedeniniz ışık dolu olurdu demiş, büyük bir adam. Havari James, kararsız insanı, rüzgâra göre hareket eden dalgalara benzeterek, her bakımdan istikrarsız görmüş. Her iki insan da kararlar vermenin ve o kararlara bağlı kalmanın önemli olduğunu anlamıştı. Biz ha bire yön değiştirirsek, ha bire değişik emirler verirsek, bilinçaltı zihin ne yapacağını bilemez.

Psikojenez'in nasıl çalıştığını gördük. Şimdi de kararlı olmamızı sağlayacak emirleri nasıl vereceğimizi öğreneceğiz.

DAHA KARARLI OLMANIN DEĞERİ

Tatile çıkmaya hazır olan bir aileyi düşünelim. Baba işyerinden izin almış, tatil parası hazır, ama aile nereye gideceğine bir türlü karar veremiyor. Baba, "Balık tutmak istiyorum" diyor; anne, "Dağlara çıkmak istiyorum" diyor; çocuklar ise "Disneyland'e gidelim!" diye bağırıyorlar. Onlar günlerce tartışıyor ve bir karara varamıyorlar. Ya da dağlara gitmek için yola çıkıyor, ama yarı yolda karar değiştirip balık tutmak için göle doğru yöneliyorlar; ama sonra çocuklar öyle bir yaygara koparıyorlar ki ebeveynler ailede huzuru korumak için Disneyland'e gitmenin daha iyi olacağına karar veriyorlar. Bu arada, bir karara varamadıkları için tatil günlerini boşa harcıyorlar. Bu, bir insan karar vermeye çalışırken, onun zihninde düşüncelerin nasıl dönüp durduğunun bir örneğidir. Bir karar veremeyen insan hiçbir yönde çok fazla ilerleyemez.

Bilinçaltı zihin sürekli olarak bilinçli zihnin ona verdiği emirleri yerine getirmektedir. Ama bilinçaltı zihin verilen emre bilinçli zihnin o emre inandığı derecede karşılık verir. Kararsızlık olduğunda, bilinçli zihin ha bire fikir değiştirdiğinde, bilinçaltı zihin karışıklık yaşar. O bir emri yerine getirmeye başladığında yeni bir emir alır. O, emre uymak ister. O sadece sadık bir hizmetkâr olmayı bilir, ama bu durumda ne yapacağını bilemez.

Zihnimizi eğitebilmemizin yollarından biri daha kararlı olmayı öğrenmektir. İnsana seçim gücü verilmiştir. Bu gücü kullanmak ona bağlıdır. Yanlış seçim yapmaktan korktuğumuz için bir seçim yapmaya çekindiğimizde, bu kararsızlık bilinçaltı zihnin hareketini engeller. O bu harika emir erinin bir çıkmaza girmesine ve hiçbir şey yapamamasına neden olur.

KARARLILIĞA KESTİRME BİR YOL

Kararlılık geliştirecek kişi, bir karar vereceğine karar vermelidir. Kendi kendinize, "Şimdi bir karar veriyorum" deyin. Belki kararınız eyleme geçmeyi ertelemek olacaktır, ama en azından bunu kararlı bir biçimde yapacaksınız! İçinizdeki rehberin size beklemenin daha iyi olacağını söylediği zamanlar vardır. İçinizdeki o sakin, küçük ses size "henüz zamanı gelmedi" diyecektir. Ancak, bu bir kararsızlık denizinde debelenmekten farklıdır. Rehberlik almak için içimizdeki Bilgeliğe başvurduğumuzda, o bize ne yapacağımızı ve onu nasıl yapacağımızı söyleyecektir. O bize sadece doğru seçimi değil, doğru zamanlamayı da bildirecektir. Önemli olan bu rehberliğe güvenmeye karar vermemiz ve ona göre davranmamızdır. Yeşil ışık yandığında, harekete geçmeye hazır olmalıyız. "Ben şimdi bir karar veriyorum" ilk adımdır.

BU İLHAM BANA NASIL GELDİ?

Bazen birkaç yolun eşit derecede arzu edilir göründüğü durumlarda bir karar verilmesi gerekir. O durumda hangi yolu seçeceğimizi bilmek zordur. Hayatımda bir kere böyle bir yol ayrımına gelmiştim. Onu tam olarak bir ikilem olarak adlandıramam, çünkü böyle şeyler hakkında endişelenmemeyi öğrenmiştim. Ama bir yol ayrımındaydım ve her bir yol bir çıkmaza götürüyordu. Hangi yolu seçeceğimi bilmiyordum. Birkaç olası rota vardı, ama hiçbiri doğru görünmüyordu. Harekete geçmem gerekiyordu, ama ne yapacağımı bilemiyordum.

Böyle bir durumda birçok kişi uykusuz kalır, öğüt almak için arkadaşlarını arar ya da bir falcıya danışır ki bunların hepsi verimsiz adımlardır. Bense oturdum ve iyi bir meditasyon yaptım.

KİŞİSEL ETKEN

Ben, sadece, içimdeki tanrısal Zekâ'yı benim adıma karar vermesi için yönlendirmem gerektiğini anlamıştım. Bunu meditasyonumda şöyle yaptım:

"İçimdeki Kusursuz Zekâ, tanrısal ve kusursuz Benliğim, Seni benim adıma bu kararı vermeye yönlendiriyorum. Senin Her-Şeyi-Bilen Evrensel Zihin ile bir olduğunu biliyorum. Dolayısıyla, Sen her şeyi kutsayan en doğru yolu nasıl seçeceğini biliyorsun. Benim isteğim şudur: *Senin İlahî İraden Benim Vasıtamla Gerçekleşsin. Doğru Karar Benim Vasıtamla Verilsin.*

Senin İlâhi İraden Kusursuz Biçimde Gerçekleşsin."

Ondan sonra, harika bir rahatlama duygusu hissettim. Yapmam gereken şey ortaya çıkana kadar başka bir şey yapmamın gerekmediğini biliyordum. O zaman, neyi, nasıl yapmam gerektiği bana adım adım ve içimden doğru söylenecekti. Çok geçmeden vermem gereken karar bana bir çan sesi kadar net bir biçimde geldi. Ben, Kendini-Yönetme yoluyla, içimdeki Bilgeliğin doğru kararı vermesine izin vermiştim.

BİZİ GÜÇLENDİREN DÜŞÜNCELER

Hayatın dışsal ifadesi düşüncelerle belirlenir. Halil Cibran'ın *Ermiş* adlı kitabında dediği gibi, "acılarımızın çoğunu kendimiz seçeriz." Bizim zayıf, korkak, yoksul veya hasta olmamız gerekmez. Kendini-Yönetme yoluyla hayatımızda tamamen yeni bir eylem silsilesine başlama ayrıcalığına sahibiz. Fiziksel ya da maddesel varoluşun insafına kalmış değiliz. Sonsuz olana erişime sahibiz, ama Tanrı bile, bizim vasıtamızla çalışmadıkça, bizim için çalışamaz. Bize seçim gücü verilmiştir. Hepimiz doğru kararlar vermek için doğru Rehberliğe kulak vermeyi öğrenmeliyiz.

BİR KARARLILIK ÇALIŞMASI

Kararsızlık denizinde debelenmekten kurtulmanın iyi bir yolu şudur: Eğer bir karar vermeniz gerekiyorsa, elinize bir kâğıt ve kalem alıp oturun ve çeşitli alternatifleri, verebileceğiniz değişik kararları kaydedin ve her bir kararın altına o kararın avantajlarını ve dezavantajlarını yazın. Bu düşünüşünüze bir düzen duygusu getirir. Şimdi biraz geri çekilin ve bir alternatiften diğerine atlamadan, (Evrensel Zihne giriş ve çıkış noktanız olan) bilinçaltı zihninizden doğru kararı vermeniz için size yol göstermesini isteyin. Hepimiz biliriz ki bir kişinin ismini hatırlayamadığımızda, zihnimizi ne kadar zorlarsak zorlayalım, onu hatırlayamayız; ama vazgeçip zihnimizi rahat bıraktığımızda, o ismi pat diye hatırlarız. İşte bu karar verme meselesine de böyle yaklaşmalıyız.

Çeşitli alternatifleri yazdıktan ve rehberlik istedikten sonra, başka bir faaliyetle ilgilenmeliyiz; bir kitap okuyarak, televizyon izleyerek veya yürüyüşe çıkarak, mevcut sorundan uzaklaşmalı, onu bırakmalıyız. Birçok insan gece uykuya dalmadan önce rehberlik ister ve sabah ihtiyaç duyduğu yanıtla uyanır. Yanıt gelecektir, merak etmeyin. O anda bu yanıt size iyi ve doğru gelecektir. Belki son tahlilde rotanızı değiştireceksiniz. O zaman rotanızı değiştirmeye karar vereceksiniz. Bu iyidir. Hayat sürekli olarak değişiyor, bu yüzden esnek olmamız gerekir; ama bu, insanı hiçbir yere ulaştırmayan kararsız düşünüşten tamamen farklı bir şeydir.

HAYATINIZA NASIL HÂKİM OLABİLİRSİNİZ?

Bilinçaltı zihin duygulara karşılık verir. Ona verdiğimiz emirlerin çoğunu duygu yoluyla, yaşadığımız bu hayat hakkındaki hislerimizle veririz. Kararlılık da bir duygu meselesidir. Kendinizi huzursuz, karışıklık içinde ve güvensiz hissetmenize izin vermeyin. Her sorunun bir çözümü olduğunu ve o çözümü bulabileceğinizi bilin. Hayat, sabah kalktığımız andan gece uykuya dalıncaya kadar yaptığımız bir dizi seçimdir. Sabah yumurtamızı nasıl pişireceğimizi seçeriz, hangi kravatı takacağımızı seçeriz, günün her anında tutumlarımızı seçeriz. Gördüğümüz ve deneyimlediğimiz her şey bu seçimlerin, kendimizle ilgili bu inançların sonucudur. Kendimize güvenip güvenmeyeceğimiz bize bağlıdır. Hayatımıza nasıl yaklaşacağımız bize bağlıdır. Şairin dediği gibi; "biz kaderimizin efendisi ve ruhumuzun kaptanıyız." Bunu idrak etmemizin ve hak ettiğimiz Tanrı vergisi hâkimiyeti ele almamızın zamanı gelmiştir. Ancak Kendini-Yönetme yoluyla hayatımıza hâkim olabiliriz. Bir kez kontrolü ele geçirdiğimizde, karar vermek çok kolaylaşır.

Bir gemi Doğu'ya gider, bir diğeri Batı'ya,
Esen aynı rüzgârlarla;
Onların gittikleri yönü belirleyen,
Rüzgârlar değil, yelkenlerdir.

Ella Wheeler Wilcox

Kurtulmak istediğimiz şey yerine, gerçekten deneyimlemek istediğimiz şeyi seçtiğimizde, rüzgârın yönüne göre yelkenleri ayarlamış oluruz. İşsiz bir adamı düşünün. O bir yol ayrımında olduğunu düşünüyor, ama ne yöne gideceğini bilemiyor. "Bir iş bulana kadar karar veremem" diyor. Her düşüncesi, işsizliğine ve tam bir boşunalık hissine katkıda bulunuyor. Onun atması gereken ilk adım, iyi maaşlı iyi bir iş bulmaya karar vermektir. Eğer o bilinçaltı zihnine, "Gelecek bir tarihte iş bulacağım" emrini vermeyi sürdürürse, bilinçaltı zihin onun için hiçbir şey yapamaz. Yarın asla gelmez. Yarın daima yarındır. Onun "Ben iş sahibiyim. Benim için uygun bir iş var. Çalışmaya karar verdim ve o işin nerede olduğu şimdi bana gösterildi" diyerek, yani olmasını istediği şeye sahip çıkarak başlaması gerekiyor. Şimdi, bilinçaltı zihin üstünde çalışacak bir şeye sahiptir ve tüm Hayat bu kararı gerçekleştirmek için çalışmaya başlayacaktır. Kendimizle ilgili inancımız bilinçaltı zihne verdiğimiz emirdir. Bir insan işsiz olduğunu düşündüğü sürece, işsizlik onun deneyimi olacaktır.

Sağlık, arkadaşlık, bellek ve hayatımızın diğer veçheleri için de aynı şey geçerlidir. Kendi kendisine (ve genellikle başkalarına da) hasta olduğunu, acı çektiğini, mikroplara karşı direncinin olmadığını sürekli olarak söyleyen kişi çoğu zaman rahatsız ve keyifsiz olduğunu görürken; çok sağlıklı olduğu, hayatında bir gün bile hastalanmadığı ile övünen kişi daima bir sağlık ve canlılık tablosu oluşturur. Neden bazıları yalnız bir hayat sürerken, diğerleri tam aradıkları arkadaşları bulurlar? Neden bazıları zayıf bir belleğe sahipken, diğerleri istedikleri her şeyi hatırlayabilirler? Hayat bize karşı ayrımcılık yapmaz, biz bilinçaltı zihnimize verdiğimiz yanlış emirlerle kendimize karşı ayrımcılık yaparız. Kararlı bir şekilde hayatımıza hâkim olmak bize bağlıdır.

BİR KARAR VERİRKEN KENDİNİ-YÖNETME

Ben kararlı bir insanım. İçimdeki Bilgelik ile bilgece seçimler yapabilirim. İçimdeki Zekâ benim için neyin doğru olduğunu bilir ve beni o seçimleri yapmaya yönlendirir. Benim bilinçaltı zihnim Evrensel Zihin ile bir'dir ve bunun için tüm Hayat'ın benimle birlikte çalıştığından eminim. Evrensel Zihin'de benim için mükemmel bir plân var ve ben onu almak için zihnimi açtığımda, o bana açıklanır. Şimdi içimden gelen kusursuz yanıtı kabul ediyorum. İçimdeki Bilgelik benim için kararlar veriyor. Bu kararlara güveniyorum. Doğru eylem yolunda sakin ve güvenli biçimde ilerliyorum.

10

REFAH KENDİNİ-YÖNETMEYLE GELİŞİR

Düşünebildiğiniz, inanabildiğiniz ve güvenle bekleyebildiğiniz şeyi mutlaka deneyimlersiniz.

Gerçek refah Hayatın Bolluğu'nun farkında olmaktır. Böyle bir farkındalık göreceli düzeyde her şeyi içerecektir. "Refah düzeyi yükselmek" (prosper) sözcüğü aslında *gelişmek; başarmak; ilerlemek, iyi ve olumlu sonuçları yaşamak* anlamına gelir. Her insanın refah ölçüsü kendisine özgüdür. Dolayısıyla, para kazanmak refah bilincinin yan-ürünlerinden biri olabilse de, refah düzeyi yükselmek ille de büyük bir servete sahip olmak anlamına gelmez. Ancak, biz geliri ölçmeye başlar başlamaz, görecelilik âleminde iş görüyor oluruz. Gerçek refah Mutlaktır. O, insanın deneyiminin her düzeyinde refaha kavuşmasına neden olan içsel bir hâkimiyetle başlar. Her düzeyde bolluğu içerir. Doğru eylemi ve tam bir doyumu içerir. Öyleyse bizim aradığımız şey, içimizdeki Mutlak Güç'ün farkındalığıyla gerçek bir refah bilincine ve içsel bir hâkimiyete erişmektir. Bu farkındalığı geliştirirken beş temel prensibi dikkate almalıyız.

GERÇEK REFAHIN BEŞ TEMEL PRENSİBİ

1. Tanrı'nın bize duyduğu Sevgi kişiye, yere, koşula veya duruma bağlı değildir.
2. Kendi kendimize koyduğumuz sınırlamaları orta-

dan kaldırmak ve Sonsuz Olan'ın bizim vasıtamızla yaşamasına izin vermek bize bağlıdır.

3. Her insan kendi sözünü söyleyerek Sonsuz Olanı bireyleştirir.
4. Yasa şudur: Düşünebildiğiniz, inanabildiğiniz ve güvenle bekleyebildiğiniz şeyi mutlaka deneyimlersiniz.
5. Siz Hayat'a ne veriyorsanız, O size onu geri verecektir; tüm Hayat sizinle bir'dir.

Bu beş prensibin doğru ve geçerli olduğu konusunda hiçbir kuşku duymuyorum. Eğer onları inceler, anlar ve sürekli olarak uygularsanız, bir daha asla yoksunluk nedir bilmezsiniz. En sonunda, sürekli artan bir bolluk olarak tezahür eden bir içsel güvenliğe sahip olursunuz.

Hatırlayın: *Düşünebildiğiniz, inanabildiğiniz ve güvenle bekleyebildiğiniz şeyi mutlaka deneyimlersiniz.*

Bu bir hayat yasasıdır! Sizin kim olduğunuz önemli değildir. Bu yasa kişiler arasında ayırım yapmaz. Kim olduğunuzu, geçmişinizi, milliyetinizi veya ırkınızı umursamaz. O tamamen bilinç yoluyla çalışır. Bu yüzden, kendinizle ilgili inanabildiğiniz şeyi mutlaka deneyimlersiniz.

İşte sözünü ettiğim şeyi tasvir eden küçük bir öykü: Bir balıkçı, üçüncü kez, oltasına takılan büyük bir alabalığı dereye geri atar. Sonraki denemesinde işaret parmağından daha büyük olmayan bir alabalık yakalar. Sevinçle gülümseyerek balığı kovaya atar.

Bu adamın yanında balık tutmakta olan bir adam daha fazla dayanamaz ve "Üç tane kocaman alabalık yakaladın ve hepsini geri attın, ama şimdi bu küçücük balığa sevinip kovana attın. Ne yapmaya çalıştığını hiç anlamıyorum!" der şaşkınlıkla.

"Evet, ama tavam küçük" diye yanıtlar diğeri.

Bazen, böyle küçük bir öykü büyük bir gerçeği vurgulayabilir. İnsan sürekli olarak kendisini küçük görür; çünkü kendi yeteneklerinin değerini bilmez. Kutsal Kitap'ta "balık" sözcüğü "fikir" anlamına gelir. Düşünüşünüzde onlara yer veremediğiniz için acaba kaç tane büyük fikri zihin denizine geri attınız?

TANRI'NIN BİZE OLAN SEVGİSİ KOŞULLU DEĞİLDİR

Birçok insan hep Hayat'ın kendisine karşı olduğunu hisseder. Oysa Hayat bizi sever ve en iyi şeylere sahip olmamızı ister. Aziz Pavlus, yazdığı mektuplardan birinde şöyle demiştir: *Bu dünyaya uymayın; düşünüşünüzü değiştirerek kendinizi dönüştürün ki böylece neyin iyi, kabul edilebilir, mükemmel ve Tanrı'nın iradesi olduğunu kanıtlayabilin.* Kitabın bu bölümü, düşünüşümüzü hayatta hak ettiğimiz yeri kabullenebilecek şekilde değiştirmeye yardımcı olması için tasarlanmıştır. Hayatımıza hâkim olmamıza olanak verecek daha büyük bir bilinci oluşturacağız. Refah, nefes almak gibi, doğal bir şeydir. Bizim sadece zaten var olanı ortaya çıkarmamız, gerçek benliğimiz olmamız ve bizim için hayırlı olanı zihnen kabul etmemiz, düşüncelerimizde ona yer vermemiz gerekiyor. Tanrı her zaman bizim için en hayırlı olanı ister. Hiçbir şey bizden esirgenmez. Biz kendimiz bizim için hayırlı olana kapıyı kapatırız.

SINIRLARI KENDİMİZ KOYARIZ

Büyük filozof Sokrat öğrencilerine şöyle demiştir: "Benim bildiğim tek şey, hiçbir şey bilmediğimdir." Sokrat'a borçlu olduğum birçok fikirden birini sizinle paylaşacağım.

Beyaz bir kâğıda bir daire çizin. Büyük mü yoksa küçük bir daire mi çizdiniz? Bu sınırlı mı yoksa genişleyici bir bilince mi sahip olduğunuzu gösterir. Şimdi dairenin tam ortasına bir nokta koyun. Bu nokta, Evrensel Zihnin sonsuz âleminde sizin farkındalık noktanızı temsil eder. Siz kendi dünyanızın merkezisiniz. Daire sizin vasıtanızla yaşayan sonsuz Hayat'a koyduğunuz sınırlamayı temsil eder. İlk başta ne kadar büyük bir daire çizdiğinizi görmek size ilginç gelecektir. Bazıları küçücük bir daire çizerken, bazıları dairelerini kâğıdın sınırına kadar genişletirler.

Şimdi daireyi silin. Artık onun büyük ya da küçük olmuş olması önemli değildir. Şimdi geriye sadece nokta kalmıştır. Siz şimdi sınırı olmayan bir dairenin merkezisiniz. Bu Sokrat'ın insan tanımıydı: *Sınırı olmayan bir dairenin merkezi.* Daireyi silerek dünyanızın sınırlarını ortadan kaldırdınız ve Zihnin Sonsuz Hayatı'na girdiniz.

Sildiğiniz dairenin belirsiz izine bakarak kendinize şöyle sorun: "Kendime koyduğum sınırlamalar nelerdi? Kendi kendime sürekli olarak 'Bu yapılamaz' mı diyordum? Kendim için sınırlı bir geliri mi kabullenmiştim? Belirli şeyleri başarmak için kendimi çok yaşlı mı hissediyorum? Kendim için eğitim eksikliği, sınıf farklılığı, ırk veya çevre farklılığı gibi engeller oluşturmuş muydum?"

Şimdi, o daireyi silerken bu sınırlamaları da sildiniz. Noktaya bakarken, sonsuz bir Hayat'ın merkezi oluğunuzu ve hayatın bütünüyle ilişki kurabileceğinizi görüyorsunuz. Merkezdeki noktanın sizi temsil ettiğini daima hatırlayın. Siz sırf çevresinde sınırlayıcı bir daire olduğu için sonsuz doğasını ifade edememiş olan, sınırsız ve sonsuz bir varlıksınız. Kâğıttaki sınırlayıcı daireyi sildiğiniz gibi, zihninizdeki sınırlayıcı daireyi de silebilirsiniz, çünkü o kendi inancınızın sınırlarını, kendinizle ilgili sınırlı inancınızı temsil eden bir dairedir. İster büyük, ister küçük olsun, o sizin dairenizdir. Kendi çevrenize o sınırlayıcı daireyi siz çizdiniz. Yalnızca siz o daireyi yıllar boyunca, "Yapamam" diyerek ve kendinizi çeşitli biçimlerde sınırlayarak orada tuttunuz.

Ama şimdi o daireyi sildiniz. Eski bir şarkı sözündeki gibi, "Beni içeri hapsetme!" deme noktasına geldiniz. Daireyi sildiğinizde, Sonsuz Olan'ı bir an için görüyorsunuz. Size düşen rol daireyi silmek, refaha erişmenizi engelleyen eski sınırlamaları ortadan kaldırmaktı. Şimdi, sınırsız hedeflere doğru ilerleyebilirsiniz.

SONSUZ OLAN BİZİ SINIRLAMAZ

Sonsuz Olan bizi asla sınırlamaz. "Her şey sevgidir ve her şey yasadır" diye yazmış Robert Browning. Sonsuz Olan, kabul edebileceğimiz her şeyi bize vermeye hazır ve gönüllüdür. *Düşünebildiğiniz, inanabildiğiniz ve güvenle bekleyebildiğiniz şeyi mutlaka deneyimlersiniz.* Hatırlayın, bu hayatın yasasıdır. Bu hayatta sınırlı, mutsuz deneyimler yaşamış olmamızın nedeni kendimizi gerçekten sevmemiş, kendimize ve sınırsız potansiyelimize inanmamış olmamızdır.

Dolayısıyla, eğer hayatımızı değiştirmeyi gerçekten istiyorsak, kendimizle ilgili alışkanlık haline gelmiş düşünüşümüzü değiştirmek bize bağlıdır. Kendimizle ilgili düşüncelerimizi değiştirdiğimizde hayatımızın da değişeceği kanıtlanmış bir olgudur. Dünya bizim düşüncelerimize uymak için değişecektir. Bu, bu kadar basittir.

ÖYLEYSE BİZİ NE SINIRLAR?

Sonsuz Olan zaten vardır. Onun meydana gelmesini sağlamak zorunda değiliz. Biz Sonsuz Olan ile biriz. Sadece yanlış kavramlarımızı değiştirmemiz gerekir.

Her birimiz düşünüşümüzün sınırlarını genişletmeli, onları aşmalıyız. Sınırlılık Gerçek değildir. Sınırlılığı kalıcı hale getirmemeliyiz. Geçici olarak sınırlılık içinde bulunabiliriz, ama o gerçekten bizim için değildir. Bizi içine hapsetmiş olan ve kendi koyduğumuz eski sınırları silerek, kendimiz için yeni bir sınırsız düşünüş oluşturmalıyız.

Jules Verne, aya gönderilen insanlı bir uzay roketi hayal etti. Wernher von Braun ve arkadaşı Hans Friedrich aynı şeyi düşündüler ve bu fikrin gerçekleştirilmesi için uygulanabilir plânlar hazırladılar. 1952'de, Dr. von Braun, Dr. Friedrich ve diğerlerinin yardımıyla, roketin inşa edilmesi, uzay platformu ve ay modülü için gerekli matematiksel denklemler ve roketin havalanışı, aya inişi ve dünyaya geri dönüşü için gerekli rehberlikle birlikte tüm projeyi ayrıntılı olarak açıkladı. Şimdi bu proje gerçekleşmiştir. Her bir adım zihinde plânlandığı şekilde gerçekleşti. Dr. von Braun ve yardımcıları bilinçlerinin sınırlarını genişlettiler ve bunun sonucunu tüm dünya gördü. Onlar 1953'te bu projeyi kitaplaştırdılar ve kitap Illinois Üniversitesi Yayınları tarafından "Mars Projesi" adıyla yayınlandı. Evet, tüm bu fikir aya gitmekle sınırlı değildi.

REFAHLA İLGİLİ ON İKİ YANLIŞ DÜŞÜNCE

Refahla ilgili, insanları sınırlayan, aslında onları refahtan yoksun bırakan on iki yanlış düşünce vardır:

1. Refahın şansa bağlı olduğunu düşünmek yanlıştır.
2. Refahın yalnızca "para kazanma" yeteneğine bağlı olduğunu düşünmek yanlıştır.
3. Paranın kötü bir şey olduğunu düşünmek yanlıştır.
4. Zengin olmanın kötü bir şey olduğunu düşünmek yanlıştır.
5. Cimri olmanın bir erdem olduğunu düşünmek yanlıştır.
6. Ekonomik sistemin hatalı olduğunu ve bu yüzden zengin olmanın imkânsız olduğunu düşünmek yanlıştır.
7. Devletin tüm varlığınızı vergilerle elinizden alacağını

ve bu yüzden hiçbir şekilde zenginleşemeyeceğinizi düşünmek yanlıştır.

8. Zengin bir hayatın gelecek için para ve mal depolamaya bağlı olduğuna inanmak yanlıştır.

9. Zengin olmaya lâyık olmadığınızı düşünmek yanlıştır.

10. Yoksullukta erdem olduğunu düşünmek yanlıştır.

11. Hayatın size karşı olduğunu kanıtlamaya çalışarak kendinizi feda etmek yanlıştır.

12. Zengin olmak için zalim olmanın şart olduğunu düşünmek yanlıştır.

ZİHİNSEL BİR ENVANTER ÇIKARMAK İÇİN ZAMAN AYIRIN

Yukarıda sıralanan on iki yanlış düşünce üzerinde biraz düşünürseniz, kendinizi dürüstçe değerlendirirseniz, onların bazılarına düşüncelerinizde yer verdiğinizi göreceksiniz. Kendinize koyduğunuz sınırlamaların bir listesini çıkarmanın da yararlı olduğunu göreceksiniz. Kendinizi hangi konularda küçük görüyorsunuz? Hangi konularda sınırlıyorsunuz?

Bu listeyi sadece siz göreceksiniz, o yüzden kendinize karşı dürüst olun. Bunları yazmak düşünüşünüzü değerlendirmenize yardımcı olur. Listenizi oluşturduktan sonra, kendinizle ilgili- -sizi bu sınırlamalardan kurtaracak olan- Gerçeği almak için zihninizi açın. Yeni bir başlangıç yapmak için asla çok geç değildir. Birçok kişi gerçek potansiyelini seksenli, hatta doksanlı yaşlarda bulmuştur. Tanıdığım en başarılı insanlardan ikisi, onları özgürleştirecek Gerçeği gördüklerinde, ömür boyu hapis cezasıyla hapisteydi. Kendi yanlış düşünüşünüzden başka hiçbir şey sizi tutsak edemez. Şimdi yeni bir yaklaşımla başlıyoruz. Heyecan verici bir keşfe hazır olun.

REFAH ŞANSA MI BAĞLIDIR?

Yaşadığımız bu evren bir yasa ve düzen evrenidir. O tamamen güvenilirdir. O bir yasa ve düzen evreni olduğundan, belirli şeyler yaptığımızda belli sonuçlar elde ettiğimizi görürüz. Öyleyse refah nasıl şansa bağlı olabilir?

Refah şansa bağlı değildir. O, bizim bilincimize bağlıdır, tüm Hayrın Kaynağı ile kurmuş olduğumuz ilişkiye bağlıdır. Refah, Varoluşun Gerçeği'ni kabul etmeye gönüllü olmamıza ve onun günlük hayatımızda uygulanmasına izin vermemize bağlıdır. Her ne zaman hayatımızda bir ihtiyaç ortaya çıksa, bir vakum oluşur ve o bu ihtiyacın karşılanmasını sağlar. *Onlar çağrıda bulunmadan, ben karşılık vereceğim.** İçinizdeki Ruh, sizi ve ihtiyaçlarınızı bilir ve -sizin kabul etmeye gönüllü oluşunuza göre- o ihtiyaçları karşılamaya gönüllü ve muktedirdir. Bu yüzden, kuvvetle ilerleyin, ihtiyaçlarınızı bildirin ve zihninizi verilen yanıtı almak için açın. İhtiyaçlarınızın bilinç düzeyinde bilinmesini engellemeyin. Onların çoktan karşılandığını düşünün, öyle hissedin ve öyle olacaktır.

Bir uranyum madeni keşfedip onu on iki milyon dolara satan adam şanslı görünür. Ama sekiz yıl sonra o iflas eder ve gırtlağına dek borca gömülür. Bu durumda refahın şansa bağlı olduğunu söyleyebilir miyiz?

Kendisine üç milyon dolar miras kalan genç bir adam şanslı görünür. Ama üç yıl sonra o tüm servetini boşa harcamış ve bir alkolik olmuştur. Bu durumda refahın şansa bağlı olduğunu söyleyebilir miyiz?

Hayır, refah şansa bağlı değildir.

REFAH PARA KAZANMA YETENEĞİNİZE Mİ BAĞLIDIR?

Zengin olmanın tek yolunun başkalarından para kopar-

---

*Yeşeya 65:24.

manın yolunu bulmak olduğuna inanan birçok insan vardır. Bu yanlış düşünce hayatın kendisinden bir ayrılık duygusunu ima eder ve böyle insanlar tüm hayatlarını başkalarından aldıklarını yine başkalarından korumaya çalışarak harcarlar. Onların kurmuş oldukları şey kendileri için yasa haline gelir. Ama hayat böyle değildir.

Önce Tanrı'nın krallığını (içsel huzuru ve tanrısal düzeni) *ve onun doğruluğunu* (Yasa'nın doğru kullanımını) *arayın ve her şey ona eklenerek size verilecektir.* Her şeyden kasıt nedir? Yiyecek, giyecek, barınak ve insanın ihtiyaç duyduğu her şey.

Bir kez hayatın yasasını anladığımızda, yani her şeyin bilinçten çıkarak düzenli bir biçimde geliştiğini anladığımızda, kendi hayrımız, iyiliğimiz için başkalarıyla rekabet etmemiz gerekmeyecektir. Bizim hayrımız başkalarına bağlı değildir. O bizim yasayı kullanmamıza bağlıdır. Neden bir adam zenginleşirken diğeri başarısız olur? Neden bazı şirketler sürekli büyürken diğerleri hızla yok olurlar? Bu tümüyle bir bilinç meselesidir. Akıllı insan bir refah bilinci oluşturur.

Geçenlerde eski bir dosyada 1889'da verilmiş bir vaazdan bir alıntı buldum:

> İnsan saklanamaz. O, dağlarda dolaşan bir seyyar satıcı olabilir, ama dünya onu bir finans kralı yapmak için bulup çıkaracaktır. Dünya ondan tüm bir kıtanın demiryollarını işletmesini talep ettiğinde, o Long Island'dan lahana nakli yapıyor olabilir. Ülke onun ayağına gelip onu yararlı olacağı bir kariyere başlattığında, o kanalda toptancılık yapıyor olabilir. Ve en sonunda bir zaman gelir, ülkedeki tüm yeşil petrol varillerinin üzerinde bu iki isim ve bir büyük şirketin ismi yazar.*

*Dr. John Paxton, "O Saklanamazdı." Vaaz, 25 Ağustos, 1889. *The New York Sun*, 26 Ağustos 1889.

Eğer bir insan bir fare kapanını bile diğerlerinden daha iyi yapıyorsa dünyanın onun kapısına geleceği hâlâ doğrudur. Ben bu deyişin Emerson'dan yapılan şu alıntıdan geliştiğine inanıyorum:

> "Eğer bir insanın satılık iyi mısırı, odunu, tahtası veya domuzları varsa ya da herkesten daha iyi sandalyeler, bıçaklar, eritme kapları veya kilise orgları yapıyorsa, ormanların derinliklerinde dahi yaşıyor olsa, tüm yollar aşılıp ona ulaşılır. Ve eğer bir insan yasayı biliyorsa, ahşap bir kulübede bile yaşıyor olsa, insanlar gidip ona başvururlar. Ve eğer bir insan kaval çalarak ya da şarkı söyleyerek, hapsolmuş ruhlara cennetteymiş gibi hissettirebiliyorsa; veya kır manzaralarını resmedip, ilkbaharın ve sonbaharın tüm büyüsünü tuvale aktarabiliyorsa; ya da güzel şarkıları ve şiirleriyle insanları rahatlatıp mest edebiliyorsa, bu sır kesinlikle saklanamaz. Bu kulaktan kulağa yayılır ve insanlar beşer, onar, ellişer onun kapısına dayanırlar.*

Sadece yetersiz olan insan, sadece başarısızlık bilincine sahip olan insan başarısını garanti etmek için başkalarından bir şeyler alması gerektiğini düşünür.

PARA KÖTÜ BİR ŞEY MİDİR?

Para kirli bir şey değildir! Kötü olan para değildir. Kutsal Kitap, *para aşkı tüm kötülüklerin kaynağıdır* der. Para zenginliğin kanıtıdır, takas için kullandığımız semboldür. O, Hayat Maddesi'nin dolaşımsal faaliyetinin bir parçasıdır. İhtiyaç duyduğumuz şeyleri takas etmek yerine, şimdi o şeyleri temsil eden parayı kullanıyoruz. Öyleyse, eğer paranın kötü olduğunu söylersek, giyeceklerin, yiyeceklerin, yaşadığımız evin de kötü olduğunu söylemiş oluruz.

---

*Emerson, *Ralph Waldo Emerson'un Günlükleri,* (Boston, 1909).

Hayır, kötü olan para değil, parayı *çok fazla* sevmek, onu tüm hayrın Kaynağı'ndan önde tutmaktır. Hata, parayı tanrılaştırmak, ona tapınmaktır.

ZENGİN OLMAK KÖTÜ BİR ŞEY MİDİR?

Bazı zenginler servetlerini başkalarına zarar vererek elde ettiklerinden, belki bazı durumlarda zenginlik kötü bir şey olarak görünmüştür. Gerçek şu ki insan ihtiyaç duyduğu şeyi kendi çabasıyla, kendi bilincinin çalışmasıyla - ve başkasını ondan yoksun bırakmadan- üretebilir. Tarih, servet edinmenin eğitime, aile geçmişine, ırka, inanca değil, bireysel bilince bağlı olduğunu kanıtlamıştır. Zengin olan insan kendisine ve dostlarına yardımcı olur ve Hayat'la uyum içinde yaşar.

Bu akla büyük bir adamı, Ahlâki Modernizasyon hareketinin kurucusu Dr. Frank Buchman'ı getirir. Onun çalışması daima büyük bir maddi destek görmüştü. Onun kullanımına verilen kaynaklar sınırsız görünüyordu. Birisi ondan bu aşırı bolluğu açıklamasını eleştirel bir biçimde istediğinde, Dr. Buchman "Tanrı bir milyarderdir!" diye karşılık vermişti. Ben bunun bu kavramı ortaya koymanın çok iyi bir yolu olduğunu düşünmüştüm. O, Sonsuz Olanı sınırlamayan bir insandı.

CİMRİ VEYA YOKSUL OLMAKTA BİR ERDEM VAR MIDIR?

Parayı hor görmekte spiritüel bir yan olduğunu, yoksulluğun, hatta cimriliğin aslında bir erdem olduğunu düşünen insanlar vardır. Sanırım bu "erdemleri" birlikte dikkate alabiliriz. Belki bu yanlış düşünce çok tutumlu olmayı gerekli gören atalarımız tarafından bize aşılanmıştı. Bu yaklaşımın biraz modernize edilmesi gerektiğini görüyoruz. Yönlendirici enerjimizi boşa harcamamak için arzularımızı ve çabalarımızı kesin olarak belirlemeliyiz. Tutumluluk cimrilikle karıştırılmamalıdır. Cimrilik yoksunluk inancından, yoksun kalacağımızdan korkmaktan ve bu yüzden şimdi sahip olduğumuz şeye sıkıca tutunmaktan kaynaklanır. Bu yanlış düşünceye kapılmamak için, onun *korku* denen eski düşman olduğunu görmeliyiz. O konuda kendimizi erdemli hissederek cimriliği ne kadar doğru veya makul göstermeye çalışırsak çalışalım, o bir yoksunluk bilincine dayanır ve ondan daha büyük yoksunluk gelecektir. Sahip olduğumuz şeyi akıllıca kullanmakta, onu çoğaltmak için akıllıca yatırımlar yapmakta erdem vardır; ama cimrilikte hiçbir erdem yoktur.

Hepimiz, insanların "Çok şeye sahip olmayabilirim, ama bununla gurur duyuyorum!" dediklerini duymuşuzdur. Yoksul olmakta bir erdem bulunduğu yaklaşımı bu hayat deneyiminin kötü, günahkâr olduğu ve bu hayatta zengin olan insanların sonraki hayatlarında yoksul olacakları veya bu dünyada yoksul olanların cennette fazlasıyla ödüllendirilecekleri teorisinden kaynaklanır. Bu doğru değildir. Bilinç, cennette sahip olabileceğimiz tek realite, tek hazinedir. Bilincimiz düşündüğümüzden daha uzun süre bizimledir. Ebediyet çok uzun bir zamandır.

Yoksullukta bir erdem yoktur. İnsanlar ne dediklerini bilmeden "Tanrı bu güzel eve şimdi sahip olmamı istemedi" gibi şeyler söylerler. Buna inanmayın! Bu Gerçek değildir! Belki siz o zaman o evi istemediniz; belki o ev size uygun değildi. Belki sizin için daha iyi olan bir ev vardı. Suçu Tanrı'ya yüklemeyin. *Tanrı'nın iradesini* suçlama eski tuzağına düşmeyin. Sizin için Tanrı'nın iradesi Tanrı'nın doğasıyla -karşılıksız yağdırılan Sevgi ve Bolluk ile- uyum içinde olmalıdır; dolayısıyla Tanrı'nın iradesi sizin en yüksek, en kabul edilebilir hayrınız yönünde olmalıdır. Seçim sizindir. Siz bilinçte kabul edebildiğiniz her şeye sahip olabilirsiniz. Yoksul olmakta bir erdem yoktur.

MEVCUT EKONOMİK SİSTEMDE ZENGİN OLMAK İMKÂNSIZ MIDIR?

Bu düşünce çok eskiye dayanır. Kadim Romalılar da aynı yanlış düşünceyi barındırır, başarısızlıklarının suçunu ekonomik sisteme yüklerlerdi.

Ekonomik sistemle kavga etmek sizi bir yere ulaştırmayacaktır. Siz her neye karşı direnirseniz, o da size direnecektir. Uzlaşma yoluyla kendimizi Hayat ile uyum içine sokarız. Sevgi ve refah birlikte gider. Bu dünyanın büyük cimrileri zenginleşir gibi görünebilirler, ama sevgiyi bulana dek, onlar en yoksul insanlardır.

Bugün sahip olduğumuz serbest girişim sistemi herkese kendi refah bilincine göre zengin olmak için yeterli fırsat vermektedir. Biz bir hayat yasasından söz ediyoruz; bilinç galip gelecektir. Er ya da geç, refah bilincine sahip olan insan kendini zengin olabileceği bir konumda bulacaktır.

DEVLETİN KAZANCIMIZI VERGİLERLE BİZDEN ALMASINA NE DEMELİ?

Havari Petrus İsa'ya Roma yönetiminin talep ettiği vergiyi nasıl ödeyeceklerini sorduğunda, İsa ona denize gidip ağını atmasını ve çekeceği ilk balığın ağzında vergileri için gerekli parayı bulacağını söylemişti. Bu size değişik anlamlara gelebilen bir söz gibi görünebilir. Kutsal Kitap bir spiritüel talimat kitabıdır. Balık, Zihin denizindeki bir fikri temsil eder. İlk Hıristiyanlar balık şeklini sembolleri olarak kullanırlardı. İsa, insanın Evrensel Bilinç'e erişip ondan ihtiyaç duyulan fikri çekip almasının gerektiğini ve o fikrin içinde vergileri ödemek için gerekli paranın bulunduğunu göstermek için bu tasviri kullanmıştı. Bu bugün de böyledir. Tam bulunduğumuz yerde ihtiyaç duyduğumuz her şey vardır. Tek Zihin, vergileri veya diğer faturaları ödemeye direnmememiz koşuluyla, her türlü ödeme için ihtiyaç duyduğumuz her şeyi içerir. Vergilere karşı direnen insanlar çok geçmeden hiçbir gelirlerinin kalmadığını ve böylece ödeyecek hiçbir vergilerinin olmadığını görebilirler! İsa' nın bir seferinde dediği gibi, bizim Sezar'ın olanı Sezar'a ve Tanrı'nın olanı Tanrı'ya vermemiz gerekir. Mücadeleyi bırakıp Hayat ile anlaşmaya vardığımızda, Hayat bizim ihtiyaç duyduğumuz her şeyi ve daha fazlasını sağlayacaktır.

SÜPTİL TUZAKLARA DÜŞMEKTEN SAKININ

Bu yanlış düşüncelerin her birinin, hepimizin şu ya da bu zamanda düşmüş olduğumuz süptil bir tuzak olduğunu görmeye başlıyor musunuz? Bizim refahımız bu süptil ayartıları görebilmemize, düşünüşümüzde onları aşabilmemize bağlıdır.

Hayır, refah içinde yaşamak gelecek için para ve mal biriktirebilmemize bağlı değildir. Birçok kişi bunu 1929'daki ekonomik çöküşte anlamıştır. Tasarruflarını kaybettikleri için hayatlarının sona erdiğini düşünenler intihar etmiş veya hayata küsmüşlerdir. Diğerleri ise kendi refah bilinçleriyle yeni servetler oluşturmaya koyulmuşlardır.

Biz hayrımızdan asla ayrılamayız. Refah içinde yaşamak, Hayat'ın sonsuz olduğunun farkındalığına, bu farkındalığın ihtiyacımız olduğunda deneyimimizden akmasına dayanır.

SİZİN İÇİN HAYIRLI OLANI ALMAYA LÂYIK MISINIZ?

Bazı insanlar zengin olmaya lâyık olduklarına inanmazlar. İnsanlara büyük fırsatlar sunulmuştur, ama onlar değersizlik duygusu yüzünden bu fırsatları geri çevirmişlerdir. Bazıları, kökü derinde olan bu değersizlik duygusu yüzünden gerçekten başarısız olmak isterler. Kendimizi neyle ilişkilendirirsek, öyle oluruz. "Ben değersizim" diye düşünmek yerine, "Ben

Tanrı'nın suretinde yaratılmış olan sonsuz bir varlığım. Hayat benim en iyiye sahip olmamı istiyor. Ben en iyiyi kabul ediyorum. Hayırlı olan her şeye lâyığım" demeye, bunu idrak etmeye başlayın.

Tanrı'nın bir çocuğu olarak refah içinde yaşayabilirsiniz. *Baba'nın sahip olduğu her şey aynı zamanda çocuğundur.*

HAYAT GERÇEKTEN SİZE KARŞI OLABİLİR Mİ?

Bir de şu eski şehitlik kompleksi vardır. Bu komplekse sahip olan insan adeta hayatın kendisine karşı olduğunu kanıtlamak zorundadır. Sanırım hepimiz zaman zaman bu komplekse kapılma suçunu işleriz. Bazen bu, kökü derinde olan bir suçluluk duygusu yüzünden, süptil bir kendini cezalandırma arzusudur. Bazen bu başka birini cezalandırma, çektiğimiz ıstıraptan babamızın, annemizin veya eşimizin sorumlu olduğunu gösterme arzusudur. Bu tuzağa düşen insan kendisi için hayırlı olan bir şey geldiğinde onu göremez ve sırf ezildiğini veya şanssız olduğunu kanıtlamak için iyi bir işi ya da iyi bir yatırımı reddeder. Bu kapıyı refahın yüzüne kapatmaktır. Bunu yapmayın. Bağışlayın ve unutun.

Eğer değersiz olduğunuzu düşünüyorsanız, bugünden itibaren bu süreci tersine çevirmeye başlayın. Zengin olmayı ve her güzel şeyin tadını çıkarmayı hak ettiğinizi düşünmeye başlayın. Kendini-Yönetme yöntemini doğru kullanarak siz de refaha kavuşabilirsiniz.

Bu yanlış düşünceler üzerinde epey durduk; çünkü onları anlayıp ortadan kaldırıldığımızda, refahımızla aramızdaki birçok engeli ortadan kaldırmış oluruz.

Yanlış düşüncelerimizi görmek, onları ortadan kaldırmanın en iyi yoludur. Ancak onları ortadan kaldırdığımızda refahı kabullenme sınırlarımızı aşabiliriz. Bu yüzden, sözünü ettiğim on iki yanlış düşüncenin üzerinde ciddiyetle durmanız konusunda ısrar ediyorum. Onlardan temelli olarak kurtulmaya yemin edin; onlar sizin kendi zihinsel hanenizde gizlenen düşmanlardır.

Onları tamamen bıraktığınızda, bir refah bilinci oluşturmak için gerekli beş prensibi tekrar gözden geçirin:

> *1. Tanrı'nın bize duyduğu Sevgi kişiye, yere, koşula veya duruma bağlı değildir.*
> *2. Kendi kendimize koyduğumuz sınırlamaları ortadan kaldırmak ve Sonsuz Olan'ın bizim vasıtamızla yaşamasına izin vermek bize bağlıdır.*
> *3. Her insan kendi sözünü söyleyerek Sonsuz Olanı bireyleştirir.*
> *4. Yasa şudur: Düşünebildiğiniz, inanabildiğiniz ve güvenle bekleyebildiğiniz şeyi mutlaka deneyimlersiniz.*
> *5. Siz Hayat'a ne veriyorsanız, O size onu geri verecektir; tüm Hayat sizinle bir'dir.*

Artık, diğer prensiplerin deneme alanı olan beşinci prensip için hazır olmanız lazım: *Siz Hayat'a ne veriyorsanız, O size onu geri verecektir! "Eğer size cennetin kapılarını açmıyor ve nimetlerimi yağdırmıyorsam, bu onları alacak kadar yeriniz olmadığındandır, dedi Meleklerin Tanrısı."**

Kendinizden ve maddi varlığınızdan karşılıksız olarak verebilecek kadar Sonsuz bir Kaynak'tan beslendiğinizden emin olabilir misiniz? Bu, ruhsal zenginliğin, gerçek refah bilincinin testidir. Bu, öğrendiğimiz her şeyi uygulamaya koyduğumuz deneme alanıdır. Henry Ford, J.C. Penney, Andrew Carnegie, Robert La Tourneau, Colgates, George Romney ve Billy Casper'

---

*Malachi 3:10.

in ve diğer birçok ünlü zenginin o kadar başarılı olmalarının bir rastlantı olduğunu mu düşünüyorsunuz? Hepsinin büyük vericiler olduğunu, kazandıkları servetin yüzde on ila doksanını Hayat'a geri verdiklerini göreceksiniz. Karşılıksız verdiğimizde Kaynağa güveniriz ve dolayısıyla bilincimizi karşılıksız olarak almaya açarız.

GERÇEK ZENGİNLİK İÇİN BİR MEDİTASYON

Asıl zenginlik ruhsaldır. O bir ruhsal-spiritüel bilinç derecesidir, tüm hayrın Tek Kaynağı'nı bilmekten gelen bir içsel güvenliktir. Gerçek zenginlik Tanrısal Mevcudiyet'in içsel bir farkındalığını yansıtır; bu zenginlik dünyevi koşullardan veya insanın görüşlerinden etkilenmez.

İçimizdeki Bilgelik bizim tedariğimizdir, o gittiğimiz her yere bizimle birlikte gelen ve asla tükenmeyen bir Kaynak'tır. *Bak, dünyanın* (illüzyon dünyasının) *sonuna kadar daima seninle birlikteyim.* Bu tedarik insanlardan geliyor gibi görünebilir. Gerçekte, o hiçbir kanala bağlı değildir. Eğer bir kapı kapanırsa, diğeri açılacaktır. Artık tedariğimizi sınırlamayı bırakalım. Onun sonsuz bir Kaynak'tan geldiğini unutmayın.

KENDİNİZ İÇİN BİLİN:

İçimdeki Bilgelik benim tedariğimdir, o asla bitmeyen bir doğru ilham, üretken fikirler ve rehberlik Kaynağı'dır. Bu ilhamın ve rehberliğin hayatımda tüm ihtiyaçlarımın ve daha fazlasının karşılığı olarak tezahür etmesine izin veriyorum.

Ben zenginim. (Bunu bilinçaltınıza yerleşinceye kadar, gerekiyorsa yüz kere düşünün ve söyleyin.) *Yoksulluk ve yoksunluk düşüncelerini asla barındırmam.*

Sonsuz Kaynak ihtiyaç duyduğum her şeyi ve fazlasını bana sağlıyor.

İhtiyaç duyduğumda, doğru fikirler bana gelir. Doğru zamanda doğru kararları veririm.

Ben asla yalnız değilim, Yaptığım her şeyde benimle birlikte çalışan Sessiz bir Partnerim var. O benim içimdedir, günün her anında benimle birlikte çalışır.

Geçmişle ilgili pişmanlıklarım, şu an için korkularım, gelecek için endişelerim yok. Ben Sonsuz bir Güç tarafından korunuyorum; Tanrısal Zekâ tarafından yönlendiriliyorum ve Sevgi dolu bir Mevcudiyet tarafından besleniyorum.

Her şey yolunda ve ben şükran doluyum.

11

İŞLER TERS GİTTİĞİNDE NE YAPMALI

Bugün, ördüğümüz kader ağına şekil veriyoruz.
WHİTTİER

Hepimizin hayatında her şeyin ters gider göründüğü zamanlar vardır; plânlar istendiği gibi gitmez, beklenen kârlar gerçekleşmez, hastalık ve kazalar günlük faaliyetin normal akışını aksatır. Böyle zamanlarda hepimiz başvuracak bir şeylere, güvenebileceğimiz içsel kaynaklara ihtiyaç duyarız.

Geçen gün radyoda şarkıcı Kay Stevens'la yapılan bir röportajı dinledim. Kendisini tanımıyorum, ama tanımak isterdim. O hepimizin tanımak isteyeceği türde bir kişi. Öyküsünü dinlemek çok ilginçti. Röportajda, daha önce Las Vegas'taki büyük otellerden birinde salon programları yaptığını söyledi. Bir yandan da, ünlü yıldızların program yaptığı büyük salonda sahneye çıkacağı günün hayalini kuruyordu. Her gece kendi programını bitirdikten sonra büyük salonun boşalmasını bekliyor, sonra da sahneye çıkıp şarkı söylüyordu. Dinleyicileri temizlikçilerdi ve onlar onu dinlemekten hoşlanıyorlardı. Her gece Kay'in sesi büyük salonu dolduruyordu. O, salonun insanlarla dolu olduğunu, programın yıldızı olduğunu hayal ediyordu. En sonunda kontratı bitti ve Los Angeles'a geri döndü.

Bir gün, saat 17:45'de Las Vegas'taki otelin müdürü onu aradı ve o akşam saat 20:30'da büyük salonda sahneye çıkmasını istedi, çünkü programın yıldızı Debbie Reynolds hastaydı ve o gece sahneye çıkamayacaktı. Kay, "Orada olacağım" diye karşılık verdi. Telefon geldiğinde saat altıya geliyordu ve o Hollywood'daydı. Ondan sonra her şey ucu ucuna gitti. Önce kuaförünü aradı ve ondan kendisiyle havaalanında buluşmasını istedi; sonra evini arayıp yardımcısına bavulunu hazırlamasını söyledi; programda kendisine eşlik edecek olan piyanisti aradı ve ondan hazır olmasını, gidip onu alacağını bildirdi. Kısacık sürede her şeyi ayarlamıştı. Ancak havaalanına gittiğinde, Las Vegas'taki şiddetli rüzgâr yüzünden oraya yapılacak tüm uçuşların iptal edildiğini öğrendi. Birkaç dakika olduğu yerde kalakaldı. Dua ettiğini söylemedi röportajında, ama eminim etmiştir. Bir yolunu bulup oraya gideceğini biliyordu ve bu biliş kendi başına bir duaydı. Az sonra Bonanza Hava Yolları bir uçak kaldıracaklarını bildirdi. Uçağa bindiklerinde Kay hâlâ huzursuzdu, bavulunun uçağa yüklenip yüklenmediğini merak ediyordu. Kuaförü onun arkasına geçti ve saçını sarmaya başladı. Sonra hostes geldi ve şiddetli rüzgârda Las Vegas'a güvenli bir iniş yapabilmek için fazla ağırlık olmaması gerektiğini, bu yüzden bavulların uçağa alınmadığını bildirdi.

Kay'ın giysileri, notaları, şarkı sözleri, güzel tuvaleti hava alanında kalmıştı; büyük salonun sahnesine çıkarken hayal ettiği görüntüyü sağlayacak hiçbir şeyi yoktu. Evet, her şey ters gidiyor gibi görünüyordu, ama bu onu yıldırmadı. Hemen uzanıp uçak tutan yolcular için hazırlanmış kesekâğıtlarından birini aldı, çantasından bir kalem çıkardı ve ezbere bildiği şarkıları içeren bir program hazırlamaya başladı. Las Vegas'a saat 20:15'te vardılar. Bir polis refakatindeki bir araba onu bekliyordu. Onu hızla otele götürdüler ve oraya vardıklarında "Şimdi senin sıran!" dediler. Kay orada saçında bigudiler, üzerinde günlük bir giysiyle duruyordu. O durumda siz olsanız ne yapardınız? Kay bir topluluk elemanıydı. Aslında, söyleyebileceği fazla bir şey yoktu. Plânları bir anda değişmişti.

Röportajı dinlerken şöyle düşünmeden edemedim: *Önemli olan başımıza neyin geldiği değil, ona nasıl tepki gösterdiğimizdir.* Biz hayatın zorluklarını nasıl karşılıyoruz? Sorunlarımızdan değerli dersler öğreniyor muyuz? Onlar bizi yeni ve keşfedilmemiş faaliyet alanlarına yönlendiriyorlar mı? Hepsinden önemlisi, onlar Tanrı'ya ve kendimize olan inancımızı güçlendiriyorlar mı? Benim işler ters gider göründüğünde kullandığım bir onaylama var. O her duruma uyar.

> *Şu anda içimdeki her şeye kadir Tanrı'nın kusursuz doğruluktaki eylemini engelleyebilecek hiçbir kişi, yer, koşul ve durum yoktur.*

Kay Stevens, hiçbir şeyin gerçek benliği olmasını engellemeyeceğini biliyordu. Sahneye çıktı, orkestra şefinin yanına gitti ve ona üzerinde şarkılarının adları yazılı olan kesekâğıdını uzatarak "İşte şarkılarım" dedi. Programa başladılar. Birkaç parçadan sonra Kay piyanistin yanına oturdu ve o çalarken şarkı söyledi; bu sırada kuaförü de onun saçındaki bigudileri çıkarmaya başladı. Kay da o bigudileri birer birer seyircilere attı. O salonda dokuz yüz kişinin olduğunu ve hiçbirinin parasını geri istemediğini söyledi röportajda. Herkes memnun kalmıştı. Neden? Çünkü Kay'in programı farklıydı, alışılmışın dışındaydı; onun gerçek benliğinin ifadesiydi. İnsanlar olayın ruhunu hissederek ona katıldılar. Onlar Kay'i sevdiler.

HER ŞEY BİRLİKTE ÇALIŞIR

Tanrı'yı ve iyiliği sevenler için, her şey iyilik yönünde birlikte çalışır demiş Aziz Pavlus. Kendi içimizdeki ve birbirimizin içindeki iyiliği sevdiğimizde, iyiliği deneyimimize girdiğinde tanırız. Başka biri hayatın spontaneliğini onun vasıtasıyla ifade etmesine izin verdiğinde iyiliği tanırız. Herkes iyilik için işbirliği yapar, her şey iyilik için birlikte çalışır. Kay hayatın onun kanalıyla akmasına izin verdi, plânlardaki değişikliği zarafetle kabullendi ve sonuçta herkes memnun kaldı. Aslında, program o kadar beğenildi ki ondan bunu her gösteride yapması istendi. Kay bir hit oldu, çünkü panik yapmamış, egosunun yoluna çıkmasına izin vermemişti. Hayatla birlikte akmış ve hayat ona güzel bir biçimde karşılık vermişti. Ters gider gibi görünen şeylerin, eğer onları doğru biçimde karşılarsak, kılık değiştirmiş nimetler oldukları anlaşılır.

BİR NİMET YA DA BİR LÂNET

Başka biri bu dersi bana farklı bir biçimde öğretti. Bu bir iş kurmak için on beş yılını harcamış olan bir adamdı. O çok çalışıyordu, gayretliydi, sebatlıydı. Ve sonra otoban açıldı. Otoban açıldığında, onun daha önce işlek bir cadde üzerinde bulunan işyeri birden sapa bir yerde kaldı. Tüm işi adeta bir gecede battı. Bir gün işler yolunda giderken, ertesi gün tek bir müşteri bile gelmemişti. O bana, "Ne yapacağım? Her şey ters gitti" dedi. Plânlarının boşa çıktığını kastediyordu.

"İlk başta bu işin başarılı olmasını nasıl sağladın?" diye sordum.

"Bunu, sahip olduğum tüm pratik zekâyı kullanarak yaptım" dedi. "Ama bunu bir kez yaptım. Her şeyi nasıl yeni baştan yapabilirim?"

"Birisi sana bu sorunla gelseydi ona ne derdin?" dedim.

Uzunca bir süre düşündü ve sonra gülümsedi. "Konuşmalarından birinde, anbean yapılması gereken şeyi yapması için içimizdeki Güç'e güvenmemiz gerektiğini söylemiştin. Bize kısa bir cingil verdiğini hatırlıyorum. O şöyleydi: 'Hayat metreyle zor, santimetreyle kolaydır.' Eğer işe doğru çözümleri bulacağıma güvenerek, bunu bilerek başlarsam, o çözümlerin ortaya çıkacağına inanıyorum. İşimde büyük bir para kaybettiğimi varsayalım, ama o sadece paradır. Hâlâ aileme, sağlığıma ve içimdeki Güç'ün farkındalığına sahibim."

Onun bu Gerçekleri kendi içinden çıkarması beni etkilemişti. "Evet" dedim, "hâlâ pratik zekâna, yaratıcılığına sahipsin; hâlâ Tanrı'nın mükemmel Hayatı'nı ifade edebilirsin ve önemli olan da budur."

İşler ters gittiği her seferinde biz hayatımızda Gerçeği kanıtlama ve Gücü sergileme fırsatına sahip oluruz. İnsanlar ona sorunlarını çözmesi için geldiklerinde, İsa hiçbir zaman ne yapacağını bilemez hale gelmezdi. O, doğuştan kör olan bir adamın gözlerini açtığında ve havariler ona, "Bu adamın kör doğmasına neden olan günahı kim işledi; o mu, yoksa ebeveynleri mi?" diye sorduklarında, onlara şöyle dedi: "*Kimse günah işlemedi, Tanrı'nın işi onda tezahür etmeliydi.*" Kutsal Kitap'ın Tesniye bölümünde dendiği gibi: *Lânet bir nimete dönüştü, çünkü Tanrı'nız sizi seviyor.*

Arkadaşım bunu kanıtladı. O, sahip olduğu tüm pratik zekâyı ve yaratıcılığı kullanarak, başka bir yerde başka bir iş kurdu. Bugün eskisinden on kat daha fazla para kazanıyor. Otobanın kılık değiştirmiş bir nimet olduğu anlaşıldı. Eğer arkadaşım sorununu olumlu, yapıcı bir biçimde karşılamasaydı, bu böyle olmayacaktı. O, hayatın kendisine karşı olduğunu düşünerek yenik düşmesine izin vermedi. *Eğer Hayat bizim içinse, kim bize karşı olabilir?* Hayat daima bizim *içindir.*

İçinde bulunduğumuz koşullara neyin neden olduğu gerçekten önemli değildir. Eğer tahıl ambarı yanıyorsa, yangını neyin başlattığı önemli midir? Mesele, yangını söndürmek için ne yapacağımızdır.

HER ZAMAN BİR ÇIKIŞ YOLU VARDIR

Bir kaymak kovasına düşen iki küçük kurbağanın öyküsünü severim. Kurbağalardan biri korku doluydu ve derin bir aşağılık duygusuna sahipti. Yoğun kaymağın içinde yüzmeye çalıştı, ama çok geçmeden vazgeçti. Kaymağın içinde nefesi kesildi ve boğuldu. Öbür kurbağa ise o kovadan bir biçimde kurtulacağını biliyordu. Boğulan arkadaşına bakarken, kendi kendine, "Bu benim başıma gelmeyecek!" dedi. Sonra ön ayaklarını kovanın kenarına yerleştirdi ve arka ayaklarını kaymağın içinde oynatmaya başladı. Kısa zamanda altında bir tereyağı tabakası oluştu. O, ayaklarının altındaki bu tabakayı hisseder hissetmez dışarıya atladı. O bir çıkış yolunun olduğunu biliyordu. Mücadeleyi göze aldı ve kazandı. Evet, *önemli olan, ne olduğu değil, ona nasıl tepki gösterdiğimizdir.*

DANYAL PEYGAMBER MEYDAN OKUMAYI KABUL ETTİ

Bunun klasik bir örneği, Danyal Peygamber'in aslan inindeki öyküsüdür. Danyal, Pers Kralı Darius'a çok yakındı. Darius ona saygı duyuyordu ve onu sarayında yüksek bir pozisyona getirmişti. Sadece kral Danyal'ın üzerindeydi. Bu, saraydaki diğer kişilerin onu çok kıskanmalarına neden oldu. Onlar Danyal'ı kapana kıstırmanın yolunu aramaya başladılar. Darius'un, kendisinden başka bir tanrıya tapanların bir aslan inine atılarak cezalandırılmasını içeren bir yasa çıkarmasını sağladılar. Kral, yakın dostu Danyal'a nasıl bir kötülük yaptığının farkında değildi. Sadece halkının onu yüceltmek, ona tapınmak istediğini sanıyordu. Bu onun egosuna çekici geliyordu. Yasa yürürlüğe girer girmez, düşmanları Danyal'ı izlemeye başladılar ve onun kendi Tanrı'sına tapındığını gördüler. Kralın hiçbir seçeneği yoktu. Bu yakın dostuna büyük bir saygı duymasına rağmen, onu aslan inine göndermek zorundaydı. Ama emrini verirken, Danyal'a, "Sürekli hizmet ettiğin Tanrın seni kurtaracaktır" dedi. Sonra sarayına gitti ve geceyi oruç tutarak geçirdi. Sabah erkenden arkadaşının ne durumda olduğunu görmeye gitti. Kutsal Kitap şöyle yazar: Kral Danyal'a acıklı bir sesle, "Danyal, yaşayan Tanrı'nın hizmetkârı, sürekli hizmet ettiğin Tanrın seni aslanların pençelerinden kurtarabildi mi?" diye seslendi. Ve o Danyal'ın sesini duyunca çok mutlu oldu: "Kralım, sonsuza dek yaşa. Tanrım meleğini göndererek aslanların ağızlarını ve pençelerini bağladı ve onlar bana hiçbir zarar veremediler."

Biz bir aslan inine atılsaydık ne hissederdik? İçimizdeki Tanrı'ya yeterince güvenebilir miydik, yoksa "Pes ediyorum, her şey benim için tersi gitti" mi derdik? Danyal, kralın da düşündüğü gibi, meydan okumayı kabul etti. Kutsal Kitap'ta, melekler bize yardıma gelen ilahî İlhamı temsil ederler. İçimizdeki Mutlak Güç'e güvendiğimizde başımıza hiçbir kötülük gelemez.

SİZ KADERİNİZİN EFENDİSİSİNİZ

Kadere inanır mısınız? Hayat oyununda, ne yaparsanız yapın, başarısızlığa mahkûm bir piyon olduğunuza mı inanıyorsunuz? Hayatınızın koşullarından hoşnut olmasanız da, bu konuda yapabileceğiniz hiçbir şey olmadığına mı inanıyorsunuz?

Bu tür bir düşünüş bana her gün öğle yemeklerini birlikte yiyen iki yapı işçisinin, Bill ve Mack'ın öyküsünü hatırlatır. Onlar her gün öğlen saatinde çalıştıkları inşaatın gölgesinde oturup sandviçlerini yerlerdi. Pazartesi günü, Bill sandviçini çıkardı ve içinde ne olduğuna baktı.

"Yine fıstık ezmesi!" dedi bıkkın bir bakışla.

Mack hiçbir yorum yapmadan sandviçini yemeye koyuldu.

Salı günü, Bill yine sandviçini araladı ve büyük bir kızgınlıkla "Yine fıstık ezmesi!" diye bağırdı.

Mack yine bir yorum yapmaktan kaçındı.

Çarşamba günü aynı sahne tekrarlanınca, Mack daha fazla sessiz kalamadı: "Eğer fıstık ezmesini sevmiyorsan, karına bunu neden söylemiyorsun?" dedi.

"Bak" dedi Bill, "karımı bu işe karıştırma. Sandviçlerimi kendim hazırlıyorum!"

Bu biraz saçma bir öykü, kabul ediyorum, ama bazen saçma bir öykü gerçeği işaret edebilir. Merak ediyorum, acaba kaçımız, o konuda yapabileceği bir şey olmadığını düşünerek, bıkıp usandığı bir şeye katlanıyor? Kendimiz için ne tür "sandviçler" hazırlıyoruz?

NEDEN BİR İNSAN BAŞARILI OLUR DA BİR BAŞKASI BAŞARISIZLIĞA UĞRAR?

Emmet Fox, *Yapıcı Düşünmenin Gücü* adlı kitabında şöyle diyor:

> Şans diye bir şey yoktur. Hiçbir şey şans eseri vuku bulmaz. Hayatınıza giren iyi ya da kötü her şey değişmez, kaçınılamaz yasanın bir sonucu olarak gelir. Ve o yasayı işleten yalnızca sizsiniz. Bu böyle görünebilse de, başka hiç kimse size herhangi bir zarar vermemiştir ve veremez. Bugün bedensel sağlığınızda ya da yaşam koşullarınızda bulduğunuz arzu edilen ya da edilmeyen her koşulu şu ya da bu zamanda siz kendiniz bilinçli ya da bilinçsiz olarak ürettiniz. Siz, yalnızca siz onları ısmarladınız ve şimdi onlar size teslim edildi. Kendiniz ve hayat hakkında yanlış biçimde düşünmeyi sürdürdüğünüz sürece, aynı tür zorluklar sizi taciz etmeye devam edecektir. Çünkü her tohum kaçınılmaz olarak kendi meyvesini verecektir ve düşünce kaderin tohumudur.

Bir an durup bunun üzerinde düşünelim. Hayatınızdaki sorunlarla ilgili olarak gerçekten neye inanıyorsunuz?

Neden bir insan hastadır da başka bir insan sağlıklıdır?

Neden bir insan düzenli, güzel bir evde yaşar da, başka bir insan bir gecekondu mahallesinin yetersiz çevresiyle karşı karşıya kalır.

Bugün, bazıları bu farklılıklardan ırk ayrımını sorumlu tutuyorlar, ama ben azınlık ırklardan olup da iyi maaş alan ve lüks bir yaşam süren birçok insan tanıyorum. Eğer *bazıları* başarabiliyorlarsa, diğerleri neden başaramıyorlar?

Neden bir insan popülerliğin zirvelerine erişirken, aynı geçmişe ve avantajlara sahip bir başkası küçümsenip göz ardı ediliyor? Bir sürü iyi insanın neden mutsuz ve yılgınlık içinde olduğunu hiç merak ettiniz mi? Birçok zeki entelektüel neden mutsuz bir aile hayatına ve doyum verici olmayan kişisel ilişkilere sahiptir? Eğer bilgi güçse, neden tüm üniversite mezunları mutlu ve başarılı değiller? Bugün biz bir eğitim tanrısı yaratma eğilimindeyiz. Eğitim en büyük hedef ve tüm hastalıkların devası haline gelmiş. Ama gerçekte öyle mi? Gerçek şu ki bazı üniversite mezunlarımız herkese eşit fırsat sağlayan bugünkü sisteme mutsuzca karşı çıkarlarken, başarılı ve zengin hayatın sırrını bulmuş görünen çok sayıda eğitimsiz ya da kendi kendini yetiştirmiş insan var.

TÜM HAYAT SİZİN İÇİNDİR

Bunun bir sırrı var mı? Evet! Hayat aynasının önüne yerleştirdiğimiz her şeyin bize geri yansıtılacağını; her nedenin bir sonucunun olduğunu; her etkinin bir tepkisinin olduğunu; hayat toprağına ekilen her düşünce tohumunun kendi türünde bir meyve vereceğini söyleyen bir hayat yasası vardır. Her şey kendi türünü yeniden üretir. Bir havuç tohumunun bir turp üretmeyeceği gibi, bir başarısızlık düşüncesi de bizim için başarı üretmeyecektir. Kendimizle ilgili inancımız kaderimizi belirler. Dünya bize kendi değerlendirmemize göre muamele eder;

ama daha önemlisi, hayat yasası, bize tam olarak, erişebileceğimize inandığımız, zihnen kendimiz için kabullenebildiğimiz şeyi şaşmaz bir doğrulukla verir.

"Pekâla" diyebilirsiniz, "bunun doğru olduğunu varsayalım. Bu konuda ne yapmam gerekiyor? Hayatım boyunca çoğunlukla hayatın ve insanların bana karşı olduklarını düşünerek kendi kendimi bozguna uğrattığımı kabul ediyorum. Belki yanlış tohumlar ektim. Ama onları nasıl söküp atarak yeniden başlayabilirim?"

İşin harika bölümü budur! Bu konuda yapabileceğiniz bir şey *vardır*. Kendiniz için, gerçekten yaşamak istediğiniz türde bir hayatı hemen bugün yaratmaya başlayabilirsiniz. Hiçbir şey size karşı değildir. Tüm hayat sizin içindir.

KADERİN İNSAFINA KALMİŞ DEĞİLİZ

Mesele şu ki, çok azımız kendimizi ve kendi kaderimizi şekillendirmekte oynadığımız önemli rolü gerçekten biliyoruz. Bir insanın tüm hayatındaki en önemli an, kaderin insafına kalmış olmadığını, düşünüşünün Hayat maddesinin sürekli içine aktığı kalıp olduğunu idrak ettiği andır. Gerçek şu ki, *inandığımız, kendimiz için kabul ettiğimiz ve güvenle beklediğimiz* şeyi mutlaka deneyimleriz. O, hayatın doldurması için elimizde tuttuğumuz kalıptır. Bu huşu verici bir meydan okumadır.

Bu büyük hayat yasası birçok şekilde ifade edilir. O, ektiğini biçme yasası; neden-sonuç yasası; ve çekim yasası olarak adlandırılmıştır.

ZİHİNSEL KARŞILIKLAR

Edison başarısızlığı kabullenmeyi reddetti. Ampulü çalıştırmak için binlerce kez uğraşıp başaramayınca, bu konuda kendisine soru sorulduğunda, "Ampulü çalıştıramamanın binlerce yolunu keşfettik" dedi. Bildiğiniz gibi, sonunda başardı. Edison başarının zihinsel eşdeğerine, karşılığına sahipti. Başarısızlığı kabullenmeyi reddetti. Zihinsel karşılıklar bir düşünce atmosferi oluşturan düşünce gruplarıdır. Büyük psikolog ve filozof William James, "Her düşünce kendi sonucuna götüren bir motordur" demiştir. Düşünce atmosferi onu şekillendirip tezahür ettirecek eylemi kendisine çeker.

Eğer şimdiye kadar hastalık, umutsuzluk, yoksulluk ve başarısızlık için zihinsel karşılıklar oluşturmuşsak, gelin bunları tersine çevirelim. Başarılı bir hayat olarak şekillenecek olumlu zihinsel karşılıklar kullanmaya başlayalım. Kendi hayatımızı kendimiz yaratırız, ama bazen kendimiz için oluşturduğumuz zihinsel imajlar yaşamak istediğimiz şeyleri hiç temsil etmezler.

YANLIŞ İMAJLARI DOĞRU İMAJLARLA DEĞİŞTİRMEK

Kendimiz için oluşturduğumuz yanlış imajları nasıl değiştirebiliriz? Bu gerçekten basittir. Bu sadece eski imajı silip yenisini oluşturma konusunda ısrarlı davranmayı gerektirir. Bunu bir projektördeki slaydı değiştirmeye benzer bir biçimde yapabiliriz. Biz eski imajı yeni imajla değiştirebilecek güce sahibiz. Örneğin, bir korku ve endişe imajına sahipsek, o imajı zihnimizde yeni ve olumlu bir tutum oluşturarak etkisizleştirebiliriz. Korku cehalete dayanır ve cehalet daima ışığa boyun eğecektir. Karanlık ışığa direnemez. Işık karanlıkla mücadele etmek zorunda değildir. Işık yakıldığında karanlık yok olur. Tıpkı karanlıkta bir güç olmadığı gibi, cehalette de bir güç yoktur. Kendimizle ilgili yeni ve olumlu bir imaj oluşturduğumuz anda, hayat hemen onu bizim için üretmek üzere harekete geçer. Böylece, eğer sahip olduğumuz kendi imajımızdan hoşlanmıyorsak, onu hemen değiştirmeye başlayabiliriz.

ZİHİN MADDE ÜZERİNDE GÜCE SAHİPTİR

Kendini-Yönetme'yi bir yaşam biçimi olarak anlamamız önemlidir. Yeni kavramı zihnimizde canlandırabildiğimizde, kabullenebildiğimizde ve ona inanabildiğimizde, deneyimimizde bir şey meydana gelir ve uzun zamandır kurtulmak istediğimiz başarısızlık kalıplarının bazılarını geride bırakabildiğimizi görürüz.

Bütün teori, görünenin ve görünmeyenin bir ve aynı olduğu varsayımına dayanır. Einstein, bilimcinin diliyle, enerji ve kütlenin eşit ve birbirine dönüşebilir olduğunu söyledi. Burada düşünce enerjidir ve o düşüncenin sonucu deneyimimizde kütle ya da dışsal form olarak tezahür eder. Spinoza, zihin ve maddenin farklı şeyler olmadığını söylerken aynı şeyi ima ediyordu. Phineas Parkhurst Quimby de, *"Zihin çözülmüş madde, madde ise şekillenmiş Zihin'dir"* derken aynı teoriyi vurguluyordu.

Başka bir deyişle, biz hayatın birliğinden söz ediyoruz. Zihin ve madde birdir; aslında madde diye bir şey yoktur, çünkü her şey bir görünen ve görünmeyen enerjidir; içsel görüntü ve dışsal görüntü bir ve aynıdır. Dışsal olan içsel olanı yansıtır. Dışsal olanın içsel olanın görünen kısmı olduğunu söyleyebiliriz. Hermes, "İçerisi nasılsa dışarısı da öyledir" demiş. Bazıları da, "Beden ruhun görünen bölümüdür" derler. İçsel görüntüyü değiştirdiğimizde, dışsal görüntü de değişmek zorundadır; çünkü artık onun devam etmesi için bir neden yoktur. Onun gücünü elinden almışızdır. Dışsal olan direnemez, çünkü o sadece içsel olanın yansımasıdır. Tıpkı projektördeki slaydın perdedeki görüntüyü belirlemesi gibi, düşünce de hayatımızdaki dışsal sonucu üretir. Dışsal olan, belirleyici nedenin, yani onu üreten düşüncenin gölgesidir. Bunun ne anlama geldiğini anlıyor musunuz? Biz düşüncemizi ve dolayısıyla deneyimimizi değiştirecek güce sahibiz. Düşüncemizi değiştirdiğimizde, hayatın içini doldurması için yeni bir kalıp oluşturmuş oluruz. Bunu deneyim takip edecektir, çünkü deneyim yeni düşünceyi üretmek zorundadır.

BÜYÜK ARMAĞAN KULLANMAMIZ İÇİNDİR

Şairin dediği gibi, biz kaderimizin efendisiyiz. Büyük armağan onu kullanmamız içindir. Kendini-Yönetme yoluyla kullandığımız Güç bize sonradan verilmez; o zaten bizimdir. Eğer bize sadece küçük bir iyiliğin geleceğine inanırsak, o zaman küçük bir iyiliği deneyimlediğimizi görürüz; çünkü biz sadece kendimiz için kabullenebildiğimiz şeyi deneyimleriz. Bu, göle su almaya gitmek gibidir. Suyla doldurmak için yanımıza bir bardak mı, yoksa bir kova mı alacağız? Göl ondan ne kadar su aldığımıza aldırmaz; o bizim için oradadır. Aynı şekilde, eğer bir iyilik bolluğundan dilediğimiz kadar yararlanabileceğimize inanırsak, hayatımızın her alanında bol bol iyilikle karşılaşırız. Artık hayattan şiddetle yakınmayı bırakıp, orada bizim için bulunan sonsuz iyiliklerden yararlanmamızın zamanı gelmiştir.

Sadece iyiliğimizden ayrı olduğumuz inancı arzuladığımız iyiliği bizden uzak tutacaktır. Bir ayrılık imajını zihnimizde barındırdığımız anda, iyiliğimizden ayrılmamıza neden oluruz. Bunun nasıl işlediğini görelim. Eğer başka birinin başarısını kıskanırsak, o zaman kendi zihnimizde bir ayrılık oluşturuyor oluruz; çünkü aslında "O başarılı, ben başarısızım" diyor oluruz. Bu şekilde zihnimize kendimizle ilgili bir başarısızlık imajı yerleştirmiş oluruz. Başka birinin sahip olduklarına gıpta ettiğimizi varsayalım. Yine bir yoksunluk imajı oluşturmuş olmaz mıyız? Bu durumda aslında "O sahip, ama ben sahip değilim" diyor oluruz. Başkasının başarısına içerlediğimizde yoksunluk fikrini vurguluyor oluruz. Bu içerlememizle, kendimiz için, başarılı olmadığımız fikrini oluşturuyor oluruz. Tıpkı gölün doldurmak için bir bardak, kova ya da varil götürmemizi beklemesi gibi, sonsuz arz ve tedarik oradadır. O kendisini bizim kabımıza dökmeye ve istediğimiz her şeyi, alabileceğimizden daha fazla vermeye hazırdır. Kendini bu bolluktan ayırmış olan biziz.

Eski olumsuz düşünce kalıplarını barındırmak, onların meyvelerini hayatımıza getirmeyi sürdürmektir. Artık eski yoksunluk ve başarısızlık düşüncelerinin yerine sonsuz başarı düşüncelerini geçirmenin zamanı gelmiştir.

Şu andan itibaren olumsuzlukla, yetersizlik ve başarısızlık düşünceleriyle işinizin bittiği konusunda anlaşalım. Onun yerine, tanrısal mirasımızı kabul ediyoruz; bizim hiçbir şeyin bize karşı olmadığı, tüm Hayat'ın bizim için olduğu, hiçbir şeyin bizim için imkânsız olmadığı, her şeyin gerçek olabileceği bir Sevgi atmosferinde yaşayan Tanrı'nın çocukları olduğumuzu biliyoruz.

HİÇBİR ŞEY İÇİMİZDEKİ KUSURSUZ DOĞRULUKTAKİ EYLEMİ ENGELLEYEMEZ

İşler ters gidiyormuş gibi görünebilir. Plânlarımız değişebilir, ama içimizdeki Ruh için hiçbir şey ters gitmez; bulunduğumuz her yerde bizimle olan Güç'e hiçbir şey olamaz. Ne oluyormuş gibi göründüğü, insanların görüşlerinin ne olduğu hiç fark yaratmaz; sadece bir Güç vardır ve bu Güç dün, bugün ve sonsuza dek aynıdır. Hiçbir şey içimizdeki Tanrı'nın kusursuz doğruluktaki eylemini engelleyemez. Bu bilişe sahip çıkarsak, koşullar düzelir ve ters gidiyormuş gibi görünen şeylerin aslında kılık değiştirmiş nimetler oldukları ortaya çıkar. İşler ters gider göründüğünde, bu sadece içimizde ve her yerde mevcut olan Güç'e güvenmemiz için bize meydan okunmasıdır.

*Tanrı'ya tüm kalbinizle güvenin; ve kendi anlayışınıza dayanmayın. Tüm yollarınızda O'nu kabul ve tasdik edin; o zaman O size yol gösterecektir.**

Tanrısal Hayat Yasası'na tüm kalbinizle, tüm duygularınızla güvenin. Sonsuz İyilik Yasası'na güvenin ve onun size yol göstereceğini, sizi sürekli iyi deneyimlere ve zaferlere götüreceğini bilin.

KENDİNİ-YÖNETME

Hiçbir şey bana karşı değil. Tüm hayat benim içindir.

Her sorunun -şu anda içimde bulunan- bir çözümü vardır.

Karşılaştığım zorluk her ne olursa olsun, onun içindeki nimeti bulacak ve o durumdan daha iyi ve daha güçlü bir insan olarak çıkacağım.

Hiçbir şey beni yenemez, çünkü hiçbir şeyin içimdeki Güç'ü yenemeyeceğini biliyorum.

İçimdeki Zekâ'ya başvurarak, rotamı daha üretken bir hayata doğru yeniden çiziyorum.

---

*Darbımeseller 3:5,6.

12

ZAMANIN EFENDİSİ OLUN

Geçmiş ve gelecek yoktur,
Daima sonsuz bir Şimdi vardır.
ABRAHAM COWLEY

Siz zamanın esiri misiniz? Sabah uyandığınızdan beri kaç kere saate baktınız? "Kalkma zamanı" dediniz. "Kahvaltı yapma zamanı. Acele etmeli ve işe gitmeliyim; böylece acele edip kahve molasına yetişebilirim ve zamanında geri dönüp bu kez tekrar öğle yemeği için acele edebilirim ve sonra bir sonraki randevum için geri dönmek için acele etmeliyim." Ve bu böyle devam edip gider. Bunu ifade etmek üzücüdür, ama hepimiz bu devirde zamana çok fazla esir olmuş görünüyoruz. Peki, zaman nedir? Zamanla ilgili kuralları kim koyar?

ZAMANIN EFENDİSİ OLABİLİRSİNİZ

Zaman insanın sonsuzluk ölçüsüdür. Zaman hakkında sorgulamadan kabul ettiğimiz her şey insanın kendi düşünüşünün icatlarıdır. Onlar tamamen görecelidir. Bilinçaltı zihin zamanı bizim düşündüğümüz gibi dikkate almaz. Günlerimizi ve gecelerimizi yönetmesine izin verdiğimiz zaman programlarını kendimiz yaparız. Evrensel Bilinçaltı Zihin'de zaman ve uzay yoktur. Kendini-Yönetme'yi zamanla ilgili olarak nasıl kullanacağımızı anlamak için, bilinçaltı zihnin hiçbir zaman-uzay ilişkisinin ve farklılıklarının bulunmadığı Mutlak alanda çalışabildiğini anlamalıyız. Zamanı anlayabilmek için, zamanın uzaya bağlı olduğunu anlamalıyız. Uzay ölçüdür. Uzay vasıtasıyla zamanı ölçebiliyoruz; zaman bir nesnenin uzayda bir noktadan başka bir noktaya ulaşmasının aldığı süredir. Zaman süresi olarak düşündüğümüz budur. Zaman ve uzay kavramları birbiri için gereklidir, her biri diğerinin göreceli değerine bağlıdır. Zamanla ilgili gerçeği anladığımızda, zamanın efendileri olabileceğimizi görürüz.

BİLİNÇLİ ZİHİN ZAMANI NASIL KULLANIR?

Bilinçli zihin daima insan yargısına göre muhakeme eder ve kıyaslar. Bilinçli zihin, göreceli düzeyde çalışarak, her şeyi geçmiş deneyime göre ilişkilendirir. Biz sürekli olarak hayatın bir bölümünü diğeriyle ilişkilendirir, beş duyumuza göre kıyaslama yaparız. Zaman programlarını hazırlarken onların uzay (yer) ilişkilerini düşünürüz. Bu ilişkileri arzularımıza uydurmaya çalışırız. Daima çevremizdeki hayatı itip kakar, bir şeyleri belirli kalıplara uydurmaya, bir şeyleri kendi zaman -ve yer- programımıza göre oldurmaya çalışırız. Kendimizi geçmiş deneyimimizle sınırlarız. Kıtamızda posta arabasıyla yolculuk eden bir insan jet çağını hayal edemezdi. "Seksen günde devriâlem" (dünyanın çevresini seksen günde dolaşmak) bir zamanlar büyük bir başarıydı; ama uzay çağı düşünüşümüzü nasıl değiştirdi? Bugün astronotlar birkaç saatte dünyanın çevresinde bir tur atabiliyorlar. Evet, zaman insanın -kendi deneyimine göre- bir yerden başka bir yere gidişinin veya bir deneyimden başka bir deneyime geçişinin ne kadar sürdüğüyle ilgili sonsuzluk ölçüsü ve kavramıdır.

BİLİNÇALTI ZİHİN ZAMANI NASIL KULLANIR?

Bilinçaltı zihin, zamanın, bilinçli zihnin farkında olduğu

gibi farkında değildir. Bilinçaltı zihin, bilinçli zihnin emrini tam olarak ve kayıtsız şartsız yerine getirir. O, bizi sabah tam uyanmak istediğimiz saatte uyandıracak olan gönüllü hizmetkârdır. Saate bakmadığı için, bir çalar saatten çok daha kesindir. Eğer kendi kendimize iyi uyuyamadığımızı ve her gece saat üçte "her nedense" uyandığımızı söylersek, o harika, itaatkâr bilinçaltı zihin bunu yapmayı sürdürmemizi sağlayacak, her gece saat tam üçte bizi sarsarak uyandıracaktır. "Bilinçaltı zihin mizah duygusundan yoksundur" denir ve sözünü ettiğim uyku deneyimini yaşayanlar bunun doğru olduğunu bilirler. Bilinçli olarak kabul ettiğimiz her şey o gönüllü hizmetkâr, bilinçaltı zihin tarafından yerine getirilecektir. Zaman söz konusu olduğunda, Kendini-Yönetme hayatımızda çok önemli bir rol oynar. Sonuçta, bilinçaltı zihnin tamamen bilinçli emirlerimize göre davrandığını görürüz.

HİPNOTİZMA ZAMAN KONUSUNDA BİZE NE ÖĞRETİR?

Virginia Üniversitesi psikoloji bölümü bu konuda bazı ilginç deneyler yapmıştır. Bu deneylerden birinde, bir kız öğrenci hipnotize edildi ve ona sekizinci sınıfta okuduğu okula geri dönmesi, her bir sınıfa girip çevresine bakması söylendi. Binada yirmi sınıf vardı. Genç kızın tüm koridor boyunca yürümesi ve her sınıfa girmesi gerekiyordu. Bunu yapmak için yarım saati vardı. Yarım saatin sonunda ondan neler gördüğüyle ilgili tam bir rapor vermesi istenecekti. Dahası, onun bu yarım saatlik sürenin kullanımını -her dakika başında tıklayan bir metronomun yardımıyla- kendi zihninde ayarlaması gerekiyordu.

Hipnoz altındaki kız söyleneni zihnen yaptı. İstenilen her şeyi yapıp deneyi plânlandığı gibi tamamladı -küçük bir şey hariç. Metronom dakikada bir değil, saniyede bir tıklıyordu. Başka bir deyişle, metronom sadece otuz saniye boyunca tıklamıştı.

Otuz saniyenin sonunda metronom durduruldu ve psikoloji profesörü genç kızı hipnozdan çıkardı. Sonra ona ne hatırladığı soruldu. Genç kız sınıfların her birinde neler gördüğünü tüm ayrıntılarıyla açıkladı. Tüm sürecin otuz dakika değil de, sadece otuz saniye aldığını öğrenince çok şaşırdı. Bilinçaltı zihin kendini hemen verilen talimatlara göre ayarlamıştı.

Siz bir gölün kıyısından bindiğiniz bir kayıkla kürek çekerek karşı kıyıya bir günde de ulaşabilirsiniz, bir saatte de. Ne kadar zaman ayırırsanız, bilinçaltı zihin bunu o kadar zamanda yerine getirecektir. Yapmak istediğiniz şeyi önce bilinçli olarak kabul etmelisiniz, o zaman bilinçaltı onu yerine getirecektir. Kendi deneyimimde bunun birçok örneğini yaşadım. Bir yığının içinde bir makaleyi bulmanın günler alacağını söylersem, öyle olur; ama eğer onu bir saatten kısa bir sürede bulabileceğimi söylersem, şu ya da bu şekilde, makaleyi aramak için boşa zaman harcamadan, doğru yere yönlendirilirim. Eğer bugün yazı yazacak fazla zamanımın olmayacağını söylersem, büyük olasılıkla öğlene kadar çalışmaya başlayamam; bilinçaltı zihin peş peşe ertelemelere neden olarak benim çalışmaya başlamamı geciktirecektir. Böyle zamanlarda, daktilomun başına otururken saatin on iki olduğunu görür ve tüm sabahı nerede harcadığımı kendime sorarım.

Öte yandan, eğer bilinçaltı zihnime belirli bir işin belirli bir zamanda bitirilmesi için talimat verirsem, Zihnin görünmeyen dünyası sayesinde bu işin başarılacağına güvenirsem, adeta kanatlanmışım gibi, o işi çabasız bir biçimde başarırım. Bu bazen öyle ucu ucuna gerçekleşir ki tamamlanmış işi gördüğümde çok şaşırırım. Bu bir mucize gibi görünür.

BAŞKA BİR DENEY

Virginia Üniversitesi'nde başka bir deney, sınıftaki eski

bir pamuk çiftçisiyle yapıldı. Adam hipnotize edildi ve ona çiftliğine geri döndüğü ve tüm tarlayı dolaşıp pamuk kozalarını saymak için bir saati olduğu söylendi. Ona bu işi bir saatte yapıp yapamayacağı sorulduğunda, "Sanırım yapabilirim, ben oldukça hızlıyımdır" dedi. Ona, metronomun dakikada bir, yani bir saatte altmış kere tıklayacağı söylendi. Adam ilk deneyde bulunmadığı için, ilk öğrenciye oynanan oyunu bilmiyordu.

Yine metronom hızlandırıldı ve saniyede bir tıklamaya başladı. Denek, zihinsel olarak, pamuk tarlasında dolaşarak kozaları saydı. Altmış saniyenin sonunda metronom durduruldu ve denek hipnozdan çıkarıldı. O, bir saattir çalıştığını düşünerek, onlara her şeyi anlattı. Gerçekten de bütün tarlayı dolaşarak kozaların hepsini saymıştı.

Bu deneylere bakarak, bilinçaltı zihnin zamanı yargılamadığını görebiliriz. O, emirleri uygular. Ona metronomun dakikada bir tıklayacağı söylendiğinde, bunu kabul etmiş ve bütün tarlayı dolaşıp kozaları sayma emrini almıştı. Ve adam bunu zihninde yapmıştı. Gördüğünüz gibi, Zihin'de zaman ve yer sınırlaması yoktur.

Kendinizi New York'ta, 42. Cadde ile Broadway'in kesiştiği köşede dikilirken hayal edebilirsiniz. Zihnen, orada durduğunuzu, yukarıya gökdelenlere baktığınızı, aşağıya Broadway'e baktığınızı; ufuk çizgisini, kalabalığı ve trafiği hayal edebilirsiniz. Birden, düşünüşünüzü değiştirebilir ve Büyük Kanyon'un güney kenarında olabilirsiniz. Buradan oraya gidebilirsiniz ve Zihin'de zaman ve yer olmadığından Zihni kullanımınızda tam bir özgürlüğe sahipsinizdir.

RÜYALARIMIZ BİZE BU ZAMAN KAVRAMIYLA İLGİLİ NE ÖĞRETİR?

Siz hiç sabah uyanmadan hemen önce uzun ve kapsamlı

bir rüya gördünüz mü? Bu rüyada bir sürü serüven yaşar, bir kentten diğerine gider, geçmişten bir sürü insanla karşılaşır, bir sürü zorlukla ve karışık durumla mücadele eder, ama sonra uyanır ve tüm bunları üç dakika önce saatinizin alarmı çaldığından beri görmüş olduğunuzu anlarsınız. Rüya o kadar gerçek gibi görünmüştür ki onu tüm gün boyunca hatırlarsınız. Onu ailenize anlatmayı düşünürsünüz, ama onu anlatmak çok uzun zaman alacaktır ve bilinçli halinizde o rüyayı tekrarlayacak zamanınız yoktur.

Tüm bunlar Zihnin bilinçaltı kullanımında zaman ve yer sınırlaması olmadığını kanıtlıyor. O bizim emrimizi, verdiğimiz şekilde yerine getirir.

SONSUZ ŞİMDİ

Bilinçaltı zihin geçmiş veya gelecek diye bir şey bilmez. O daima şimdiki zamanda çalışır. Sonsuz Şimdi'de çalışır.

> *Olmuş olan şimdidir; ve olacak olan zaten olmuştur;*
> *ve Tanrı geçmişi gerekli görmüştür.*
>
> Ecclesiastes 3:15

Öznel zihin de denen bilinçaltı zihin tamamen bilinçli zihne tabidir. Gerçekte hepsi tek bir zihindir; bu, Evrensel Zihin havuzunun bireysel kullanımıdır. Normalde, bizim bilinçaltı zihni kullanımımız bilinçli zihni kullanımımıza tabidir.

Hipnotize edilmenize izin verirseniz, bilinçaltı zihni kullanımınız geçici olarak başka birinin bilinçli düşünüşüne tabi olacaktır. Hipnotizma sözcüğü Yunanca "uyku" anlamına gelen "hypnos" sözcüğünden alınmıştır. Yunan mitolojisinde Tanrı Hypnos uyku tanrısı olarak kabul edilirdi. Hipnoz, hipnotizmacı tarafından yaratılan yapay bir uyku halidir. Hipnotik uyku görünüşte normal uykuya benzer, ama farklı türde bir uykudur. Hipnotik testlerle zihnin ikili yapısını görebildik.

Bilinçli zihniniz, bilinen deneyimden ve inanmak istediği çeşitli fikirlerden seçerek tümevarımsal yolla muhakeme eder. Öte yandan, bilinçaltı zihin sadece tümdengelimli muhakemeyi bilir. Eğer ona bir şeyi gelecekte bir gün başarmak istediğinizi söylerseniz, o, arzunuzun gerçekleşmesini hep gelecek bir zamana erteler. Kendini-Yönetme, yani içsel Benliğe verdiğimiz emir, daima şimdide verilmelidir. Sonuç ya da emrimizin yerine gelmesi gelecekte bir tarihte gerçekleşmiş gibi görünebilir, çünkü sonucun göreceli zaman ve yer dünyasında tezahür etmesi gerekir. Emrimizin tam olarak yerine getirilmesi için o emri şimdide vermeli ve o şimdi kabul edilmelidir.

İSA BUNU ANLAMIŞTI

İsa'nın Kendini-Yönetme alanında çok başarılı olmasının nedenlerinden birinin bu olduğuna inanıyorum. O, hayata verdiği emirleri sadece şimdiki zamanla vermekle kalmaz, ama öyle bir otoriteyle söylerdi ki, sonuç hemen gerçekleşirdi.

İsa bir emir verdiğinde o hemen gerçekleşirdi, çünkü o ne Zihnin, düşüncenin kullanımına bir sınır koyardı, ne de bir bekleme döneminin olması gerektiğini hissederdi. Kolu kıvrık bir adama "Kolunu hemen uzat" dedi. Emir *şimdi* idi. "Kolun zamanla iyileşecektir; belki zamanla tamamen iyileşeceksin" demedi. Adamın bütünlüğünü, kusursuz bir bedene sahip olduğunu o anda kabul etti.

Doğuştan kör olan adamı hatırlıyor musunuz? Görmeye başladığında, "Tek şey biliyorum, kördüm, *şimdi* görüyorum" dedi. Hiçbir zaman aralığı yoktu, çünkü emir *şimdi* idi. İyileşme hemen gerçekleşti, çünkü İsa tüm hayatın o anda ifade edildiğini biliyordu.

Bilinçaltı zihne emir verirken, onun zamanın ve yerin farkında olmadığını hatırlayalım. Onu koşullandıran biziz. *Hasat mevsimine daha dört ay var* diyen biziz. Hatırlayın, İsa, *tarlalar hasada hazır* dedi. "Bir gün o yolculuğa çıkacağım" diyen ve sonra bu arzumuzun gerçekleşmesinin neden bu kadar uzun sürdüğünü merak eden biziz. Sonra bir gün, kolay bir şekilde, emri şimdi'de veririz. Kendimizi o yolculuğa çıkmış olarak hayal ederiz. Zihnimizde kapıdan çıkıp o *vaat edilmiş topraklara* doğru yürürüz; zihnen giysilerimizi seçer, bavulumuzu hazırlar ve yolculuğu hangi vasıtayla yapacağımızı seçeriz. Ve sonra, daha ne olduğunu anlamadan, kendimizi gerçekten o yolculukta buluruz. Gelecek zamanla verdiğimiz emirler hep erişemediğimiz bir yerde çekici bir biçimde sallanıp dururlar. Gönüllü hizmetkâr bilinçaltı zihin böyle istediğimizi düşünür. O sadece bizim talimatımızı yerine getirmeyi bilir. Eğer biz iyileşmenin, başarılı olmanın, hayat arkadaşımızı bulmanın, istenen yolculuğa çıkmanın uzun bir zaman alacağını düşünürsek o gerçekten uzun zaman alır. Çözüm, Kendini-Yönetme'dir; ama hatırlayın, bilinçaltı zihin zamana ve yere bağlı değildir. Mucizeler zamanı *şimdidir!*

KENDİNİ-YÖNETME

Şimdi kendimi zamanın esaretinden kurtarıyorum. İlk önce yapılması gerekeni ilk önce yaparak zamana hâkim oluyorum. Bilinçaltı zihni eldeki işi kolaylıkla ve kesinlikle yapmaya yönlendiriyorum. Sonsuz Olan'ın benim vasıtamla düzenli bir biçimde yaşamasına izin vererek tüm düzensizliği ve dengesizliği hayatımdan atıyorum. Ben ne geçmiş ne de gelecek tarafından sınırlandırılıyorum. Ben şimdi, şu anda yaşıyorum.

13

İYİ BİR BELLEĞE GÖTÜREN DÖRT BASAMAK

Ve ruhu kaplayan sular çekildiğinde,
Bir bilinç kaldı ondan geriye;
Belleğin sessiz kıyısında depolanan,
Hiç ölmeyecek ve yok edilemeyecek
Görüntüler ve değerli düşünceler.
WİLLİAM WORDSWORTH

Fuller Warren'ı asla unutmayacağım. O, uzun yıllar önce beni gerçekten etkilemişti. Gainesville'deki Florida Üniversitesi' ne henüz varmıştım. Üniversitedeki ilk günüm hayatımdaki büyük bir andı. Üniversitenin ağaçlı yolunda iki arkadaşla birlikte konuşarak yürürken, karşıdan gelmekte olan genç bir adam bana yaklaştı ve "Merhaba, Jack Addington, Jacksonville'de işler nasıl gidiyor?" dedi.

"İyi, iyi" diye karşılık verdim, karşımdakinin kim olduğunu merak ederek.

"Ben Fuller Warren" diye hemen merakımı giderdi. "Ben batı Floridalı'yım. Florida Üniversitesi'ne hoş geldin. Dee, Rogers ve Jim adlarında üç erkek kardeşin var, değil mi?"

"Evet."

"Baban inşaatçı." Onu dinlerken ağzım açık kalmıştı.

Bu adam benimle ilgili tüm bu bilgiyi nereden biliyordu? Üniversiteye yeni başlayan ve tanınmayan bir öğrenciyle ilgili tüm bu ayrıntıyı nasıl hatırlıyordu? Beni tanımak için özel bir çaba göstermişti. Aslında, orada bulunduğu süre içinde Florida Üniversitesi'ne giden her öğrenciyi tanımak için özel bir çaba göstermişti. O, kampüsteki herkesi tanıyordu.

Bugün, Jacksonville'deki St.Johns Nehri üzerinde Fuller Warren Köprüsü denen bir köprü var. Fuller Warren, Florida Eyaleti'nin valisi oldu; aynı kişinin ikinci kez vali seçilemeyeceği kuralı olmasaydı uzun yıllar bu görevi sürdürebilirdi. O harika bir belleğe sahipti ve ben bunun onun başarısında büyük bir rol oynadığını düşünüyorum.

Fuller Warren, üniversiteye gelen herkesin ismini dikkatle alır, onlar hakkında öğrenebileceği her şeyi öğrenir, sonra da onlarla tanışmanın bir yolunu bulurdu. Belleği öyle güçlüydü ki sizinle tanıştığında neye benzediğinizi ve hakkınızda birçok şeyi bilirdi.

O gün yanımdaki iki gençten biri olan Dick Drysdale üniversiteye gelmeden önce Jacksonville *Times-Union*'da muhabirlik yapıyordu. Dick, üç yıl önce eyalet lise atletizm karşılaşmasına katılmak için Florida Üniversitesi'ne geldiğinde Fuller Warren'la tanışmıştı. O sırada Fuller, Blountstown'daki liseye devam ediyordu. Üç yıl sonra, her ikisi de aynı trenle Atlanta'daki bir futbol maçına giderken, Fuller vagonun kapısında duran Dick'i görünce, "Merhaba, Dick, seni görmeyeli üç yıl oldu" demişti. Oysa Dick onu tanımamıştı. Bunun üzerine Fuller kendini tanıtmış ve "Seninle eyalet atletizm karşılaşmasında tanışmıştık" diye açıklamıştı.

Onun için her şeyin bir kategorisi vardı. Her şeyin onun belleğinde bir yeri vardı. Hiç kimseyi ya da durumu hatırlamaya değmeyecek kadar önemsiz görmezdi.

Siz de Fuller Warren'ınki kadar iyi bir belleğe sahip olmak ister miydiniz? Bu gerçekten mümkündür. O da sizinle aynı zihinsel bilgisayara sahiptir, sadece onu daha iyi kullanmaktadır. *Eğer aynı sistemi kullanırsanız,* onun yapabildiği her şeyi siz de yapabilirsiniz.

İYİ BİR BELLEĞE GÖTÜREN DÖRT BASAMAK

1. Durun - Bakın - Dinleyin

Biz hatırlamak istediğimiz şeyi hatırlarız. İyi bir belleğe sahip olmakla tanınan kişi biriyle tanıştırıldığında durup o kişinin ismini dikkatle dinler. O, dinler ve sonra o ismin doğru yazılışını hayalinde canlandırır, hatta belleğine yerleşmesi için o ismi bir kâğıda yazar. Zayıf bir belleğin sorumlusu genellikle özensiz bir yaklaşımdır.

2. Öğrenme Süreci, Fikirlerin İlişkilendirilmesine Bağlıdır

Bir şeyi ezberlemenin en iyi yolu bir fikri sırayla başka bir fikirle ilişkilendirmektir. Tüm bellek uzmanları bu sistemi kullanırlar.

3. Sizin İçin Çalışmasını İstiyorsanız Belleğinize Güvenin

Doğru biçimde hatırlama yeteneği bilinçaltı zihne güvenmeyi gerektirir. Belleğinize güvenin, o kendisine güvendiğiniz ölçüde size karşılık verecektir. *Kendiniz hakkında inandığınız ve güvenle beklediğiniz şeyi mutlaka deneyimlersiniz.* Bu yasadır.

4. Kendini-Yönetme Kesin Sonuçlar Getiren Kesin Bir Eylemdir

Belleğiniz sadece ona verdiğiniz direktif kadar iyidir. Ona yaklaşımınızda yarım yamalak hiçbir şey olmamalı. Bilinçaltı zihninizi yönlendirirken spesifik olmalısınız; kesin sonuçlar istiyorsanız kesin direktifler vermelisiniz.

DİKKATİNİZİ VERİN - NET BİR İZLENİM EDİNİN

Belleğimiz önemli gördüğümüz şeyleri kaydeder. İsimleri hatırlamak sizin için önemli mi? Eğer öyleyse, biri size tanıştırıldığında durun ve dinleyin. O kişinin isminin doğru yazılışını zihninizde canlandırın, hatta o ismi bir kâğıda yazın, böylece başka bir duyu algısının ek avantajına sahip olursunuz.

Şimdi gözlerinizi sürece sokarsınız. İyi bir bellek için bir kalem ve not defteri oldukça gereklidir.

Sizin iyi, hatta mükemmel bir belleğiniz var. İnsanlar zayıf bir bellekleri olduğunu söylediklerinde, hatırlama yetenekleriyle ilgili sorun yaşadıklarını kastederler. Bu, hatırlamak istedikleri şeyi zihinlerine net biçimde yerleştirmemiş olmalarından kaynaklanır. Zamanında, o şeyi zihinlerine kaydedecek kadar önemli bulmamışlardır.

Kendimize karşı dürüst olalım. Kaç kez birisiyle tanıştırıldığımızda, o ismi hatırlayıp hatırlamamayı umursamadığımızdan ya da nasıl olsa hatırlamayacağımızı düşündüğümüzden o ismi dikkatle dinlememişizdir.

İyi bir belleğe sahip olmak, istediğiniz şeyi hatırlamak istiyorsanız, işe keskin bir izlenim yaratarak başlayın. Belleğiniz sürekli çalışan bir kayıt aleti gibidir, ama o teyp bandı üzerinde keskin bir izlenim bırakmanız gerekir. Sesi açmalı ve uygun şekilde ayarlamalısınız, yoksa orijinal izleniminizden daha iyi odaklanmış olmayan bir "playback"e sahip olursunuz.

Birisinin ismini hatırlamak istiyorsanız, o ismi defterinize yazın. Nasıl yazıldığını bilmiyorsanız, o kişiye sorun. Eğer o ismi iyi dinler ve belleğinize kaydederseniz, ona ihtiyaç duyduğunuzda orada olacağından emin olabilirsiniz.

Dinleyecek ve bilinçli olarak belleğinize kaydedecek kadar önemli bulduğunuz şeyleri daima hatırlarsınız. Özensiz ve dikkatsiz bir yaklaşım çoğunlukla zayıf bir belleğin sorumlusudur. İlgilendiğiniz ölçüde hatırlarsınız. İçinizdeki kayıt aleti bir şeyi ona verdiğiniz öneme göre kaydeder. Ne olup bittiğiyle ilgilenmiyorsanız, o dönemi pek hatırlamazsınız. Eğer ilgileniyorsanız kayıt aleti daha derin bir baskı yapar ve siz daha iyi hatırlayabilirsiniz. Bu yüzden, *durun-bakın-dinleyin;* yani daha sonra hatırlamak istediğiniz şeyi zihninize doğru ve net bir biçimde kaydedin.

TÜM BELLEK UZMANLARI BU SİSTEMİ KULLANIRLAR

Bellek kursları veren uzmanlar vardır. Bir bellek uzmanı size, içinde daha önce karşılaşmadığınız kırk-elli kişinin bulunduğu bir salona girip, oradan çıkmadan önce hepsinin ismini nasıl öğrenip güvenle söyleyebileceğinizi öğretebilir.

Bu kursta size elli-altmış nesne sırayla verilip onları hatırlamanız istenebilir ve onları sırayla hatırlayabilmenize şaşırabilirsiniz. İşin sırrı nesneleri birbiriyle ilişkilendirmektir. *Bir şeyi ezberlemenin en iyi yolu bir fikri sırasıyla diğer fikirle ilişkilendirmektir. Tüm bellek uzmanları bu sistemi kullanırlar.* Siz de kendinize aynı işlemi öğretebilirsiniz.

Sahneye çıkmak isteyen birçok insan vardır, ama onlar sözlerini ezberleyemeyeceklerini düşünürler. Eğer gerekeni yaparsa herkes sözlerini ezberleyebilir. Bu bir düşünce, duygu ve zihinsel görüntüler dizisi oluşturma meselesidir. Nesneleri hatırlamakta kullanılan klasik örnek şöyledir:

Hatırlanacak şeyler şunlardır: Top, masa, kedi, duvar, fare, delik, masa örtüsü, sürahi, su, halı. Bu sıra, eğer her bir nesne diğeriyle ilişkilendirilirse, kolayca hatırlanabilir. Topun masanın üstünden yere yuvarlandığını gözünüzde canlandırın; sonra kedi topu duvara kadar kovalar; o sırada delikten çıkan bir fare görür; fareyi masaya doğru kovalar ve kovalamaca masa örtüsünün üstünde devam eder; ikisi su dolu sürahiyi devirir; su aşağı dökülür ve halıda bir leke bırakır.

BİR İLİŞKİLENDİRME OYUNU OYNAMAYI DENEYİN

Bellek dersleri veren herkes zayıf bir bellek diye bir şeyin olmadığını kabul eder. Onlar, *unutmak* denen şeyin aslında ilk başta *öğrenmemek* olduğunu söylerler. Bellek bir kas gibidir. Zayıf bir kas idmanla geliştirilmemiş olan bir kastır. Zayıf bellek denilen şey, sadece yeterince çalıştırılmamış ya da eğitilmemiş olan bellektir.

İlişkilendirmenin belleğin temeli olduğu görülmüştür. Aslında, onsuz bellek var olamaz. Hatırladığınız her şey -bir isim, bir yüz, bir kitapta bir satır- sizin tarafınızdan yapılan ilişkilendirmenin sonucudur. Hatırlayamadığınız isimler, yüzler, alıntılar sizin için zihninizde ilişkilendirmeler oluşturmanın kolay olmadığı şeylerdir.

Eğer iyi bir belleğe sahip olmak istiyorsanız, zihninizde bilinçli olarak ilişkilendirmeler oluşturmayı alışkanlık haline getirmelisiniz. Eğer zihninize aynı anda iki ya da daha fazla isim veya fikir yerleştirecek olsanız, onları hatırlamanın çok daha kolay olduğunu göreceksiniz. Bilinçaltı zihninize direktifi aynı zamanda vererek, bir şeyi başka bir şeyle ilişkilendirin.

Örneğin, Mary Fleetwood iri kahverengi gözlere ve uzun sarı saçlara sahiptir. Kocası Frank Fleetwood uzun boyludur ve bir atlete benzer, o hızlı koşan biridir. Ben onları kahverengi gözlü Mary ve hızlı koşan Frank olarak hatırlayacağım. (*Hızlı-orman* anlamına gelen soyadlarını belleğime kaydetmek için) onları ormanda koşarken hayal ediyorum. Bunu yapmak bir an alır, zihninizde anlık bir görüntü oluşur. Ama isimleri yüksek sesle tekrarlamayı ve onları zihninizde o insanların görüntüleriyle birlikte resmetmeyi unutmayın.

Hatırlamak istediğiniz şeyi ilk başta doğru anladığınızdan emin olun. Hatırlayın, pratik kusursuzlaştırmaz, o sadece bir alışkanlık oluşturur. Eğer ilk başta ismi yanlış alırsanız, onu hatırlamaya çalıştığınız her seferinde hata yaparsınız. İsmi doğru anlayın, zihninize yerleştirin, zihninizde onu bir fikir ya da fikir dizisiyle ilişkilendirin, bilinçaltı zihninize bu ismi kolayca hatırlamak istediğinizi söyleyin. O zaman mutlaka hatırlarsınız. Bunu deneyin, eğlencelidir!

BELLEK DUYGULARI DA KAYDEDER

Ezberlemenin imkânsız olduğunu iddia eden insanlar, büyük olasılıkla, çocukken okulda ezberden okumaktan korkarlardı. Belleği okulda ezberden okumanın mahcubiyetiyle ilişkilendirmedikçe ya da bu konuda başka bir engele sahip olmadıkça, herkes ezberleyebilir.

Bir aktör için, ezberlemek, sadece sözleri öğrenmekten çok daha fazla bir şeydir; o, sözcüklerin duygularla ilişkilendirilmesidir. Aktör sadece sözcükleri hatırlamaz, duygusal karşılık üzerinde çalışır, oynadığı karakterin duygu-durumuna, ruhuna girmeye çalışır. Aktör için, söyleyeceği sözleri öğrenmek işin en önemli kısmı değildir, o sözleri duyguyla ifade etmelidir. Bellek hem sözcüklerin hem de duyguların ambarıdır.

Zayıf bir belleğiniz olduğunu, sizin için bir şeyi hatırlamanın imkânsız olduğunu düşünebilirsiniz, ama aslında başınıza gelen her şeyi hatırlarsınız. Bazen, eski duygular -düşmanlık, zıtlık, üzüntü, pişmanlık duyguları- yıllar sonra ortaya çıkarak sorun yaratırlar. Bir şey bize uzun zaman önce belleğimize gömülmüş olan bir olayı hatırlatır ve birden kendimizi karamsar, endişeli ve rahatsız hissederiz. Hatırlayamayacağınızı mı düşünüyordunuz? Hayatınızda vuku bulmuş olan her şey, dikkatle korunarak, bir şeyin onu ortaya çıkarmasını bekler.

Geçmişi belleğimizden silmek imkânsızdır, ama onunla barışabiliriz. Kendini-Yönetme burada devreye girer. Bilinçaltı zihne hatırlamak istediğimiz bir şeyi hatırlaması için direktif verdiğimiz gibi, eski bir düşmanlığı ortadan kaldırması için de direktif verebiliriz. O geçmiş anı belleğimizde yeniden canlandırabilir ve onunla barışabiliriz; acıyı bağışlayabilir ve etkisizleştirebiliriz; o mutsuz anıyı farklı duygularla kuşatabilir, onun bize acı verme gücünü ebediyen yok edebiliriz. Bu tümüyle bir ilişkilendirme meselesidir; görüntüleri, duyguları, ruh hallerini ve tepkileri bellekteki olgularla birleştirme meselesidir. Emirleri biz verdiğimiz için çok şanslıyız. Duruma eşlik etmesini istediğiniz duyguları ve tepkileri dikte ederek, daha sonra hatırlamak isteyeceğiniz şeyleri zihninize yerleştirmeyi öğrenin.

BİLİNÇALTI ZİHNİNİZE GÜVENİN

Onun sizin için çalışmasını istiyorsanız, bilinçaltı zihnin faaliyetine güvenmelisiniz. Doğru biçimde hatırlayabilmeniz belleğinize duyduğunuz güvene bağlıdır.

Eğer bilinçaltı zihninize sabah altıda uyanmak istediğinizi söylerseniz, eğer *belleğinizin bunu yapacağına inanıyor ve güveniyorsanız,* ertesi sabah saat tam altıda uyanırsınız. Bellek bir bilgisayar gibidir, ama bilgisayar gibi, ona da direktif vermek gerekir. Şehirlerarası bir telefon görüşmesi yapmanızın sizin için çok önemli olduğunu varsayın. Ülkenin değişik bölgelerindeki zaman farklılıkları yüzünden bu görüşmenin akşam tam sekizde yapılması gerekiyor. Bunu yapmayı nasıl hatırlayacaksınız?

Geçen gün böyle bir deneyim yaşadım. Sabah, o akşam yapmam gereken telefon görüşmesini düşündüm ve bir kâğıda "Bu akşam sekizde Dorothy'yi arayacağım" diye yazdım. Kâğıdı cebime koydum ve sonra konuyu tamamen unuttum. Yoksa unutmadım mı? Gün boyunca bu konuyu hiç düşünmedim, ama akşam yemeğimi bitirirken "Dorothy'yi arama" düşüncesi zihnimde aniden belirdi. Saatime baktım. Saat tam sekizdi. Masadan kalktım ve telefon ettim. Düşünceyi zihinsel bilgisayarıma koymuştum ve o da işi tamamlamıştı. Ben, "Hatırlayabilir miyim?" veya "Belleğime güvenebilir miyim?" diye düşünmemiştim hiç. O direktifi verdiğimde, onun yerine getirileceğini biliyordum. Hatırlamak, hatırlayabilecek olanın içimizde olduğuna inanmaktır.

YAŞIN BUNUNLA HİÇBİR İLGİSİ YOKTUR

İnsanların "Belleğim eskisi kadar güçlü değil" dedikleri-ni duyarız. Birçok kişi yaşlandıkça belleğini yitirdiğine inanır. Aslında bellek yaşa bağlı değildir. Yaşlılık bellek kaybına neden olmaz. Herkes iyi bir bellek geliştirebilir. Bellek bir nesne değil, bir faaliyettir. O sizin olmasını istediğiniz kadar faal olacaktır. Dokuz ya da doksan yaşında olmanız hiçbir fark yaratmaz. Hayır, yeteneğinizi yitirmiyorsunuz. Sadece, hatırlama yerine, unutma uygulaması yapıyordunuz. Bilinçaltı zihninize hatırlama direktifini vermeye ve *iyi sonuçlar beklemeye* başlayın. Belleğinize güvenmeye başlayın.

SERBEST BIRAKIN, GELECEKTİR

Eğer bir ismi ya da fikri hemen hatırlayamazsanız moraliniz bozulmasın. Belleğinizi suçlamayın. Ona güvenin. Bilgi açıktır. "Ben bunu hatırlamak istiyorum" diye direktif verin ve onu hatırlamayı güvenle bekleyin. Ondan zihinsel olarak uzaklaşın. Onu bırakın. Hatırlamaya çalışmayı bırakın. Hafif yaklaşım burada önemlidir. O an için başka bir şeyle ilgilenin. Hatırlamak istediğiniz şeyin zihninizde aniden belirmesi fazla zaman almaz. Bu yöntemin işe yaraması belleğinize duyduğunuz güvenin derecesine bağlıdır.

Düşünür, düşünürsünüz
Ama hiçbir işe yaramaz.
Düşünmediğinizi düşündüğünüz zaman
Bir düşünce aniden belirir. (Ginny Lenz)

KENDİNİ-YÖNETME KESİN SONUÇLAR GETİREN KESİN BİR EYLEMDİR

Eğer zihnin duyduğumuz, söylediğimiz ve düşündüğümüz her şeyi kaydetme konusunda ne kadar titiz olduğunu anlarsak, ihtiyaç duyduğumuz bilgiyi istediğimiz zaman hatırlama yeteneğimize daha fazla güveniriz.

Psişik Fenomenler Yasası adlı kitapta, Dr. Thomson J. Hudson, Londra'da kafasına bir darbe yiyip bilincini yitiren bir adamdan söz eder. Adam sokakta baygın yatarken bulunur, hastaneye kaldırılır. Hâlâ bilinçsiz haldeyken, Kutsal Kitap'ın (Yeşaya Peygamber'in kehanetlerini içeren) Yeşaya Kitabı'ndan bir bölümü kelimesi kelimesine tekrarlamaya başlar. Bu, hastanenin başhekiminin ilgisini çeker ve o sekreterini çağırıp adamın söylediği her şeyi kaydetmesini ister. Hasta kendine geldiğinde, başhekim ondan daha önce söylediklerini tekrarlamasını ister. Adam onun neden söz ettiğini anlamaz. Durum araştırılınca, adamın sefalet içinde yaşadığı ve bir hafta önce bedava yemek verilen bir misyona gittiği öğrenilir. Bu misyonda, yemek verilmeden önce Kutsal Kitap'tan bir bölüm okumak adettir. Bu adam o kadar açtır ki zihninde başka hiçbir şey yoktur ve söylenenleri, farkında olmadan, tümüyle kaydetmiştir. Bilinçli zihin geçici olarak yoldan çekildiğinde ise adamın içindeki *kayıt aleti* kaydetmiş olduğu şeyi geri yayınlamıştır.

Dr. Hudson tarafından anlatılan başka bir öykü bir kaza geçiren yirmi yaşlarında bir kızla ilgilidir. O da bilinçsiz olarak hastaneye getirilir ve yabancı bir dilde konuşmaya başlar. Bu durum hastane yöneticisinin ilgisini çeker ve o genç kızın söylediği her şeyi bir görevliye kaydettirir. Sonra kızın İtalyanca konuştuğu anlaşılır; ama kız kendine geldiğinde İtalyanca tek bir kelime bile bilmediğini söyler. İlk başta, birçok kişi bunun tekrardoğuşun bir kanıtı olduğunu, genç kızın İtalyanca'yı geçmiş bir yaşamından hatırladığını düşünür. Konu daha derinlemesine araştırıldığında, genç kızın sekiz yaşındayken bir yıl süreyle İtalyan bir dadısı olduğu, kadının normalde İngilizce konuştuğu, ama yalnız kaldığında İtalyanca gazete ve kitapları yüksek sesle okuduğu ortaya çıkar. Böyle zamanlarda küçük kızın oturup dadısını dinlemiş olduğu anlaşılır. Onun, dadının ne söylediğini anlamadığı, ama bu yabancı dilin onu etkilediği ve merakını uyandırdığı anlaşılır. Onun zihnindeki *kaydedici* her şeyi kaydetmiş ve yıllar sonra hatırlayıp ifade etmesini sağlamıştır.

ÖNEMLİ OLAN HATIRLAMA GÜCÜDÜR

Belleğiniz mükemmeldir. Başınıza gelmiş olan her şey dikkatle kaydedilmiştir. Önemli olan hatırlama gücüdür. Geçmişi tam olarak hatırlamak için bilinçli zihnin yoldan çekilmesi gerekli değildir. O, hiç beklemediğiniz bir anda zihninizde ortaya çıkar. Eski defterlerinizi gözden geçirin. Belki ergenlik çağında tuttuğunuz eski bir günlüğe veya lise yıllığınıza rastlarsınız. Sayfalara göz gezdirirken, ilk başta olayları hatırlamadığınızı düşünürsünüz; ama çok geçmeden sahneler gözünüzde canlanmaya başlar. Her olayın anısı, isimler birer birer geri gelir ve kendinizi yine vuku bulan her şeyin son derece önemli olduğu o harika, heyecan verici günlerde hissedersiniz.

Kendi kendinize "hatırlayamam" demekten vazgeçin. Hatırlamak istediğiniz her şeyi hatırlayabilirsiniz. Okulda öğrendikleri şeyleri hatırlamakta zorlanan gençler, yıllar önce televizyonda seyrettikleri bir filmi kolayca hatırlayabilirler. Çoğumuz gençken öğrendiğimiz şarkıların sözlerini hatırlarız. Yaşlı insanlar sadece gençliklerini ve büyük bir ayrıntıyla hatırlamaya başladıklarında bunaklıkla suçlanırlar. Aslında onların bellekleri iyidir, yoksa geçmişi bu kadar net biçimde hatırlayamazlardı. Eğer onlar bugünkü şeyleri hatırlayamıyorlarsa, bunun nedeni bugünün dünyasına ilgilerini kaybetmiş olmalarıdır.

Net bir belleğe yaklaşımımızda hiçbir şey yarım yamalak

olmamalıdır. Bizi etkileyen şeyler kolayca hatırlanır. Eğer dikkatimizi verirsek, bilinçaltı zihne kesin direktif verirsek, hatırlamak istediğimiz her şeyi hatırlayabiliriz. Her yaşta, iyi bir belleğe, istediğimiz bilgiyi istediğimiz zaman hatırlama yeteneğine sahip olabiliriz.

KENDİNİ YÖNETME

Hatırlamak için bilinçaltı zihnime güveniyorum. Aklıma gelmeyen şeyi serbest bırakıyor ve bilinçaltı zihnimin aradığım yanıtı bana vereceğine güveniyorum.

14

SAKİNLEŞTİRİCİ HAPLAR ALMADAN RAHATLAMAK

Sadece huzurlu saatleri yaşanmış sayarım.

MAURİCE MAETERLİNCK

Mark Twain bir keresinde, "Herkes havalar hakkında konuşur, ama hiç kimse o konuda bir şey yapmaz" demişti. Aynı şey gevşeyip rahatlamak için de geçerlidir. Rahatlama konusunda bir sürü şey işitiriz. Herkes rahatlama ihtiyacı duyar, ama çok az kişi bu konuda bir şey yapar. Bugün televizyon reklamlarının birçoğu rahatlama veya gerilimden kurtulma ile ilgilidir. Eğer insan reklamlara inanacak olsa, çok geçmeden, gerilimden kaynaklanan baş ağrılarının her birimizin her zaman ilaçlarla karşı koyması gereken kaçınılmaz bir belâ olduğu sonucuna varırdı.

BUGÜN RAHATLAMA NEREDE?

Annemin zamanında kadınlar sabahları ev işlerini yapar, öğle yemeğinden sonra biraz kestirirlerdi. Sonra banyo yapar ve temiz, kolalı elbiseleriyle zinde bir halde verandaya oturur, akşam yemeğini hazırlama saatine dek gevşeyip rahatlarlardı. Bugün emek tasarrufu sağlayan onca alete rağmen, neden daha fazla rahatlayamıyoruz? Şimdi, rahatlamak için yaptığımız bazı şeylere bir bakalım.

Bugün insanlar rahatlama sağlaması gereken her türlü faaliyetin peşine düşüyorlar. Ama rahatlayabiliyorlar mı? Futbol, basketbol ve at yarışlarına duygusal olarak katılmak rahatlatıcı bir şey midir? Rahatlamak için bir futbol maçına giden bir adamı ele alalım. Onun takımı kazanmak zorundadır! Oyun çekişmeli hale gelir. Adam maçı endişeli ve gergin bir halde izler. Hayal kırıklığı gittikçe artar. Kazanmayı çok ister, ama sesi kısılana kadar bağırmaktan başka yapabileceği bir şey yoktur. Gittikçe daha da gerilir. Oyunun sonunda sinirleri harap olmuştur.

Pazar günü öğleden sonra ailenizi alıp arabayla dolaşmaya çıkarsınız. Mutlu bir gün geçireceğinizi düşünürsünüz. Ama herkes aynı şeyi düşündüğü için herkes yola çıkmıştır ve böylece trafikte sıkışıp kalırsınız. O araba yığınının içinde tek bir rahatlamış yüz göremezsiniz.

Elbette, rahatlamak için derin bir gece uykusundan daha iyi bir şey yoktur. Ama çoğu insan gece yatağa gergin bir halde yatar ve sabah daha gergin bir halde kalkar. Rahatlamış olarak uyanabilmek için rahatlamış olarak uyumanız gerekir. Sadece yatağa yatıp gece boyunca uyumanın gerginliği gidereceğini düşünmek yanlış olur. Eğer gergin bir halde yatarsanız gergin bir biçimde uyursunuz. Rahat bir uyku uyumak istiyorsanız, önce gevşeyip rahatlamayı öğrenmelisiniz.

Avrupa'dan mobilya ithal eden New Yorklu bir adam tanıyorum. Birkaç yıl öncesine kadar bu adam yılda üç iş gezisine çıkardı. Gemiyle Avrupa'ya gider ve sonra trenle tüm Avrupa'yı dolaşırdı. Her yolculuğun yaklaşık bir ay aldığını söylemişti bana. Bu gezileri dört gözle beklediğini de söylemişti; çünkü döndüğünde ayrıldığından çok daha rahatlamış oluyordu. Gemide geçirdiği günleri huzur verici ve rahatlatıcı buluyordu. Trende de gevşeyip rahatlıyordu. Yapacak başka bir şey yoktu çünkü. Şimdi o uçakla gidiyor. Birkaç saatte Avrupa'ya varıyor. Bu "kazanılmış" zamanı bir yerlere gidip rahatlamak için mi kullanıyor? Hayır, bu zamanı Avrupa'da daha fazla iş görüşmesi yapmak için kullanıyor. Birleşik Devletler'de yeni satış noktaları kuruyor. O, bugünün zaman-kazandıran yolculuk yöntemleriyle eskisinden on kat daha meşgul bir halde. Rahatlamak için sakinleştirici haplar alıyor; sonra da devam edebilmek için "enerji verici haplar"a ihtiyaç duyuyor! Ne hayat! Geçen gün bana bu koşuşturmaya daha ne kadar dayanabileceğini bilmediğini söyledi. "Ruhumun bedenime yetişmek için hiçbir şansı olmadığını hissediyorum" dedi.

İşyerinde yoğun bir günden sonra bitkin düşen birçok insan, bunun onları gevşetip rahatlatacağını düşünerek, birkaç kadeh içmek için bir bara ya da evine koşturur. Bu rahatlatıcı görünür. Ama alkol bir uyarıcıdır. Önce uyarır, sonra sersemletir. Alkolün etkisi geçtiğinde, insan kendini daha gergin hisseder. Alkol kimseyi rahatlatmaz.

RAHATLAMAK NEDEN GEREKLİDİR?

Kanadalı doktor Hans Selye tüm hastalıkların stres sonucu ortaya çıktığını söylüyor. Gittikçe daha çok insan bu teoriyi kabul ediyor.

Ancak rahatlamış ve huzur içinde olduğumuzda meditasyon yapabilir, bize yeni fikirler sağlayan içsel Zekâ ile iletişim kurabiliriz. Gergin ve sinirli olduğumuzda gerçekten yaratıcı olmamız imkânsızdır. İnsan gerginken çok düşük bir verim düzeyinde çalışır.

Siz ister bir atlet, ister bir aktör, ister bir müzisyen olun ya da başka bir alanda çalışıyor olun, hayatta en önemli şeylerden biri zamanlamadır. Zamanlama gevşeyip rahatlamaya bağlıdır. Doğru zamanlama eylem sırasında rahatlamadır. Her büyük antrenörün atletlerine öğrettiği ilk şey zamanlamadır.

Zamanlama ve rahatlama el ele gider. En uzun atışları yapan golfçü en rahat vuruşlara sahiptir. Billy Casper, Arnold Palmer veya San Snead'in vuruşlarını ağır çekimde izleyin. Golfçünün duası, *Tanrım, bana kolay bir vuruş yapacak güç ver* şeklindedir. Rahatlama yoluyla, enerjimizi korumayı, onu doğru zamanda kullanmayı, onu doğru biçimde ve doğru amaçla odaklamayı öğreniriz.

Gerilim kendi başına kötü bir şey değildir. Tehlikeli olan sürekli gerilimdir. Hayat sürekli bir gelgittir. Eyleme geçmenin bir zamanı, beklemenin bir zamanı, gerilmenin ve fırlamaya hazır olmanın bir zamanı ve rahatlayıp tüm gerilimden kurtulmanın bir zamanı vardır. Bir kedinin tepkilerini izleyin. Kediden daha fazla gevşeyip rahatlayabilen bir yaratık var mıdır? Ama bir an sonra o gerilir ve fırlamaya hazır olur. Fırladığı zaman, rahat yatarken depoladığı tüm enerjiyi kullanır. Eğer hayatımıza hâkim olmak istiyorsak kediden bir ders almalıyız.

HUZUR PASİF DEĞİL, AKTİFTİR

Huzurun pasif olması gerektiği yanlış bir düşüncedir. Huzur merkezlenen ve kontrol edilen zihinsel ve ruhsal bir faaliyettir. Tekerleğin merkezinde dingil vardır. Tekerlek ve göbeği kusursuz bir denge içinde olduğunda, dingil tamamen hareketsiz görünür, ama aslında gücün merkezidir. Tüm eylem bu noktadan kaynaklanır. Kasırganın merkezi sakin görünür, ama aslında güçle doludur.

New York Borsası'nın zemin katında hisse senedi alıp satan bir adam tanıyorum. O her gün yüzlerce önemli alım satım işlemi yapar. Tüm çevresi tam bir karışıklık ve gürültüyle adeta bir tımarhaneye benzer. Bu adam gün boyunca birçok kez durup, "Huzur içindeyim. Huzur bütün varlığımı kaplıyor. Sakinim, rahatım, huzur içindeyim" diye düşünür. Gün boyunca dengeli görünür. Sadece dengeli görünmez; gerçekten, içsel olarak dengelidir. Ne telaşa kapılır ne de acele eder. Soğukkanlılığını korur.

Dengeli insan hayatla birlikte akar. Hayata direnmez, hayattan korkmaz, hayatla kavga etmez.

KAOSU VE KARIŞIKLIĞI GİDERMEK

Hepimiz dış dünyada çok fazla koşuşturmaktan kaynaklanan karışıklığa kendimizi kaptırırız. Sonra, içimize dönmeye, sakinleşmeye ve asla karışıklık yaşamayan, acele etmeyen ve rahatsız olmayan o içsel huzuru hissetmeye ihtiyaç duyarız. O bizim varlığımızın gerçeğidir. O sadece onu tanımamızı bekler.

Biz izin vermedikçe hiçbir şey bizi içimizdeki bu huzurdan ayıramaz. Başımızı derde sokan, sadece bizim hayata verdiğimiz karşılıklardır. Gerçek Benlik sonsuz bir uyum içindedir. Karışıklık düşüncesine sırt çevirerek, dış dünyadaki şeylerden ve koşullarından korkmayı reddederek her zaman bu uyum içinde yaşamak mümkündür.

RAHATLAMA ZİHİNSEL DENGEYLE BAŞLAR

Ne olursa olsun dengeli ve sakin kalmak mümkündür. Ünlü opera şarkıcısı Lily Pons bir keresinde şöyle demişti: "Eğer bir iyilik perisi her birimize en değer verdiğimiz -ve hayatımızı mutlu kılacağını düşündüğümüz- niteliği bahşedebilecek olsaydı, benim seçimim *denge* olurdu." Denge, hangi korkuları, şokları veya değişiklikleri yaşarsak yaşayalım, huzurlu ve güvenli bir biçimde ilerlememize olanak verir. Eğer dengesizseniz, her şans rüzgârı sizi örseler; beklenmeyen şeyler -hayatınıza renk ve zevk katacağına- sizi endişeyle yıpratır.

Lily Pons, bir seferinde Hawai'de yaşadığı bir deneyimi

anlatıyor; o sahneye çıktığında seyirciler kahkahalarla gülmeye başlıyorlar. Bu, kendinden en emin insan için bile zor bir durumdur. Sahneye çıkan kişilerin belki de en çok korktukları şey gülünç duruma düşmek, alay konusu olmaktır. Lily Pons seyircinin niye güldüğünü anlamamıştı. Sahneye çıkmadan önce aynaya bakmıştı, görüntüsünde seyircinin gülebileceği bir şey olmadığını biliyordu. Tam bir denge içinde, dostça gülümsedi ve çevresine bakındı. Tam üstünde "Bu gece güreş müsabakaları var" diye yazan ilanı gördü. Hemen pratik zekâsını kullanarak elini kaldırdı ve "Bayanlar baylar, güreşeceğim ilk rakip..." diyerek, ilk aryasının adını söyledi. Seyirciler alkışladılar, kahkahalar kesildi. Lily, konserine başladı ve başarıyla sürdürdü. Bir parça mizah günü kurtarmıştı.

HUZUR İÇSEL BİR ŞEYDİR

İç huzuru ve içsel denge başkası tarafından bize verilebilecek bir şey değildir. O içimizden gelir. Don Blanding, *Mutluluk İçsel Bir Şeydir* adlı bir kitap yazmıştı. Huzur için de aynı şey geçerlidir. "Bilge insan kendi kalbinin içine bakar ve sonsuz huzuru bulur" diye eski bir deyiş vardır.

"Sizden ve prensiplerin zaferinden başka hiçbir şey size huzur getiremez" demiş Emerson. "Sükûnet ve güven sizin kuvvetiniz olacak" demiş, peygamber Yeşaya. Bizim güvenliğimiz Tanrı'dan gelir. O dışsal koşullardan etkilenmeyen içsel bir koşuldur. İçimizdeki Tanrı evrenin sonsuz huzurudur.

Hemen şimdi, içsel denge geliştirmeye ve karşılaştığınız her duruma dengeyle tepki göstermeye karar verin. Durmaksızın, aynı eşit ritimle tik tak, tik tak, tik tak diye çalışan bir saati düşünün. Hiçbir şey bu saatin düzenini bozamaz. O, caddenin gürültüsüne, kamyonların ve spor arabaların gürlemesine, sirenlerin çığlıklarına, jetlerin uğultusuna tepki göstermez. Robert Louis Stevenson şöyle yazmış: "Sakin bir zihin karıştırılamaz ve korkutulamaz; o -gök gürültüleri arasında sakince çalışmayı sürdüren bir saat gibi- kendi hızında devam eder."

Ünlü şair Milton, "İnsan zihni cenneti cehenneme, cehennemi cennete çevirebilir" demişti. Sakin, dingin bir zihin kadar değerli bir şey yoktur.

"Kulağa harika geliyor" diyebilirsiniz, "ama endişelenmeyi nasıl bırakabilirim? Zihnimi nasıl durdurup, onu kafesteki bir sincap gibi daireler çizip durmaktan alıkoyabilirim?"

TEPKİNİZİ ÖNCEDEN BELİRLEYİN

Hepimizin dengemizi yitirebileceğimiz zamanlar vardır. Böyle zamanlarda tepkimizin ne olacağını önceden zihnimizde belirlememiz önemlidir. "Kendini kaybetmek"le övünenler aniden ve kolayca kendilerini kaybedeceklerdir. Kaostan söz edenler kaosu sık sık yaşayacaklardır; ama huzurlu olanlar sakin bir şekilde, "Bu beni etkilemez; ben çok derin bir biçimde rahatım" diye ilan edeceklerdir.

PSİKOJENEZ VE RAHATLAMA

Psikojenez sayesinde, her şeyin zihinde, düşüncede başladığını biliyoruz. Rahatlama, gerilim, huzur ve denge, hepsi zihinsel hallerdir. Bilinçli zihin tonu ayarlar ve bilinçaltı zihin onu kesinlikle uygular. Elinizi başınızın arkasına koyun, işaret parmağınızı kaldırın, aşağı ve yukarı doğru hareket ettirin. Bu hareketi göremezsiniz, ama var olduğunu bilirsiniz. Bunu nasıl bilirsiniz? Deneyiminizden biliyorsunuz ki, bedeninizin çeşitli bölümlerine emirler verdiğinizde, onlar bu emirlere itaat ederler. Parmağınıza bir o yana bir bu yana hareket etmesini söylediğinizde, o parmak üzerinde hâkimiyet kurmuş olursunuz. Parmağınız karşılık verip, "Yorgunum, gerginim, sana itaat edemem" demez. Siz de böyle bir karşılık beklemezsiniz. Aynı şey bedeninizin ve zihninizin her bölümü için geçerlidir. *Eğer onlara hâkim olursanız,* size itaat edeceklerdir. Zihinsel ve fiziksel rahatlama, sadece, içinde bulunulan duruma hâkim olma meselesidir.

BEDEN BİR SENFONİ ORKESTRASI GİBİDİR

Beden bir senfoni orkestrasına benzetilebilir. Siz orkestra şefisiniz. Her enstrüman bütün orkestra ile senkronize olmalıdır. Şimdi size sunacağım egzersiz, bedenizin çeşitli bölümlerini rahatlamış bir bütüne senkronize etmenize yardımcı olacaktır.

Senfoni orkestrasının şefi batonunu kaldırır ve tüm orkestra onun direktiflerini yerine getirmeye hazır hale gelir. Onun batonunun bir hareketiyle tüm grup tam bir uyum içinde birleşir. Bu orkestra şefi gibi, eğer bu egzersizi düzenli olarak yaparsanız, bir zaman gelir, "Gevşe" emrini verdiğinizde, bedeninizin her parçası bu emre uyar ve o anda rahatlarsınız.

ETKİLİ BİR GEVŞEME EGZERSİZİ

Ben gevşiyorum. Bedenimin her kası, her hücresi, her atomu gevşiyor. Bedenim üzerinde hâkimiyet kuruyor ve ona şu emirleri veriyorum:

> Ayak parmaklarım gevşiyor (ayak parmaklarınızı bükün, gerin, yukarı döndürün ve sonra bilinçli olarak serbest bırakın ve gevşetin).
>
> Ayaklarım gevşiyor (ayaklarınızı gerin ve sonra gevşetin).
>
> Ayak bileklerim gevşiyor (ayak bileklerinizi gerin ve sonra gevşetin).

Dizlerim gevşiyor (dizlerinizi gerin ve sonra gevşetin).
Baldırlarım gevşiyor (baldırlarınızı gerin ve sonra gevşetin).
Kalçalarım gevşiyor (kalçalarınızı gerin ve sonra gevşetin).
Parmaklarım gevşiyor (parmaklarınızı gerin ve sonra gevşetin).
Ellerim gevşiyor (ellerinizi gerin ve sonra gevşetin).
Kollarım gevşiyor (kollarınızı gerin ve sonra gevşetin).
Diyaframım gevşiyor (diyaframınızı gerin ve sonra gevşetin).

Şimdi omuzlarımın gevşemesine izin veriyorum, taşıdığım tüm yükleri bırakıyorum. Boyun kaslarımı gevşetiyorum (onları gerin, sonra gevşetin). Gevşiyorum. Kafa derim gevşiyor... kafam gevşiyor... beynim gevşiyor... zihnim gevşiyor... gözlerim gevşiyor... yüzüm gevşiyor... bütün bedenim gevşiyor. Şimdi bu gevşemiş halde, kendimi, içimdeki Mutlak Güç'e teslim ediyorum. Hayatın benim herhangi bir şey yapmama gerek olmadan devam ettiğini anlıyorum... *Her şeyi Tanrı'ya bırakıyorum!*

Gevşeyebilmek çok önemlidir, bu yüzden size başka bir egzersiz daha vereceğim. Kendini-Yönetme egzersizi daha kısa ve özlüdür. İki egzersizde de birinci tekil şahsın kullanıldığına dikkat edin. Siz bilinçaltı benliğe direktif veriyorsunuz. Bu egzersizleri ne kadar sık tekrarlarsanız, onların o kadar çok alışkanlık haline geleceğini de hatırlayın. Stres ve gerilim yerine, gevşeyip rahatlamayı alışkanlık haline getirebilirsiniz.

KENDİNİ-YÖNETME

Ben tamamen ve tam olarak gevşiyorum. Şimdi bedenimdeki her kası, her siniri, her kemiği, her dokuyu gevşe-

tiyorum. İçimde -bedenimi kusursuz biçimde çalıştırmayı, ilişkilerimi kusursuz biçimde yürütmeyi, hayatımı kusursuz biçimde sürdürmeyi bilen- bir Zekâ'nın bulunduğunu bilerek rahatlıyorum. İçimdeki Zekâ'nın bana ne yapacağımı ve onu nasıl yapacağımı söylemesine izin veriyorum. Hayatta kolayca ilerliyor, doğru zamanda doğru şeyi yapıyorum. Her türlü öfke ve sinirden uzağım. Hayatla tam bir uyum içindeyim. Hiçbir şey beni sinirlendiremez. Hiç kimse beni kızdıramaz. Ben kendimi suçlamam. Gelecek için hiçbir endişe duymuyorum. Her eylemimi, talebimi, korkumu, üzüntümü, endişemi ve yükümü içimdeki Mutlak Güç'e teslim ediyorum. Ben tamamen rahatım.

15

ENDİŞELENMEYİ BIRAK VE YAŞAMAYA BAŞLA

Sonuca ulaşmaya çalışın ve asla kuşkuya kapılmayın. Hiçbir şey o kadar zor değildir, ama arayış bunu ortaya çıkaracaktır.

ROBERT HERRİCK

Gelin şu eski hayalî-korkuya, yani endişeye bir bakalım. Sanırım çoğumuz ara sıra endişeleniriz. Hepimiz aşırı endişelenen birilerini tanırız. Birçoğumuz, ailemizin sağlığı ve mutluluğu şöyle dursun, kendi sağlığımız ve mutluluğumuz için endişelenmekten kurtulmak isteriz.

ENDİŞELENME ALIŞKANLIĞINDAN KURTULMAK

Geçenlerde zorlanımlı (kompulsif) bir biçimde endişelenen bir kişiyle ilgili bir şeyler duydum. Bir adam San Fransisko'dan beni görmeye geldi; bu hoş görünümlü, bakımlı adam hemen sadede geldi. Yardıma ihtiyacı vardı, çünkü karısı aşırı endişeleniyordu. Bu durumun artık dayanamayacağı bir noktaya geldiğini söyledi. Ve sonra karısının endişelerini sıralamaya başladı. O, kendi sağlığı, kocasının sağlığı, kocasının işi, para sorunları, sahip oldukları para, evli çocukları, dünyanın durumu konusunda, yani hemen her konuda endişeleniyordu.

Adam bana, yıllardır karısı endişelenmek zorunda kalmasın diye her şeyi doğru yapmaya çalıştığını söyledi. En sonunda durumun sandığından daha derin olduğunu anlamıştı. Eğer hakkında endişelenecek belli bir şey yoksa, karısı yine de endişelenecek bir şey buluyordu. Bunu, önemsiz bir şey için karısıyla birlikte endişelenmeyi reddettiği gün anladığını söyledi. Bu sürekli endişelenme kalıbının karısının sağlığına nasıl zarar verdiğini de görüyordu. Durum kontrolden çıkmıştı. Adam bir şeyler yapılması gerektiğini anladığı için bana gelmişti.

Hepimizin aşırı endişeye kapıldığımız zamanlar vardır. Bu yaygın bir sorundur. Bir insanda, "Endişelenmeyi bırak" sözcüklerinden daha fazla direnç yaratan başka sözcükler var mıdır acaba? Ancak, yapmayı öğrenmemiz gereken şey tam olarak budur. Endişelenmeyi bırakmak için, dikkatimizi bizi endişelendiren şeyden uzaklaştırmayı ya da ona karşı tutumumuzu değiştirmeyi öğrenmemiz gerekir. Bir başkasının bize endişelenmeyi bırakmamızı söylemesinin hiçbir yararı olmaz. Bu sadece bizi daha fazla bunaltır.

ENDİŞE NEDİR?

Endişe nedir? Endişe, zihinden geçen ince bir korku akıntısıdır; o ne kadar uzun süre akarsa o kadar derin bir yiv açar. Eğer yeterince uzun bir süre endişelenirsek, en sonunda endişe nevrozu geliştirmeyi başarabiliriz.

Size soruyorum, endişe hayatınızda ne üretti? Endişenin size bir yarar sağladığını gördünüz mü hiç? Endişe asla herhangi bir şey başarmamıştır. Biz sorunlarımızı cesaretle ve yapıcı bir biçimde karşılamak yerine, endişeleniriz. Endişelenmekten daha yararsız ve boş bir faaliyet yoktur. Hepimiz bunu biliriz, ancak hepimiz bu suçu işleriz.

ENDİŞE ÇIKIŞSIZ DÜŞÜNÜŞTÜR

Uçaktaki yerime oturmuş emniyet kemerimi bağlarken, yanımda oturan adamın şöyle dediğini duydum. "Dr. Addington, siz tam konuşmak istediğim insansınız. Los Angeles'a gidiyorum ve bazı acil kararlar vermem gerekiyor. Bana yardım eder misiniz?" Ona, elimden geleni yapacağımı, ama kendi kararlarını kendisinin vermesinin gerekeceğini söyledim. Adam bunu anladığını söyledi... ve sonra bana sorunlarını anlatmaya başladı. Ona bazı önerilerde bulundum ve o her bir öneriye "Evet... ama..." diye başlayarak karşı çıktı. Oysa önerilerimin her biri basit, direkt ve işe yarardı. O, "Evet... ama" diye karşı çıktığı her defasında, "Görüyorsunuz ya, siz de hiç yanıt bulamıyorsunuz" der gibi sırıtıyordu. En sonunda önerilerim tükendi. O ise, "Benim sorunlarım gerçekten önemli, değil mi?" dercesine, kendini beğenmiş bir ifadeyle bakıyordu.

Birden, durumu kavradım. O, yanıtlar değil, itirazlar arıyordu. Zihni çıkışsız düşünmekle meşguldü. Bu her düşünce çizgisinin bir çıkmaza girdiği yerdir.

Başka bir çıkışsız düşünme biçimi de şöyledir: "Bu işi alamazsam ne olur? Hastalanıp çalışamaz hale gelirsem ne olur? Başaramazsam ne olur? Bu evlilik yürümezse ne olur?" Pek çok "ne olur?"lar vardır ve hepsi aynı derecede yararsızdır. Gelin, bu çıkışsız düşünme biçiminden kurtulalım. Bu bir çıkmaz sokakta kapana kısılıp, sonra da parmaklıklardan atlayarak kurtulmaya çalışmak gibidir.

Büyük sorunlarımız olduğunu kanıtlamaya çalışmaktan vazgeçelim. Çıkışsız düşünüşten kurtulmanın yolu zihni dönüştürmektir. Zihnin tüm yanıtlara sahip olduğunu bilin. Her zorluktan bir çıkış yolunun bulunduğunu bilin. "Zihin" ile her şeyin mümkün olduğunu bilin. Evrensel Zihnin hayatımızı yönlendirmesine ve yönetmesine izin verdiğimizde imkânsız diye bir şey yoktur. O sadece yanıtları değil, o yanıtların hayatımızda iyi deneyimler olarak tezahür etmelerinin yolunu da sağlar.

ENDİŞE HAYAL GÜCÜNÜN OLUMSUZ KULLANIMIDIR

Zihnin imgeleme melekesini yapıcı ya da yıkıcı amaçlarla kullanabiliriz. En kötü olasılığı hayal ettiğimizde, bu endişedir ve o yıkıcıdır. Evet, olmasından endişelendiğimiz şeyler bazen gerçekleşirler; ama endişenin kendisi bazen endişelenilen şey gerçekleştiğinde olacağı kadar çok zarar verir. Olumlu düşünme doğru ve mükemmel eyleme giriş kapısıdır. Olumsuz düşünme, zihnin yaratıcı sürecinin serbest akışını engeller. Endişe bulaşıcıdır ve ona açık olan herkese bulaşabilir. Neyse ki, insan hastalıklara karşı bağışıklık kazandığı gibi endişeye karşı da bağışıklık kazanabilir.

ENDİŞEYLE NASIL BAŞA ÇIKILIR?

Aynı anda iki şeyi düşünemeyeceğinizin farkında mısınız? Bazen o kadar hızlı düşünürüz ki aynı anda birden fazla şey düşünüyormuşuz gibi görünebilir; ama aslında her seferinde sadece bir düşünceye dikkatimizi verebiliriz. Bir dakika içinde zihnimizden bir sürü düşünce geçebilir, ama sadece bir saniye kadar bile olsa, her seferinde tek bir düşünceyi düşünebiliriz. Bu yüzden, endişeli bir düşünce düşünmemize izin verdiğimizde, Güç ile dolu olumlu bir düşünceyi dışlıyor oluruz.

Hepimiz biliyoruz ki endişe birçok fiziksel hastalığın temel nedenidir; endişe hayata karşı -en derin arzularımıza tamamen ters düşen- olumsuz tepkiler göstermemize neden olur. Endişe her bakımdan bir baş belâsıdır. Endişenin üstesinden gelmenin ilk adımı, onun hiçbir şey kazandırmadığını, bize zarar verdiğini, en yüksek arzularımızın gerçekleşmesini engellediğini, uzun vadede hayatımıza olumsuz etkileri olacağını hemen kabul etmektir. Bu gerçekleri kabul ettiğimizde, endişe alışkanlığıyla bir ilgimizin olmasını gerçekten istemediğimizi görmeye başlarız.

Biz endişe düşünce-kalıplarının insafına kalmış değiliz. Bu konuda yapabileceğimiz bir şey var. Buna endişenizle yüzleşerek ve ona, "Senden korkmuyorum. Sen bir şey olmaya çalışan hiçbir şeysin!" diyerek başlayın.

DÖRT YAYGIN ENDİŞE

Bazen en yaygın endişelerimize bir göz atıp, onlar için bu kadar çok zaman harcamamızın gerçekten gerekip gerekmediğini görmemizin yararı olur:

1. Yarın ihtiyaçlarımızı karşılamak için yeterli paramızın olmayacağı endişesi. (Şu ya da bu biçimde, bugün hayatta kalmayı daima başarırız.)
2. Gelecekte bedensel sağlığımızı yitirme endişesi.
3. Zihinsel sağlığımızı yitirme endişesi.
4. Yalnız bırakılma, reddedilme ve ihmal edilme, sevgisiz ve arkadaşsız kalma endişesi.

Bu dört endişenin hepsinin yarınla ilgili endişeler olduğunu görüyorsunuz. Biraz düşündüğümüzde, bu dört endişenin nadiren gerçekleştiğini görebiliriz. Enerjimizi yapıcı bir biçimde kullanmak yerine, endişelenerek boşa harcarız.

Örneğin, parasız kalmakla ilgili endişeyi ele alalım. Bazı insanlar para konusunda endişelenmenin zihnin gerekli bir faaliyeti olduğunu, eğer paraları konusunda endişelenmezlerse sonunda onu kaybedebileceklerini düşünürler. Bazıları da endişenin tutumlulukla birlikte gittiğini ve gelecek için yeterli birikime sahip olduğunu görmenin tek yolu olduğuna inanırlar. Gelecekte endişelenmek zorunda kalmamak için şimdi endişelenmek gerektiğini düşünürler.

İlginç olan şey şu ki, bir kez endişe kalıbı oluşturulduğunda, endişe nesnesi önemini yitirir. Onu bulmak için her taşı kaldırmamız gerekse bile daima endişelenecek bir şey vardır. Bir kez o eski endişelenme alışkanlığını geliştirdiğimizde, endişelenecek bir şey bulmakta hiç zorlanmayız.

Genç bir çifti hatırlıyorum. Kadın sabahtan akşama kadar endişelenirdi. Sürekli olarak yüksek sesle endişelenirdi. Sessiz kaldığında ise kocası gülerek şöyle sorardı: "Millie, bundan sonraki endişelerini mi plânlıyorsun?"

Geçen gün iki kadın arasındaki bir konuşmaya kulak misafiri oldum. Kadınlardan biri çoğu zaman suçluluk hissettiğini söyledi. Birçok konuda suçluluk hissettiğini, ama aldırmadığını, çünkü suçluluk hissetmenin kendisini erdemli hissetmesini sağladığını söyledi. Öteki kadının verdiği yanıt daha da ilginçti: "Ben her zaman endişelenirim, ama aldırmam; çünkü endişelendiğim zaman çok sigara içiyorum ve çok sigara içince de kilo almıyorum." Eh, bu da bir bakış açısı...

Burada neden bu kadar çok olumsuz veçheyi ele aldığımı merak ediyor olabilirsiniz, ama bunların endişelenmenin gerçekte ne kadar aptalca olduğunu görmeye yardımcı olduğunu düşünüyorum. Endişe alışkanlığının üstesinden gelmenin ilk adımı artık endişelenmemeye karar vermektir. Tıpkı bir sigara tiryakisinin sigarayı bırakmaya ya da bir alkoliğin içkiyi bırakmaya karar vermesi gibi, ilk adım, artık vaktinizi endişelenerek boşa harcamamaya karar vermektir. Kötü bir alışkanlığı bırakırken olduğu gibi, endişelenmeyi bırakmaya gönüllü olmalıyız.

BİR İNSAN ENDİŞELENME ALIŞKANLIĞINI NASIL YENDİ?

Geçmişte bir kadın bana endişelenme alışkanlığını nasıl yendiğini anlatmıştı. Onu öylesine etkin bir biçimde karşılamıştı ki bu kendisinin hayata tüm yaklaşımını değiştirmişti. O, herhangi bir konuda endişelenmeye başlar başlamaz, sorunu iki sözcükle çözüyordu: "Tanrı orada."

Eğer para konusunda endişelenmeye başlamışsa, hemen kendine şunu hatırlatıyordu: "Tanrı orada. Sonsuz Bolluk orada. Doğru zamanda ve tam zamanında ne yapacağımı bilmek için gerekli Bilgelik ve Zekâ orada. Tanrı sonsuz Bolluğun Kaynağı'dır. Eğer atmam gereken adımlar varsa tanrısal Zekâ ne yapmak gerektiğini bilir ve beni tam doğru eyleme yönlendirir. Tanrı ihtiyaç duyabileceğim tüm fikirlerin Kaynağı'dır ve Tanrı oradadır. Endişelenmeme gerek yoktur."

Bu kadın, eğer sağlığı konusunda endişelenmeye başlarsa, kendisine aynı ruhsal *ilacı* veriyordu: "Tanrı orada." Onun için bu bildirim şu anlama geliyordu: "Tanrı'nın mükemmel Hayatı tam benim bulunduğum yerde. Ben bu Ruh'ta yaşıyor, hareket ediyor ve var oluyorum. Tanrı benim vasıtamla yaşıyor ve ben bütünüm. Korkmama hiç gerek yok."

Kadın bu küçük duaları *kısa tedaviler* olarak adlandırıyordu. Onların gerçekten işe yaradığını söylüyordu. Ondan sonra endişelenme kalıbını kırmıştı. Bana söylediğine göre, bir gün, endişelenmenin Tanrı'yı inkâr etmek olduğunu, Tanrı'nın ona iyi bakamayacağını düşünmek olduğunu; Tanrı'nın Mevcudiyeti'ni tanımaya harcamak yerine, endişelenerek geçirilen her anın kaybedilmiş bir an olduğunu anlamıştı. Tanrı'nın Mevcudiyeti'ni inkâr etmenin, sadece insanı tüm iyiliklerden yoksun bırakan bir aptallık değil, aynı zamanda tüm iyiliklerin yaratıcısına saygısızlık olduğunu düşünmüştü. Tamamen Tanrı'ya güvenerek, Tanrı'nın Her Yerde Mevcut, Her Şeye Kadir, Her Şeyi Bilen mükemmel hayatının kendi hayatının her bölümünde tanrısal doğru eylem olduğunu bilerek, oluşturduğu duayla Tanrı'ya öncelik verebilmişti. Her Yerde Mevcut Olan'a güvenerek, her şeyin yolunda olduğunu ve daima olacağını biliyordu. Bu düşünüş kalıbını oluşturduğunda, endişeyi saf dışı etti. Aynı anda hem endişelenmek, hem de Tanrı'ya güvenmek imkânsızdı.

ENDİŞE ÇÖZÜM DEĞİLDİR

Dış görünüşün nasıl olduğu bir fark yaratmaz. Bir kişi beş parasız, yalnız, sevilmeyen ve kimsesiz olabilir. Endişe çözüm değildir. Her şeyi mümkün kılan Güç'e başvurmak sorunu aşmayı sağlar. İnsan o sorunu aştığında, sadece o anki ihtiyacını karşılayabilmekle kalmaz, daha büyük bir canlılık boyutuna adım atar. Endişenin üstesinden gelmek küçük bir çaba ister, ama *Tanrı'nın orada* olduğunu idrak etmek için çaba gösterdiğimiz her seferinde -yan ödemeler diyebileceğiniz- ekstra nimetler alırız.

ENDİŞELENMEYİ BIRAKIP YAŞAMAYA BAŞLAMANIN ÜÇ İYİ YOLU

Kısaca söylemek gerekirse, endişelenmeyi bırakmanın üç iyi yolu vardır:

1. Tanrı'nın orada olduğunu idrak etmek.
2. Hep olumlu düşünmeye çalışmak.
3. Yol gösterilmesi için dua ettikten sonra olumlu bir eylemde bulunmak.

Kendi kendinize şunları söyleyin:

"Hayatımda doğru eylemin vuku bulduğuna inanıyorum."

"Tanrı'nın Mükemmel Hayatı'nın benim vasıtamla yaşadığına inanıyorum."

"Tanrı'nın hayatımdaki Gücü'ne inanıyorum."

Düşüncenizin geleceğinizi şekillendirecek kalıbı sağladığını hatırlayın. Bugün düşündüklerimiz, bilinçaltı zihnimize verdiğimiz *iş emirleridir* ve yaratıcı süreç onları gerçekleştirmeye girişir. Nasıl düşünme eğiliminde olduğumuz önemlidir. Geçmişteki yanlış düşünüşünüz için kendinizi suçlamayın, bugün düşüncelerinizi olumlu biçimde kullanmaya başlayın. Endişelenmeye başladığınızda Tanrı'yla konuşun; ama ona sorunlarınızı değil, sadece gerçekleşmesini istediğiniz şeyleri bildirin.

Üç numaralı adımı gözden kaçırmayın. Eğer yapılacak bir şey, girişilecek yapıcı bir eylem varsa, onu korkusuzca yapın. Birçok kişi, yapılması gereken şey konusunda endişelenmekten başka bir şey yapmaz.

Onu yapın! Yapmaya korktuğunuz o telefon konuşmasını yapın. Vermekten kaçındığınız o kararı verin. Gidip, uzun zamandır merak ettiğiniz o arkadaşınızı görün. Erteleyip durduğunuz o dönem ödevini yazın. Görmekten korktuğunuz müşterinizi arayın. Çoğu kişi olumsuz hazırlıkla saatler geçirir, atılması gereken korkutucu adımı zihninde prova edip durur ve bu süreci adeta bir kâbusa çevirir. Tekrar tekrar, kendini yoksunluk içinde bulduğu hayalî bir durumla mücadele eder. İçimizdeki Güç'ten yararlanarak cesaretle ileriye adım atmak, o korktuğumuz şeyi aşarak geride bırakmak çok daha iyidir. Şimdiye kadar hiçbir şey aşırı endişe duyarak kazanılmamıştır. Yapmanız gereken şeyleri *şimdi yapmayı* içeren yeni bir programı başlatın. Bir şeyi yapmanın, o şey hakkında endişelenip durmaktan çok daha kolay olduğunu göreceksiniz. Emerson'un bilgece söylediği gibi, "Gerekeni yapın, o zaman güce sahip olacaksınız." Bugünden başlayarak hayatınızda yapıcı düşünüşün ve yapıcı eylemin yolunu açın. Endişelenmeyi bırakın ve endişelenmemeyi alışkanlık haline getirin. Bunu kendinize borçlusunuz. *Tanrı'nın orada olduğunu* hep hatırlayın.

İNSANIN BİLDİĞİ HER SORUNUN BİR ÇÖZÜMÜ VARDIR

İnsanlar, çoğunlukla, sorunlarının özel olduğunu ve hiçbir çözümünün olmadığını düşünürler. Bu böyle değildir. İnsanın kendisi için icat edebileceği her sorunun tam doğru bir çözümü vardır. *Sizin vasıtanızla çalışan Tanrı için hiçbir şey imkânsız değildir.*

Bugün yaygın olan bazı sorunların nasıl karşılanabileceklerini görelim. İşte en sık karşılaştığım sorunların bir listesi. Belki sizin sorunlarınız da onların arasındadır.

Soru: Tedavi edilemez bir hastalığım var; doktorlar hiçbir çözüm bulamıyorlar. Ben ölüme mahkûmum.

Yanıt: Tedavi edilemez hiçbir hastalık yoktur. Eğer Tanrı'nın mükemmel Hayatı her yerde mevcutsa, o Mevcudiyet her insanı kuşatır. Gerçekte, asıl *siz* asla hasta olmaz, günah işlemez, ıstırap çekmez. Yanlış kavram düzeltildiğinde, bedende buna karşılık gelen bir değişim olacaktır. Ben her tür hastalığın iyileşebildiğini gördüm. Tanrı'nın her şeye muktedir olduğunu bilin. Zihninizi ruhsal-spiritüel bir farkındalıkla doldurmaya çalışın ve o zaman bedeniniz Tanrı'yı yüceltecektir.

Soru: Geçinebilecek kadar yeterli paramın olmayacağından endişeleniyorum. Çalışan insanın refaha kavuşabileceğini söylüyorsunuz, çok güzel, ama ben emekliyim. Bu durumda daha fazla parayı nasıl kazanabilirim?

Yanıt: Emeklilerden aldığım mektupları görebilmenizi isterdim. Bu insanlar gerçek Kaynağa başvurduklarında, beklenmedik yollardan maddi destek aldıklarını görüp şaşırıyorlar; sahip oldukları para çeşitli kaynaklardan gelen ek gelirler, bedava yolculuklar ve hediyeler ile artıyor. Zihnimizi onları almaya açtığımızda, birçok yanıt gelir. Tanrı'nın bizim bilmediğimiz yolları vardır, ama zihnimiz endişeli düşüncelerle meşgul olduğu sürece o yolları asla keşfedemeyiz. Bilincinizi Bolluk düşüncelerine yükseltin, o zaman yaşam koşullarınız sürekli olarak iyileşecektir.

Soru: Kararlar vermekte zorlanıyorum. Bir hata yaparım diye eyleme geçmeye korkuyorum. Ya yanlış bir karar verirsem?

Yanıt: Bir karar vermekten korkan kişi, hepsi yenilgiye götüren hayalî yollarda sonsuz saatler geçirerek nafile bir yolculuk yapar. Belki doğru karar verme konusunda kendinize güvenemeyebilirsiniz, ama içinizdeki sonsuz Zekâ'ya güvenebilirsiniz. Size tanrısal bir biçimde yol gösterileceğini bilin ve geldiğinde o Rehberliğe güvenin. *Tanrı'ya tüm kalbinizle güvenin; ve sadece kendi anlayışınıza dayanmayın. Tüm yollarınızda O'nu kabul ve tasdik edin ve O size yol gösterecektir.**

Soru: Ben bir öğrenciyim. Sınavlarda paniğe kapılıyorum. Zihnim bomboş hale geliyor. Sınavlar konusunda endişelenmeyi nasıl bırakabilirim?

Yanıt: Öğrenciler, *Tanrı'nın orada olduğunu*, onların içinde ve onlar vasıtasıyla çalıştığını kanıtlamak için harika bir fırsata sahipler. İsa'nın, *Ben kendi başıma hiçbir şey yapamam; içimdeki Baba tüm işleri yapar* dediğini hatırlayın. Kendi başınıza yanıtları bilemeyebilirsiniz, ama Tanrı tüm yanıtları bilir. Bilinmiş ve bilinecek olan her şey tanrısal Zihin tarafından zaten bilinir. İsa'nın sözlerini şöyle de açıklayabiliriz: "Ben kendi başıma bir şey yapamam; içimdeki Bilgelik işleri yapar." İçinizdeki Bilgeliğe güvenmeye başlayın, o zaman hayatınızın nasıl geliştiğine şaşıracaksınız. Zihninize birden, hiç düşünmediğiniz fikirler gelecek. Mutlak Güç'e güvenin, asla düş kırıklığına uğramayacaksınız. O, öğrenci, işadamı, yazar, müzisyen, aktör, ev kadını, yani herkes için çalışır. Hiç fark gözetmez. Kendinizi ilahî Güç'ü almak için açın, o zaman bir daha asla endişelenmeniz gerekmez.

KENDİNİ-YÖNETME

Ben korkmuyorum.
Ben şimdide yaşıyorum.
Gelecekte ihtiyaç duyacağım her şeyin sağlanacağına güveniyorum.
Tanrı'nın orada olduğunu bilerek, her günü geldiği gibi karşılayacağım.

---

*Darbımeseller 3:5,6.

16

KORKU SİZİ YENMESİN, SİZ KORKUYU YENİN!

Cesaretin en büyük düşmanı korkulan şey değil, korkunun kendisidir; kendi korkusunu yenebilen insan en büyük kahramandır.

GEORGE MACDONALD

Korku insanlığın bir numaralı düşmanıdır. Her kuşakta en az bir kere, büyük bir adam ortaya çıkıp, bize, *korkunun kendisinden başka korkulacak bir şeyin olmadığını* hatırlatır. Halkını korku vadisinden çıkarmayı başaran her güçlü insan büyük bir saygı görür.

Winston Churchill böyle bir adamdı. Onun II. Dünya Savaşı sırasındaki büyük liderliği hep hatırlanacaktır. O, iki parmağını V şeklinde açarak ünlü zafer işaretini yaptığında, onu gören herkes onun gücünden, cesaretinden, yenilmez kazanma iradesinden ilham alıyordu. Korkunun bulaşıcı olduğu doğrudur, ama cesaret de bulaşıcıdır. Churchill cesaretle yaşamayı seçti ve onun etkisi bugün bile hissediliyor. Ölüm ve yıkım onun sevgili Londra'sını tehdit ettiğinde, o sağlam durdu. Onun inancı yüzünden, İngiliz halkı da onunla birlikte sağlam durdu. Churchill'in içten içe kuşku duyduğu zamanlar mutlaka olmuştur. Ama o, cesaretle ve ülkesine duyduğu sevgiyle, o kuşkuların üstesinden geldi.

KORKU NEREDEN KAYNAKLANIR?

Kutsal Kitap, *çünkü Tanrı bize korku ruhu değil, güç, sevgi ve doğru düşünme ruhu vermiştir,* der. Öyleyse korku nereden kaynaklanır? Tüm insanlara mahsus temel bir korku yoktur; tüm korkular sonradan edinilir. İnsanın edindiği her korku Tanrı'nın anlaşılmasıyla -insanın içindeki sevgi, güç ve doğru düşünüşle- yok edilebilir.

Birine, "Korktuğun herhangi bir şey var mı?" diye sorduğunuzu varsayın. O, büyük olasılıkla, "Tabii ki yok!" diye karşılık verecektir. Korkularımızı kabul etmek istemeyiz, çünkü bunu yaptığımızda zayıflıklarımızı işaret ediyor oluruz. Ama bu konuda tekrar düşündüğünde, aynı kişi bazı korkularını kabul edebilir: "Otobanlardan korkuyorum; bugünlerde trafik çok kötü. Gece geç saatte karanlık bir sokaktan geçmekten de korkuyorum; daha dün birinin başından vurulduğunu okudum..." Bir süre sonra o, kendi kendine bile düşünüp kabul etmemiş olduğu birçok korkusunu fark edebilir. O, bu korkuları bilinçaltı zihninin derinliklerine gömmüş, onları sahte bir cesaret görüntüsüyle örtmüştür; ama o görüntünün altında, korkuları birleşerek mantıksız bir endişeye, içinde yaşanılan zamana atfettiği genel bir huzursuzluğa dönüşmüştür.

ÖZGÜRLÜK DIŞSAL KOŞULLARA BAĞLI DEĞİLDİR

Gelmiş geçmiş en büyük insanlardan biri olan, hepimiz için bir örnek olarak Mesih'i (insanın içindeki Tanrı'yı) yaşamış olan İsa, öğretisinin çoğunu korkuyu yenme konusuna yöneltmiştir:

Kalbinizin sıkılmasına ve korkmasına izin vermeyin. Korkmayın, çünkü krallığını size sunmak Babanız için en büyük zevktir. İsa cesaretin ne olduğunu biliyordu. Yaşadığı ülke işgal altındaydı. Romalı askerler her yerde onun halkını eziyor ve sömürüyorlardı. İsa, insanın özgürlüğü kendi içinde bulması gerektiğini, özgürlüğün dış koşullara bağlı olmadığını öğretti. Onun sözünü ettiği krallık, tüm kuşkuların üstesinden gelen ve insanı özgürleştiren Güç ve Zekâ'nın anlaşılması yoluyla kazanılan içsel hâkimiyettir.

CESARET KAZANACAKTIR - CESARET TANRI'DAN GELİR

İsa zamanında olduğu gibi, bugün de insanlar gelecekten korkma eğilimindeler. Bugün Romalılar değil, diktatörler özgürlüğümüze meydan okuyan saldırılarda bulunuyorlar. Korku çözüm değildir. Çözüm yine cesarettir. Sağlam durun. Cesaretiniz bulaşıcı olacaktır; o yayılacak ve diğer insanları etkileyecektir. İnancınız sizi tanıyan herkese güç verecektir. Cesaret kazanacaktır, çünkü cesaret Tanrı'dan gelir. "Ayaklar altına alınıp ezilen gerçek yine yükselecektir." Tanrı her şeye kadirdir. Sonsuz Zekâ'nın sizin vasıtanızla çalıştığını bilin. Düşmanı nasıl adlandırırsak adlandıralım, yanlışta bir güç yoktur. Tanrı tek Güç'tür ve Tanrı Gücü sizin vasıtanızla yaşar.

KORKUYLA NASIL BAŞA ÇIKMALI?

Korkuyla muhakeme edemeyeceğinizi hatırlayın. Korku bir duygudur. O makul veya mantıklı değildir. Her zaman korkulacak bir şey vardır ve o şeyle ilgili Gerçek olmayan bir his oluştururuz. Korku abartılı hale gelir. Korkularınızı mantıklı savlarla ikna edemezsiniz, ama onları açığa çıkarabilir ve ne olduklarını -bir şey olmaya çalışan hiçbir şey olduklarını- görebilirsiniz. O zaman, Gerçek'ten yola çıkarak muhakeme edebilirsiniz. Her sorunun içinde gizlenen bir çözüm vardır. Her korkunun bir çözümü vardır; bu çözüm sorunla ilgili Gerçek'te bulunur. Onu bulmak için korkuyla yüzleşmeye ve onun hiçbir şey olduğunu kanıtlamaya gönüllü olmalıyız.

KORKUSUYLA YÜZLEŞİP ONUN ÜSTESİNDEN GELEN BİR İNSAN

Doğduğum Güney bölgesinde derin ve geniş birçok nehir vardır. Bu nehirlerin bazılarının kıvrıldığı yerlerde, onlara kapılanlar için son derece tehlikeli olduğu söylenen girdaplar vardır. Çok az insanın onlardan sağ çıkabildiği söylenir.

Bir gün genç bir adam bir nehrin kıyısında durup, bir girdabı izlemeye başladı. Bir kütüğün girdap tarafından yutulup birkaç saniye sonra nehrin biraz aşağısında tekrar ortaya çıkışını izledi. Kendi kendine, "Bir insanın neden bir girdaptan korkması gerekir ki?" diye sordu. Birkaç dakika düşündükten sonra soyundu ve nehre daldı. Korkmayı reddederek, nehrin kendisini girdap yerine taşımasına izin verdi. Girdapla birlikte dönüp durdu. Sonra nefesini tutarak ve kollarını iki yanına yapıştırarak girdabın dibine çekilmesine izin verdi. Kısa bir süre sonra, tıpkı o kütük gibi, girdabın az ötesinde yüzeye çıktı. Kıyıya doğru yüzerken kendisini zafer kazanmış gibi hissediyordu. Bir daha asla girdaplardan korkmasına gerek yoktu. Kendi kendine şöyle düşündü: "Bir şey hakkındaki Gerçeği bildiğinde, korkacak bir şey kalmaz."

Yaşadığı bu deneyim ona sadece girdaplardan korkmamayı değil, hayatı nasıl karşılamak gerektiğini de öğretti. O, hayatın yasayla yönetildiğini kanıtlamak için bir risk almaya gönüllü olmuştu. Girdaba girip sağ çıkacak güvene sahip olmak için Bilgelik ve Sevgi'den yararlanmıştı. Yolun her adımına güvenmesi gerekmişti. Bir an paniğe kapılsaydı kendine büyük bir zarar verebilirdi. Panik kontrolsüz aşırı korkudur ve daima korkulan şeyden daha çok, korkunun kendisinden zarar gelir.

SEVGİ KORKUYU KOVAR

İşte korkunun hayatımızda oynadığı rolü gösteren başka

bir öykü: Bir adamın çok sevdiği üç aylık bir Doberman Pinscher köpeği vardı. İşi nedeniyle başka bir kente taşınması gerektiğinden köpeği bir arkadaşına verdi. Bir yıl sonra bir iş nedeniyle geri döndüğünde, yapmak istediği ilk şey köpeğini görmekti. Arkadaşının evinin etrafına yüksek bir çit çekmiş ve bahçe kapısına da bir zil koymuş olduğunu görünce şaşırdı. Zilin ev sahibinin dikkatini çekmek için olduğunu biliyordu, ancak, köpeği verandada görünce ona seslendi. Köpek ona aldırış etmedi, ama adam içeri girip köpekle konuşmaya karar verdi. Kapıdan içeri girdiğinde köpeğin tüyleri kabardı ve o hırlamaya başladı. Adam korkusuzca yaklaşmaya devam edince köpek sakinleşmeye başladı. Adam verandaya vardığında köpek kuyruğunu sallamaya başlamıştı. İkisi birkaç dakika kadar oynadılar, sonra adam evin kapısını çaldı. Arkadaşı kapıyı açtı ve onu sıcak bir biçimde karşıladı. İçeride birkaç dakika konuştuktan sonra birden ev sahibinin yüzü sarardı. "Köpek?" dedi. "Bahçeden doğruca yürüyüp köpeğin önünden mi geçtin?" "Neden, evet, elbette" dedi ziyaretçisi. "Prens ve ben eski arkadaşız. İlk başta beni tanımadı, ama bu uzun sürmedi."

"O Prens değil" dedi beriki. "Prens, sen gittikten kısa bir süre sonra öldü; biz de ona benzer başka bir köpek aldık, ama bu bir katil. Gördüğün o yüksek çitin nedeni bu."

Korku olmadığı için tehlike de yoktu. Sevgi aradaki uçuruma köprü oluşturmuştu. Adam giderken, arkadaşının kapıya kadar ona refakat etme teklifini reddetti. Köpeğin önünden geçerken, köpek ona baktı ve hafifçe hırladı. Adam birden korkuya kapıldı. "Bu benim köpeğim değil. O bir katil" diye düşündü. Adımlarını gittikçe hızlandırdı ve bahçe kapısına tam zamanında vardı. O, bahçeye ilk girdiğinde, köpeğe duyduğu sevgi bulaşıcı olmuştu. Köpek, bir katil olarak kabul edilmesine rağmen, dostça karşılık vermişti. Adam bahçeden çıkarken korku ve kuşku duyduğu için, köpek de aynı şeyi hissetmiş ve ona korkuyla karşılık vermişti.

Sık sık dış koşullar tarafından yönetilmemize izin veririz. Adam, köpeğin bir katil olarak tanındığını duyunca güvenini kaybetti. Eğer o varlığının Gerçeği'ni bilse ve ona güvenseydi, saf sevginin korkuyu kovduğunu ve bizi tüm hayatla bir kıldığını kanıtlayabilirdi. Korkunun aldatıcı yolları vardır. Biz daima korktuğumuz şey tarafından aldatılırız. Bu vakada, bu, köpeğin *ünüydü,* başka bir zaman bu komünizm *tehdidi* veya ölümün *gölgesi* olabilir.

KORKU DÜŞMANIN SAHİP OLDUĞU EN GÜÇLÜ SİLAHTIR

Düşmanınızı kim ya da ne olarak gördüğünüz önemli değildir, onun en güçlü silahı sizin korkunuzdur. Siz bu düşmandan korkmaya başladığınız anda, o sizin üzerinizde güce sahip olur. Kadim bir efsane bunu şöyle tasvir eder:

Ölüm ile karşılaştım. "Nereye gidiyorsun?" diye sordum.

Ölüm, "Benares'e gidiyorum" dedi.

"Oraya neden gidiyorsun?" diye sordum.

"Bin kişiyi öldürmek için" dedi.

Ertesi hafta Ölüm'le yine karşılaştım.

"Benares'e bin kişi öldürmek için gitmedin mi?" diye sordum. "Anladığım kadarıyla orada yüz bin kişi ölmüş."

Ölüm gülümsedi ve dedi ki: "Ben bin kişi öldürdüm. Geri kalanını korku öldürdü..."

Şimdi bu korkuların bazılarına bir göz atalım. Onlara baktığımızda onları tanımaya başlarız. Tanıdığımızda da onlardan korkmaz hale geliriz.

ÖLÜM KORKUSUNU YENMEK

"Korkaklar bin kez ölür" derler. Her korku küçük bir ölümdür. Esasen her korku bir ölüm korkusudur. Ancak ölümden korkmadığımızda hayatla korkusuzca yüzleşebiliriz. Ölüme "son düşman" denir; aslında, eğer hayattan zevk almak istiyorsak, o yenmemiz gereken ilk düşmandır.

Ölüm gerçekten bir düşman mıdır? Yok edilmesi gereken aslında ölümle ilgili hissimizdir Ölüm sadece bedene gelir. O, Ruh'a dokunmaz. Ölümün bir düşman olmaktan çıkması için, ölümle ilgili inancımızın değişmesi gerekir. Hayata hiçbir şey olmaz. Hayat ölemez. İnsan bunu anladığında, ölüm onun üzerinde bir güce sahip olamaz. Hayat sonsuzdur. Onun kullandığı form değişebilir, ama Hayat sonsuza dek sürer. O yok edilemezdir.

İnsanın zihni Evrensel Zihin ile birdir. Gerçek Benliğiniz asla ölmez. O, ifade etmeye ihtiyaç duyduğu şeyi kendine çekerek, sürekli gelişen bir deneyim içinde devam edecektir. Ölüm, ileri doğru hareketimizde -başka bir deneyime geçebilmemiz için- anlık bir duraklamadır sadece. Sir Thomas Browne'ın çok güzel bir biçimde ifade ettiği gibi, "Yaratılmış dünya sonsuzlukta küçük bir parantezdir sadece."

Ölüm korkusunu yendiğimizde, hastalık korkusunu yenmemiz kolay olur. Hastalık (rahat-sızlık) basitçe rahatlığın yokluğudur; o belki rahatsızlıktır, ama bir güce sahip değildir. Hastalıkta bir güç yoktur. Endişeleri, kaygıları ve korkunun diğer çocuklarını barındırmamıza izin verdiğimizde, bazen kendimizi Hayat'tan ayrılık duygusuna açık bırakırız ve bu da bedende bir hastalık inancıyla sonuçlanır. Bizim Gerçeğimiz bu olmadığından bu duygunun üstesinden gelinebilir. Tanrı bedenlerimize hastalık yerleştirmedi. Tanrı bize mükemmel Hayatı sundu. Bu Hayatı korkusuzca kabul etmek bize bağlıdır.

YOKSUNLUĞUN KENDİ GÜCÜ YOKTUR

Bu deneyimde yararlanabileceğimiz sonsuz bir Kaynağın

bulunduğunu anladığımızda yoksunluktan nasıl korkabiliriz? İnsanın hırsı, gelecek korkusu basitçe güvensizlikten kaynaklanır. Bu korkuyu yenmek için, güvenliğinizin Tanrı'dan geldiğini bilin; bu dış koşullara bağlı olmayan içsel bir koşuldur.

Yoksunluk bir koşul değil, zihinsel bir tutumdur. Hayattaki her şey aşırı bolluğa eğilimlidir. İnsan, korkuyla, hep bu bolluğu kısıtlamaya çalışmaktadır.

Geçen gün bir greyfurtu kesip içindeki çekirdekleri saydım; tam altmış beş taneydi. Bu, çekirdeksiz greyfurtlardan önce, eski günlerden kalma bir greyfurt olmalıydı. Doğa, yaradılışın her bölümüne gelecek bolluğun tohumlarını sağlamaya niyet etmişti. Bugün her şeyi sınırlıyoruz, greyfurttaki çekirdekleri bile! İnsanlara çalışmamaları, ekip biçmemeleri için para veriliyor ve çoğunlukla fikir üretmemeye teşvik ediliyorlar. Tüm bunlar Hayatı sınırlayan tutumları temsil ediyor. Hayatın bolluğuna güvenin, o zaman yoksunluktan korkmanıza hiç gerek olmadığını göreceksiniz. Bolluğu düşünün! Hayatın bolluğu üzerinde durun. Ağaçlarda kaç yaprak olduğunu, sahildeki kum tanelerinin sayısını, çiçeklerin ve bitkilerin sonsuz çeşitliliğini düşünün. Hepsinde bolluk var. Bolluk, Hayat'ın bir niteliğidir ve bu yüzden sınırsızdır. Kendini-Yönetme yoluyla bu bolluğu deneyimleyebilirsiniz.

KORKUYA NASIL HÂKİM OLUNUR?

Korkunun düşmana güç verdiğini öğrendik. Biz korktuğumuz şeyi kendimize çekeriz. Birçok durumda hayal ürünü bir düşman yaratırız. Korkuyu yenmekte ilk adım, korkulan şeyi daha iyi anlamaktır. Eğer bir insandan korkuyorsanız, onunla konuşun ve onu neyin güdülediğini anlamaya çalışın. Belki o sizin ona yapabileceklerinizden korktuğu için öyle davranmaktadır. Çoğu kez korkularımız tamamen önyargıya dayanır.

Korkularınızı açık fikirlilikle inceleyin; onlar sadece kılık değiştirmiş eski önyargılar mı? Bazen bir kişiden bize eski bir düşmanımızı hatırlattığı için korkarız! Benzer bir biçimde, geçmişte acı çektiğimiz bir yere gitmekten de korkarız!

Tanrı bize korku ruhu değil; Güç, Sevgi ve doğru düşünme ruhu verdi. Korktuğunuz biri var mı? *Eğer Tanrı bizden yanaysa, kim bize karşı olabilir?** Bu konuyu tekrar düşünün; o kişiden neden korkuyorsunuz? Korumanız içinizde bulunur. Korku yerine, bir sevgi hissi oluşturun. *Tanrı'nın Ruhu'nun bulunduğu yerde özgürlük vardır.* Sevginin bulunduğu yerde özgürlük vardır. *Kusursuz Sevgi korkuyu kovar.* İnsanın korkusu, içindeki Tanrı'ya güvenmemekten kaynaklanır. Sonsuz Zekâ hayatta ortaya çıkan durumları nasıl karşılayacağını bilir. Kişilikte güç yoktur. Mutlak Güç'e güvenin, o zaman daima adil davranış görürsünüz. Eğer Sevgi her yerde mevcutsa, kimden korkabiliriz ki?

KENDİNİ-YÖNETME

Korkacak hiçbir şey yok. Ben, bana hâkimiyet (yönetme hakkı) verilen zihinsel bir dünyada yaşıyorum. İçimde, her durumu karşılayabilecek Güç var. İhtiyaç duyduğum her şey şu anda içimdedir.

---

*Romalılar 8:31.

17

EVET, SİGARAYI BIRAKABİLİRSİNİZ!

Düşüncenin ortaya koyulması insanları esaretten kurtarıp özgürlüğe ulaştırır.

EMERSON

Bahar, doğanın yeni bir giysiye büründüğü, her şeyin bize taze, temiz ve güzel geldiği zamandır. Bahar harika bir yeni başlangıçlar zamanıdır. Kış giysilerimizden ve kış düşüncelerimizden bıkmaya başlamışızdır. Toprağa yeni tohumlar, zihnimize yeni tohum düşünceler ekeriz. Ancak, durum değerlendirmesi yapmak ve hayatımızda taze bir başlangıç yapmak istediğimiz bir alanın olup olmadığını görmek için bahara kadar beklememiz gerekmez.

Hepimiz alışkanlık yaratıklarıyız. Sıkıca sarıldığımız alışkanlıkların bazılarını gerçekten istiyor muyuz, yoksa kolayımıza geldiği için mi onların sabitleşmelerine izin veriyoruz?

ALIŞKANLIKLARIMIZI BİZ SEÇERİZ

Çok sık tekrarlanan, böylece sabit bir özellik ya da eğilim haline gelen bir eylem bir alışkanlık olarak kabul edilir. Bir kişiyi yaratıcı bir biçimde davranma özgürlüğünden yoksun bırakmadıkça, bir alışkanlık ille de kötü bir alışkanlık değildir. Öznel zihniyetin bir parçası haline gelmiş olan herhangi bir davranışın alışkanlık olduğunu söyleyebiliriz. Alışkanlıklar önce bilinçli olarak düşünerek, sonra bilinçsiz olarak davranarak oluşturulur. Kişinin bugün bilinçli bir düşünce olarak düşündüğü şey, yarın, zihnin derinliklerine yerleşmiş, *ama aktif bir düşünce alışkanlığı* olabilir.

Bilinçaltı zihnin işleyişi hakkında bildiklerimize bakıldığında, bilinçaltının alışkanlıkları sevdiği açıkça görülür. Belleğin yeri olarak, bu sadık hizmetkâr, kendisine verilen emirleri -onlar ne kadar tekrarlamalı hale gelmiş olursa olsun- yerine getirmeye gönüllüdür. Katı bir alışkanlığın bilinçaltı zihin için gerçek bir zevk kaynağı olduğunu görebilirsiniz. "Ne iyi" der bilinçaltı zihin, "işte düzenli bir alışkanlık. Benim anladığım işte budur. Sonunda otomatik bir eylem haline gelene kadar bunun üzerinde tekrar tekrar çalışabilirim." Bu, yörüngeye bir uydu yerleştirmek gibi bir şeydir. Bilinçaltı zihin bir alışkanlığı katılaştırdığında, *biz bilinçli olarak durumun idaresini ele alıp o konuda bir şey yapmadıkça,* alışkanlık devam edip gider. Çok şükür ki, son söz bilinçli zihne aittir, yoksa hepimiz iyi ya da kötü alışkanlıklarımızın esiri olurduk.

Bir düşünce eken bir eylem biçer.
Bir eylem eken bir alışkanlık biçer.
Bir alışkanlık eken bir karakter biçer.
Bir karakter eken bir kader biçer.

Yapıcı alışkanlıklar ve yıkıcı alışkanlıklar vardır. Bilinçaltı zihin hiç seçici değildir. Asla yargılamaz. Tamamen tümdengelimli muhakeme ile çalıştığından, verilen emri mutlulukla yerine getirir. O bizim emirlerimizi harfi harfine yerine getirecektir. Biz emirleri veririz, bilinçaltı zihin onları yerine getirmek için çalışır.

Geçenlerde bir adam beni aradı ve bir konferansımda onun sigarayı bırakabilmesine neden olan bir şey söylemekle "suçladı." İlk başta, sigarayı bırakabildiği için mutlu olduğundan emin olmadığını söyledi.

"Büyük bir kaşık alıp hayatımı karıştırdınız" dedi. "Yılda bir kez zihinsel envanter çıkarmakla ilgili sözlerinizdi beni etkileyen. Söylediğinizi yaptım, alışkanlıklarımı gözden geçirip onları sürdürmeyi gerçekten isteyip istemediğimi kendime sordum. Onların fiziksel, zihinsel ve ruhsal olarak bana yararlı olup olmadıklarını sordum. Hatta bir adım daha ileri gidip alışkanlıklarımın bazen başkalarını kızdırıp kızdırmadığını sordum. Zihinsel alışkanlıklarımın, sürekli kötümser düşünmemin, kendimden ve başkalarından kuşkulanmamın, gelecekten korkmamın içime yıkım tohumları ekip ekmediğini sordum. Sonra, sizin dediğiniz gibi, dikkatle beslediğim bu alışkanlıkları sürdürmeyi gerçekten isteyip istemediğimi sordum. Hayatımın sanki büyük bir kaşıkla karıştırıldığını hissettiğim nokta buydu! Bu bir taşınma günü gibiydi. Her şey odanın ortasına yığılmıştı ve yeniden zihinsel evimde yaşamaya başlayabilmek için önce onları düzene sokmam gerekiyordu. Onları iyi bir düzene sokmak bana bağlı görünüyordu ve böylece işe giriştim.

Önce, bir günümün zihinsel envanterini çıkardım ki bu zor bir işti. Yaşlandıkça daha akıllanmadığım aşikârdı. Günüm şöyle geçiyordu:

Her bir güne, pijamayla kapıya gidip gazeteyi alarak ve baş sayfada hangi korkunç felaketin yer aldığına bakarak başlama alışkanlığına sahibim. Kendi kendime, 'Güne gerçekten böyle mi başlamak istiyorum?' diye sordum. Sonra, dişlerimi bile fırçalamadan, bir sigara yakıyorum ve başım dönünceye kadar dumanı ciğerlerime çekiyorum. Doktorlar bunun bizim için gerçekten kötü olduğunu söylüyorlar ve bu konuda biraz suçluluk duyuyorum. 'Bu alışkanlığı sürdürmeyi gerçekten istiyor muyum?' diye düşündüm. Sonra, öğlene kadar on fincan kahve içiyorum. Bu konuda da biraz tedirginlik hissediyorum, ama bu öyle bir alışkanlık ki... Sigaraya uzanırken, otomatik olarak fincana da uzanıyorum. Onlar birbirine uyar görünüyor.

Bunu yıllardır yapıyorum. 'Bunu neden yapıyorum?' diye sordum kendime. Öğle yemeğini atlama alışkanlığına sahibim. Yapacak o kadar çok iş var ki, öğleyi de çalışarak geçiriyorum. Sanırım, bu sadece bir alışkanlık. Saat dört civarında bir kokteyl içmeyi düşünmeye başlıyorum. Beşe kadar bekliyorum ve sonra en yakın bara gidiyorum. Beni neşelendirecek bir şeye gerçekten ihtiyaç duyuyorum. Bunun sadece bir alışkanlık olduğunu söylüyorum kendime. İstediğim zaman bu alışkanlığı kırabilirim, ama yapmaya devam ediyorum.

Bu hoş bir tablo değildi. Bu alışkanlıkları sürdürmeyi gerçekten istiyor muyum, diye sormaya başladım kendime. Eğer insana hayatına ve düşüncelerine hâkim olma hakkı verilmişse, bu alışkanlıkların her günümü yönetmelerine neden izin veriyordum? Eğer bedenim *yaşayan Tanrı'nın tapınağıysa*, ona bu şekilde muamele etmeyi gerçekten istiyor muydum? Doğrusu, son zamanlarda sigaranın zararlarıyla ilgili birçok makale de okuyordum. Bu konuda biraz tedirginlik hissetmeye başlamıştım. Doktorların kendi çocuklarını sigara konusunda uyarıp uyarmadıklarını merak ediyordum; eğer gazetelerin ve dergilerin yazdığı gibi, doktorların yüzde yetmişi sigaranın kansere, amfizeme, kalp ve damar hastalıklarına yol açtığı konusunda fikir birliğine varmışsa; eğer Devlet Tıbbi Denetleme Kurulu başkanı, tütün firmalarının Amerikan halkına bir tür zehir, kimyasal bir madde, uyuşturucu bir madde sattıkları konusunda kuşku olmadığını söylüyorsa, sigara içmeye devam etmek gerçekten akıllıca mıydı?

Sanırım tüm bunlar size oldukça olumsuz geliyor. Kuşkusuz, bu fiziksel düzeyde bir bilgi. Sizin zihin kontrolünü öğrettiğinizi biliyorum. Evet, sigara içebilir ve düşünce gücümle kendimi sigaranın zararlı etkilerinden bir ölçüde koruyabilirim; ama kim tüm zamanını zihin konsantrasyonu yoluyla böyle zararlı etkileri ortadan kaldırmak için harcamak ister? Bir kişi tütünün ona hiçbir zararının olmadığını ne kadar inanarak düşünürse düşünsün, sigaranın zararlarıyla ilgili o istatistikler onun zihnine girip yer edebilir ve kişi sonuçta zarar görebilir. Her zaman üstesinden gelinmesi gereken küçük sinsi bir düşünce olacaktır. Akciğer, gırtlak veya ağız kanseriyle ilgili bir öykü okuduğum her seferinde, onu kendimle ilişkilendirme eğilimi gösterebilirdim. Sesimde biraz fazla boğukluk hissettiğim, nefes darlığı veya kalp çarpıntısı hissettiğim, öksürdüğüm her defasında sigaranın bana zarar verdiğinden endişelenebilirdim. Bu noktada, sigara içmeyi sürdürmeye değer mi, diye sordum kendime. Gerçekten de, Dr. Addington, bu bir otobanın ortasında durup, gelen arabalardan korunmak için dua etmek gibi bir şey değil mi?"

"Evet" dedim, "Şeytan, İsa'ya Tanrı tarafından korunduğunu kanıtlamak için tapınağın tepesinden aşağı atlamasını söylediğinde, İsa, *Tanrı'ya meydan okumayacaksın* (O'nu sınamayacaksın) dedi. Sanırım, eğer sigara içmenin Yasa'ya meydan okumak olduğunu hissedersem, sigarayı bırakmayı seçerim."

"Ben de bunu yaptım" dedi adam, "ve doğrusu, ilk başta sigara içmeyi neden istediğimi merak ediyorum. Bu duruma konferansınızda, 'Evet, sigarayı bırakabilir ve diğer olumsuz alışkanlıklarınızdan kurtulabilirsiniz. Kendini-Yönetme yasasını anladığınızda bu kolay olur' demeniz yol açtı. Sorun şu ki, sigara içmek zorunda olmadığımı anladıktan sonra, bana hiçbir yararı olmayan diğer alışkanlıklarımı da değiştirmeye karar verdim; işte bu yüzden hayatım şu anda karışmış görünüyor."

EVET, SİGARAYI BIRAKABİLİRSİNİZ

Evet, sigarayı bırakabilirsiniz; diğer olumsuz alışkanlıklarınızdan da kurtulabilirsiniz. Bu tümüyle bilinçaltı zihne verdiğiniz direktif meselesidir. Sigarayı ele alalım. Birçok kişi bana özlemle, "Sigarayı bırakmak istiyorum, ama yapamıyorum" diyor. Böyle durumlarda, onların sigarayı bırakmayı gerçekten istemediklerini biliyorum. Bir insan sigaradan kurtulmayı istediğinde, bu isteği gerçekleştirmek için gerekli her şeyi yapacaktır. Mesele sizin sigarayı bırakmayı gerçekten isteyip istemediğinizdir. Eğer bunu gerçekten istiyorsanız, bunu nasıl yapacağınızı söyleyeceğim. Yol şudur:

1. Sigarayı bırakmayı siz mi seçtiniz? Bu sizin seçiminiz olmalıdır.
2. Bilinçaltı zihninize emirleri daima olumlu biçimde verin. Bilinçaltı zihin olumsuz bir emri anlamaz. Eğer "Artık sigara içmeyeceğim" derseniz, dikkat hâlâ sigara içmek üzerinde olur. Emir, "Sigara içme alışkanlığından kurtuldum" şeklinde olmalıdır.
3. Kendiniz için yeni bir zincirleme reaksiyon, yeni bir motor karşılık dizisi oluşturun.
4. Sigara içme alışkanlığından şimdiden kurtulduğunuzu kabul edin.

Birinci adım, sigarayı bırakmayı seçmektir. Sigarayı bırakmayı gerçekten istiyor musunuz? Belki de sadece sigarayı *bırakamadığınızı* kanıtlamak istiyorsunuzdur. Eğer sigarayı bırakmayı seçer ve bunu *yapabileceğinize* inanırsanız, bilinçaltı zihninize olumlu emirler vererek bu alışkanlıktan kesinlikle kurtulabilirsiniz. *Hepsi budur, sadece bir alışkanlık kalıbıdır.*

Seçiminizi yapmalı ve hedefinize şimdiden ulaştığınıza inanmalısınız. *Dua ederken her ne isterseniz isteyin, eğer onları elde edeceğinize inanıyorsanız, elde edersiniz.* Sigara içme alışkanlığının üstesinden gelmeyle ilgili Gerçek budur. Eğer bilinçaltı zihniniz için yeni, yapıcı bir emir oluşturursanız, o hemen eskisinin yerine yenisini kanıtlamak için işe girişecektir. *Evet, si-*

garayı bırakabilirsiniz! Ama bırakmayı gerçekten istiyor musunuz?

İnsanlar bu konuda çoğunlukla başarısız olurlar, çünkü aslında yapmayı gerçekten istemedikleri bir şeyi yapmaya çalışırlar. Onlar sigarayı *bırakamadıklarını* kanıtlamak zorundadırlar. Sigarayı bırakma fikrini kabul edermiş gibi görünür, ama aslında bu fikre içsel olarak karşı çıkarlar. Belki de annelerini, eşlerini, hatta kendi vicdanlarını memnun etmek için sigarayı bırakmaya çalıştıklarını söylerler, ama aslında bırakmaya hiç niyetleri yoktur. Bir kişi bana, "Sigarayı bırakmak istiyorum, ama..." dediğinde durum genellikle budur. Eğer sigara içmeye devam ederseniz, bunun nedeni aslında içmeyi seçmenizdir. Sigara alışkanlığı gerçekte sizin üzerinizde -sizin ona verdiğiniz güçten başka- bir güce sahip değildir.

PRATİK YAPMAK KUSURSUZLAŞTIRIR MI?

Pratik yapmak kusursuzlaştırır (meşk kemale erdirir) özdeyişi o kadar sık tekrarlanmıştır ki insanlar ona inanmaya başlamışlardır. Ancak alışkanlık kalıbı başlangıçta kusursuzsa *pratik yapmak kusursuzlaştırır*. Bilinçaltı zihin titiz ve dikkatlidir. Bir davranışı zihne kazıyıp katılaştırmayı sever. Her golfçu bilir ki eğer kötü bir vuruşu yeterince uzun süre uygularsa, o kötü vuruş katı bir alışkanlığa dönüşür. İşte bu yüzden golfçular yeni baştan başlayabilmek ve doğru vuruşu zihinlerine kazıyıp katı bir alışkanlığa dönüştürebilmek için dersler alırlar. *Pratik yapmak her zaman kusursuzlaştırmaz, ama otomatikleştirir.* Büyük bir piyanist olmak için önce piyanoyu doğru çalmayı öğrenmelisiniz. Ancak o zaman pratik yapmak yararlı olur.

Eğer bir alışkanlığı uzun süre uygularsanız, -o alışkanlık deneyimlemek istemediğiniz bir şey olsa bile- zihninize kazınacaktır. Kendini-Yönetme yoluyla *her alışkanlığı değiştirebilirsiniz.* Bilinçli zihin hâlâ kraldır. Siz hâlâ hâkimiyeti ele alabilirsiniz. Alışkanlık tüm kontrolünüzü ele geçirmiş gibi görünebilir, ama bilinçli zihin gidişatı tamamen değiştirebilir. Biz düşüncemizi kontrol etmedikçe, onun bizi kontrol edeceği doğrudur. *Kendini-Yönetme yoluyla düşüncemizi ve dolayısıyla alışkanlık kalıplarımızı kontrol edebiliriz.*

BİLİNÇALTI ZİHİN OLUMLU TALİMATA KARŞILIK VERİR

Bilinçaltı zihin daima olumlu direktife karşılık verecektir. O ters yaklaşımı anlamaz. Eğer bir şeyi yapmayacağınızı söylerseniz, sonunda yapmak istemediğiniz şeyi yaptığınızı görürsünüz. Bilinçaltı zihin olumsuz bir emri anlamaz. "Dışarı çıkarken kapıyı kapatmayı unutmayacağım" derseniz, dışarı çıkarken kapıyı açık bırakacağınıza dair bahse girebilirsiniz; ama onun yerine, "Dışarı çıkarken kapıyı kapatmayı hatırlayacağım" derseniz, bilinçaltı zihne yapıcı bir emir vermiş olursunuz.

Bu yapıcı yaklaşım her alanda uygulanmalıdır. Eğer "Sabah zamanında uyanamayacağım" derseniz öyle olacaktır. Koyduğunuz yasanın harfiyen uygulandığını kanıtlamak için, saatin alarmı çalsa da uyumaya devam edersiniz. Bilinçaltı zihin size hassasiyetle hizmet ettiğine inanır. Ancak, eğer "Sabah tam altıda uyanacağım" derseniz, o sizi tam vaktinde uyandıracaktır. İçinizde daima doğru olan bir saat vardır. Elektrikli saat gece elektrik kesintisi yüzünden durabilir, ama içinizdeki saat sizi tam altıda uyandıracaktır. Bana inanmıyorsanız, deneyin.

YENİ BİR ZİNCİRLEME REAKSİYON OLUŞTURUN

Sigara içmek oral bir tatmindir. Bedeni beslemez veya zihni geliştirmez. Biz kendimizi iyi hissetmek için sigara içeriz. Bir kişi, bir bebeğin emzik emmesi gibi bir sigaradan bir nefes çeker. Bu bir meme emme eylemidir; hayatı ifade etme, sevgi alma, tıpkı bir bebeğin meme emmek için ağzını içgüdüsel olarak oynatmaya başlaması gibi, hayat tarafından beslenme arzusudur. Bazen, bunu anlamak bile tüm sigara içme arzusunu yok edebilir. Ancak, eğer bir kişi zincirleme reaksiyona az ya da çok esir olmuşsa, onun bu kalıbı kırması gerekir. Sigara içme fikrine yeni bir karşılık oluşturarak işe başlayın. Biri size sigara sunduğunda onu kesin olarak reddettiğinizi düşünün. Sakin, ama kararlı bir biçimde "Hayır, ben sigara içmiyorum" dediğinizi duyun. Verilecek bir karar kalmayıncaya dek bunu zihninize kazıyın. Böylece, bu kararı şimdiden vermiş olursunuz.

Şimdi, motor karşılıkla ilgilenebiliriz. Bir sigara yakma ritüelini tekrarlama -paketi çıkarma, sigarayı alma, yakma, ilk nefesi çekme- dürtüsünü hissettiğinizde, kendiniz için yeni bir ritüel oluşturun. Birçokları bu ritüeli tercihen ayrı ayrı sarılmış nane şekerleri paketi taşıyarak yapar. Paketten bir tane nane şekeri çıkarın, onu yavaş yavaş açın ve ağzınıza atın. Kilo almaktan korkmayın, çok geçmeden kendinizi çok daha enerjik hissedeceğinizden kilonuz kendini ayarlayacaktır. Tavsiye edebileceğim başka bir ritüel de kaleminizi ve bu amaçla bulundurduğunuz boş kartlardan birini çıkarıp "Sigara içmeyi seçmiyorum" veya "Artık sigara içmiyorum; sigara içme alışkanlığından kurtuldum" yazmanızdır. Bu yeni emir bilinçaltı zihninize iyice kazınıp sigara içme fikri size yabancı gelene kadar kaç küçük kart harcadığınızı görün. Bu emir bilinçaltı zihninize kazındığında artık kartlara ihtiyacınız olmayacaktır, çünkü bu zararlı alışkanlıktan kurtulmuş olacaksınız.

KONTROLÜ ELE ALMA MESELESİ

Bu talimatların sadece sigarayı bırakmak isteyenler için olduğunu hatırlayın. Ruhsal gelişmeyle birlikte her düzeyde gelişmenin -ruhsal düzeyde ilhamın, doğru düşünme rehberliğinin ve fiziksel düzeyde doğru yaşamanın- geldiğine inanıyorum. Ruhsal-spiritüel yolda olanlar er ya da geç sigaranın *onları terk ettiğini* görürler. Eğer sigara içme alışkanlığından ya da başka herhangi bir alışkanlıktan kurtulmayı gerçekten seçiyorsanız, ondan bir ila üç gün içinde -bir daha asla geriye dönüp bakmadan- tamamen kurtulabilirsiniz.

KENDİNİ-YÖNETME

Sigarayı bırakmayı seçiyorum. Özgür olmayı seçiyorum. Ben sigara içmiyorum. Birisi bana bir sigara sunduğunda, kararlı bir biçimde, "Hayır, teşekkür ederim, ben sigara içmiyorum" diyorum. Sigara içme isteği duyduğum ve elime bir sigara aldığım her defasında, onu küçük parçalara ayırıp çöp sepetine atıyorum. Ben özgürüm.

18

UYKUSUZLUK ÇEKMEK ZORUNDA DEĞİLSİNİZ

İnsomniya hayalî bir tehlikedir.
DR. JOSEPHİNE JACKSON

Geceleri yatakta dönüp durarak, uykunuzun gelmesini boşuna mı bekliyorsunuz? Yoksa siz, benim gibi, başını yastığa koyar koymaz uyuyan o şanslı insanlardan biri misiniz?

Yalnızca Birleşik Devletler'de her yıl satılan uyku ilaçlarının miktarına bakıldığında, birinci gruptakilerin sayısının ikinci gruptakileri çok aştığı görülüyor. Şimdi, insanlar ile uyku arasına giren birkaç şeyi inceleyelim.

ŞU HAYALÎ TEHLİKE - İNSOMNİYA

Dr. Josephine Jackson, *Sinirlerimizi Akılla Yenmek* adlı kitabında şöyle diyor: "Uyumak ya da uyumamak! Mesele bu. İnsomniyalı (uykusuzluk çeken) insan için dünyada bundan daha önemli bir şey yoktur. Onun günleri, yatakta bir yandan öbür yana dönüp durarak ve uyuyup dinlenemezse ertesi gün ne yapacağı konusunda endişelenerek geçen geceler arasındaki aralardır sadece. O, zihni insomniyanın yıkıcı etkileriyle ilgili fikirlerle dolu halde, mezara veya akıl hastanesine doğru hızla gitmekte olduğunu hayal eder."

Meslek hayatı boyunca, Dr. Jackson uykusuzluk çeken birçok insanı tedavi etti. O, insomniya korkusunun, zorunlu uyanıklık ile kasıtlı uyanıklık (insomniya) arasındaki farkı bilmemeye dayandığını keşfetti. İnsomniyanın bir alışkanlık olduğunu ve bu alışkanlığı edinen kişinin neredeyse süresiz olarak zarar görmeden uyanık kalabileceğini keşfetti.

Dr. Jackson, söz konusu kitabında hayatlarını hemen hemen hiç uyumadan geçiren insanlardan bahsediyor. Bu örneklerle, insomniyalı insanların uzun bir ömür sürebileceklerini, çünkü insomniyanın bir alışkanlıktan başka bir şey olmadığını (hastalık olmadığını) ve *alışkanlığın kolaylığı işaret ettiğini* kanıtlıyor. O, uyanık kalmak için bir çaba harcanmadığından, insomniya esnasında beyin hücrelerinin tahrik edilmediğini, böylece -yatakta huzursuz bir biçimde dönüp durmak dışında- enerji harcanmadığını söylüyor. "Eğer beden sakin tutulur ve duygular devre dışı bırakılırsa, yorgunluk çok kolayca giderilip enerji rezervleri doldurulabiliyor" diyor.

Dr. Jackson, insomniyayı "kısır döngü içinde, bir ilerleme kaydetmeden düşünmek" olarak adlandırıyor. Ve şöyle devam ediyor:

> Alışkanlık en az enerji tüketimiyle ve pek yorulmadan yapılan otomatik, bilinçaltı faaliyet anlamına gelir. Kalp ve diyafram kasları hayatın başından sonuna kadar çalışmalarını kolayca sürdürürler. Bilinçaltı zihne havale edilen herhangi bir şey, neredeyse süresiz olarak yorulmadan sürdürülebilir ve kronik bir insomniğin düşünceleri de bu bilinçaltı faaliyet tipine aittir. Tersine tüm iddialara karşın, bu insanın bilinçli zihni gerçekten uyanık değildir. Eğer ona, gece neler olduğu sorulsa, en duyulabilir gürültülerin bile farkında olmadığı anlaşılabilir. Onun zihninden geçen düşünceler yeni, yapıcı, enerji-tüketici düşünceler değil, günler ve haftalardır dönüp duran aynı eski düşüncelerdir.

Dr. Jackson, bu düşünceleri, turları bilen ve binicisinin müdahalesi olmadan süresiz olarak tempolu ve yavaş bir biçimde koşan bir ata benzetiyor. "İnsanı yoran insomniya değil, insomniya ile ilgili duygudur" diyor. "Sürekli olarak yorgun olan insanların bu hallerinin nedeni uyku eksikliği değil, gece boyunca 'Neden uyuyamıyorum? Yarın kim bilir kendimi ne kadar kötü hissedeceğim!' diye endişelenerek yatakta dönüp durmalarıdır."

UYKUYLA İLGİLİ MİTLER

Uyku konusunda bir otorite haline gelmiş olan Dr. Julius Segal, *İnsomniya* adlı kitabında uykuyla ilgili bazı ilginç mitleri sıralıyor:

> Uyku konusunda yaptıkları incelemelerde, bilimciler insomniya hakkında yıllar içinde birikmiş birçok mitle karşılaştılar; bunlar arkadaşlar ve akrabalar tarafından aktarılan ve çoğu çürütülmeyi hak eden gizli bir uyku mitolojisiydi.
>
> Örneğin, birçokları insanların her gece sekiz saat uyumaları gerektiğine, bunun adeta Tanrı'nın emri olduğuna gerçekten inanıyorlar.
>
> İnsanlar uykusuz gecelerinin sorumluluğunu hava değişikliklerine, evdeki bir kediye, görünen ve görünmeyen garip fenomenlere, açık bırakılmış bir dolap kapağına ya da sadece rahatsız bir hale veya keyifsizliğe yüklüyorlar.

Dr. Segal günümüzün en tehlikeli uyku mitlerinden birinin, insomniyanın bir hap yutarak tedavi edilebileceği olduğunu söylüyor. Bunu kimyasal savaşın tehlikeli bir yolu olarak nitelendiriyor. İlaç endüstrisinde yapılan bir araştırma uyku ilaçlarına rağbetin büyüklüğünü gösteriyor. Yalnızca bir yılda Amerikalılar sakinleştirici ilaçlara milyonlarca dolar harcıyorlar.

GÜÇ İLAÇTA MI, YOKSA İLACA DUYULAN İNANÇTA MI?

İyi bir gece uykusu uyumadan artık devam edemeyeceğini hissetme noktasına gelen bir hanım arkadaşımın öyküsünü hatırlıyorum. Bir akşam o bir hanım arkadaşını ziyarete gitmişti ve her zaman olduğu gibi, laf döndü dolaştı, onun o korkunç uykusuzluk sorununa geldi.

"Uyumaya çalışarak yatakta dönüp duracağım bir geceye daha dayanamam artık!" dedi arkadaşım, evine gitmek üzere mantosunu giyerken.

Bunun üzerine arkadaşı içeri geçti ve az sonra elinde büyük bir kapsül ve bir bardak suyla geri döndü. "Bende tam sana gereken bir şey var" dedi, "ama doğruca eve gitmelisin, yolda durma, yoksa direksiyonda uyuyakalırsın."

Çare bulunmuştu. Arkadaşım hapı yuttu ve gönül rahatlığıyla doğruca evine gitti. Eve vardığında çoktan uykusu gelmişti, hemen üstünü çıkarıp yattı ve on saat deliksiz uyudu.

Ertesi sabah, ona bu kadar dinlendirici bir uyku vermiş olan bu harika ilacı nerede bulabileceğini öğrenmek için heyecanla arkadaşını aradı.

Arkadaşı bir kahkaha attı ve "O hap gerçekten uyumana yardımcı oldu mu?" diye sordu.

"Neden, evet, o kadar komik olan ne?" dedi, arkadaşım.

"Sana verdiğim hap B1 vitamininden başka bir şey değildi."

Arkadaşım olayı anladı ve o da gülmeye başladı. Gücün, *hapta değil, hapa duyulan inançta olduğu* aşikârdı. Belki bu, uyku ilaçlarının sürekli kullanıldıktan sonra artık uyku getirmez olmalarının nedenini açıklar.

İNSOMNİYA İÇİN YENİ BİR TEDAVİ

II. Dünya Savaşı'nda bir destroyerde görev yapan bir teğmen bana şu öyküyü anlattı: Her gece saat 2:30'da uyanıyor ve bir daha uyuyamıyordu. Neyse ki o sırada gemide bir doktor vardı. Genç subay, doktorun ona uyku hapları vereceğini düşünerek ona başvurdu. Doktor onu dinledikten sonra, "İşte emirler" dedi, "Gece iki buçukta uyandığında giyin, mutfağa gidip kendine bir fincan kahve al, sonra da köprüye git ve göreve başla. Gecenin geriye kalanını görevde geçir. Sonra her zamanki günlük görevlerini yap."

Teğmen çok şaşırdı. Ancak, doktorun rütbesi daha yüksekti ve onun emirleri kabul etmekten başka yapabileceği bir şey yoktu. O gece iki buçukta uyandığında kalkıp giyindi ve kendisine söylenenleri yaptı. Ertesi sabah doktora gitti ve aynı emirleri aldı. O gece sabah iki buçukta uyandığında hemen gözlerini kapadı ve tekrar uykuya daldı. Bu onun insomniyasının sonuydu!

NASIL UYKUYA DALMALI?

Dr. Jackson uyumayı öğrenmenin en iyi yolunun uyuyup uyuyamadığınızı umursamamak olduğunu keşfetti. Bunu yapmanın en iyi yolu her gece saatlerce uyumanız gerektiği kuralını tamamen yok saymaktır. Dr. Jackson, eğer *zihinlerini sakin, bedenlerini gevşemiş halde tutarlarsa,* uyumadan da uyuyarak olduğu kadar dinlenebileceklerini hastalarına kanıtladı.

"Uykuyu aramayın; onun peşine düşerseniz bir güvercin gibi uçup gider" derler.

Herhangi bir şeye dikkati vermenin zihni uyanık tuttuğu keşfedilmiştir ve bu her şeyden çok uyku için geçerlidir. İnsomniyaklar, sık sık, uyuyup uyumadıklarını görmek için kendilerini uyandırırlar! Ama bu sadece kendimizi kandırma meselesi değildir. Uykunun mutlaka gerekli olmadığına, bedenimizin uyumadan da ihtiyacı olan dinlenmeyi sağlayabileceğine ikna olduğumuzda, uyumamızı engellemiş olan endişenin üstesinden gelmiş oluruz. İnsomniya o zaman önemini yitirecek ve çok geçmeden ortadan kalkacaktır.

GEÇ SAATTE YAYINLANAN PROGRAMLARI İZLEMEYİ TERCİH ETMEDİĞİNİZDEN EMİN MİSİNİZ?

Ailede herkes tarafından çok sevilen bir akrabam insomniya çekiyordu. O, gecede bir, en fazla iki saat uyuduğunu iddia ediyordu. Uzun bir ömür sürdüğü ve bir gece akşam yemeğinden sonra koltuğunda uyurken öldüğü için, insomniyanın insanların düşündüğü kadar tehlikeli olmadığının canlı kanıtıydı. Biz bu teyzemizin aslında gece yaptığı işleri uykuya tercih ettiğini hissederdik. O, gece geç saatlerde yayınlanan programları ve polisiye dizileri seyretmekten zevk alıyordu. Gece gündüz aşırı miktarda kahve içiyor ve geceleri sigara içmek için kalkıyordu. Çektiği zorluktan söz ettiğinde onu sessizce dinler, ama onun gecelerini kendi seçimiyle böyle geçirdiğine inanırdık.

DELİKSİZ, RAHAT BİR UYKU UYUMAK İSTEYENLER İÇİN BİRKAÇ KURAL

Uyumakta zorlanıyor musunuz? İşte size deliksiz, rahat bir uyku sağlayacak birkaç kural. Eğer onları gerçekten uygularsanız, yani insomniyadan gerçekten bıkmışsanız ve dünyada hiçbir şeyin uyanık kalmanızı önleyemeyeceğini kanıtlamaya çalışmıyorsanız, o kuralların işe yarayacağına garanti veririm.

1. Uyumak için yatın. Uyumayı bekleyin. Yatmaya hazırlık olarak yaptığınız her şeyin uykuya yardımcı olmasını sağlayın. Uyaran kitaplar, polisiye romanlar okumaktan, adrenalininizi yükselten siyasi tartışmaları izlemekten kaçının. Uyku vakti kavga vakti değildir. Yarının büyük projesiyle ilgili her düşünceyi de kararlılıkla zihninizden çıkarın.

Büyük Öğretmen'in (İsa'nın) dediği gibi, *yarını düşünmeyin; çünkü yarın kendi başının çaresine bakacaktır.* Onun yerine, sizi rahatlatan bir şey üzerinde meditasyon yapın. Ben bunun için çoğunlukla Henry Van Dyke'ın şu şiirini kullanırım.

SORUMLULUK VE KAYGILARINIZI BIRAKIN

Uyumadan önce, nazikçe bırak
Her sıkıntılı düşünceyi.
Giysilerini çıkarırken
Endişe ve üzüntüyü de çıkarıp at.
Sorumluluklarını ve kaygılarını
Duanın sessiz kollarına bırak.

Tanrım, Sen benim nasıl yaşadığımı biliyorsun,
Tüm kusurlarımı bağışla.
Yapmaya çalıştığım tüm iyilikleri
Güçlendir, kutsa ve gerçekleştir.
Tüm sevdiklerimi koru,
Ben Senin içinde uykuya dalarken.

2. Uyumadan önce geçmiş hatalarınız ve başarısızlıklarınızla ilgili düşünceleri düşünmeyi reddedin. Günün hatalarını ve acılarını yatakta düşünen hiç kimse uyuyamaz. Eğer bunu yapma eğilimindeyseniz, biten günle uzlaşmaya çalışın. Gününüzü gözden geçirin ve sizi incittiğini düşündüğünüz herkesi bağışlayın. Sonra, ne kadar aptal olduğunuzu düşünürseniz düşünün, yaptığınızı düşündüğünüz her hata için kendinizi bağışlayın. Biriyle sert konuşup sonra kendinizi mi suçladınız? Sözlerinizin onu düşünmeye sevk etmek için gerekli olmadığını nereden biliyorsunuz? O gün her ne içermiş olursa olsun, onu bırakın. Siz o anda yapabileceğinizin en iyisini yaptınız. Şimdi o bitti ve sizin onunla işiniz de bitti. Yarın yeni bir gün olacak. *Sorumluluk ve kaygılarınızı bırakın.* Hayat size karşı değil. Hayatınızı ve ilişkilerinizi, içinizdeki -her şeyi nasıl düzelteceğini bilen- Güç'e teslim edin.

3. Hiçbir zaman uyuyamadığınız için endişelenmeyin. Yatakta sessizce yatarak geçirilen saatler de size uyku kadar iyi gelecektir.

Diyelim ki siz gece saat üçte uyanıp plân yapanlardan birisiniz. Öznel olarak, siz geceleri uyanıp plân yapmayı seçiyorsunuz. Aslında, o günün kendi düşüncelerinizle baş başa kalabileceğiniz tek zamanıymış gibi görünüyor. Başucunuzda bir kalemle defteri hazır tutun, fikirlerinizi ve plânlarınızı o deftere not edin; o zaman onları bırakıp kolayca uykuya geri dönebileceğinizi göreceksiniz. Bu uyku saatini yitirmek size zarar vermez. Bedeniniz sonraki uyku devresinde bu açığı telâfi edecektir.

4. Koyunlar yerine, sahip olduğunuz nimetleri saymayı deneyin. Uyku bir hoşnutluk hissiyle birlikte gelir. Onları kendimizden ne kadar dikkatle gizlersek gizleyelim, üzüntü ve endişe bizi uyanık tutacaktır. Sahip olmadıklarınızla mücadele etmek yerine, hayatınızdaki iyi şeylerin zihinsel bir listesini yapmaya çalışın. Tablo ne kadar kasvetli olursa olsun, onun için şükredeceğiniz bir şey daima vardır. Hiçbir şey göründüğü kadar korkunç değildir. Bunu bir deneyin. Artılar hanesinde ne kadar çok şeyiniz olduğunu görünce şaşıracaksınız. Çok geçmeden sıcak bir hoşnutluk hissinin varlığınızı kapladığını duyumsayacak ve uykuya dalacaksınız.

5. *Yatıp uyudum. Uyandım; çünkü Tanrı benim varlığımı sürdürdü.* Bu mezmur üzerine bir vaaz verilebilir. Biz büyük irade-dışı Hayat'ın varlığımızı sürdürdüğünü bilerek tam bir güvenle uyuyabiliriz. Biz uyurken bile o kalbimizin atmasını sağlar, sindirim işlevimizle ilgilenir, kan dolaşımımızı sağlar ve bedenin harika çalışmasının geriye kalanını sürdürür. Biz uyurken o yeni beden hücreleri oluşturur, eskilerini atar. Biz, tüm bu harika bakımın değerini takdir etmeyiz, onu olağan bir şey gibi görürüz. Bilinçaltı zihnin mucizesi için teşekkür etmeyi hiç düşünmeyiz. Sonsuz Olan'ın daha büyük bedenimizle, yani işlerimiz ve ilişkilerimizle de ilgilendiğine güvenemez miyiz? Biz uyurken, işler bizim için yapılır. Birçok insan yarın yiyeceğimiz yiyeceği üretip hazırlar. Diğerleri kahvaltı masamızda okuyacağımız gazeteyi yayına hazırlayıp ba-

sarlar. Değerini takdir etmediğimiz çok şey var. Zihnimize ektiğimiz tüm düşünce tohumlarının biz uyurken büyüdüklerini düşünün. Bırakın, Tanrı sizinle ilgilensin. Ve içinizdeki Mutlak Güç'e güvenin, o zaman çok geçmeden uykuya dalarsınız.

RAHAT UYKU KENDİNİ-YÖNETME İLE GELİR

Zihnin kendini yönetme gücüyle, zihninize -bilinçaltı zihnin uyku işlevini devralmasıyla sonuçlanacak- talimatları verebilirsiniz. Bundan sonra uyuyamadığınızı gördüğünüzde, kendi kendinize şunları söyleyin. "Şimdi uyuyacağım. Tüm bedenim gevşemiş halde. Zihnim dingin. Ben huzurluyum. Şimdi uykuya hazırım. .... saat uyuyacağım. Dinlenmiş ve tazelenmiş olarak saat ....'de uyanacağım.

KENDİNİ-YÖNETME

Uyanık yatmaktan korkmuyorum; uyumak zorunda değilim.
Geçmişle ilgili pişmanlıklarım, gelecek için endişelerim yok.
Tüm tartışmalı düşünceleri bırakıyorum.
Kendimi ve başkalarını geçmiş hatalar yüzünden tamamen bağışlıyorum.
Zihnim rahat; ben huzurla doluyum.
Güvenle yatıyor ve uykunun gelmesine izin veriyorum.

19

CESARETSİZLİĞİN ÇARESİ

Huzurla ellerimi birleştiriyor ve bekliyorum,
Rüzgârı, gelgiti ya da denizi umursamıyorum;
Artık zamana ya da kadere isyan etmiyorum,
Çünkü benim olanın bana geleceğini biliyorum.
JOHN BURROUGHS

Hepimiz bazen cesaretimizi yitiririz. Bu durum hayatın gerekli bir unsuru olmasa da, kimse ona karşı bağışık değildir. Onun çeşitli nedenleri vardır, çünkü o tamamen insan yargısına güvenmekten kaynaklanır. İnsan yargısı olmadan, cesaretsizlik olamaz.

Cesaretsizlik sözcüğünün anlamı üzerinde düşünmek bile cesaret kırıcıdır. Cesaret (courage) sözcüğü Fransızca "kalbe ait" anlamına gelen *cour+age* sözcüklerine dayanır. "Discourage" sözcüğü cesaretini kırmak, cesaretini azaltmak, güvenden yoksun bırakmak, cesaretsiz hale gelmek anlamına gelir. O, başarısızlık, bunalım, keder, kasvet, endişe, melankoli ve neşesizlik gibi kaçınmaya çalıştığımız o olumsuz sözcüklerden biridir; o bir cesaretsizlik hissi taşır. Aslında, kaçınılması gereken şey sözcükler değil, o sözcüklere eşlik eden histir.

HAYAL KIRIKLIĞINI NASIL KARŞILAMALI?

Hayal kırıklığı ile cesaretin kırılması arasında bir ayrım yapılmalıdır. Hayal kırıklığının -eğer uygun biçimde karşılanırsa- cesaret kırıklığına dönüşmesi gerekmez. İnsanlar ve durumlarla ilgili umutlarımız veya beklentilerimiz gerçekleşmediğinde, hayal kırıklığına uğradığımızı söyleriz. Oluşturulan yeni bir umut veya yeni bir beklenti gerçekleşmeyen beklentinin yerini aldığında, bir hayal kırıklığının etkisi yok olur.

Her bir durumu hayır yönünde kutsamak, hayırlı bir durum yaratır. Kutsal Kitap'ta dendiği gibi, "*İyiliği sevenler için her şey iyilik yönünde işbirliği yapar.*"

Eğer bizim güdülerimiz dürüstse, eğer dikkatimiz içimizdeki Mutlak Güç'e yöneltilmişse, hayatımızdaki her yön değişikliğinin herkesin hayrına olmasını bekleyebiliriz.

Oğlu üniversiteye gitmemeye karar verdiği için bir babanın hayal kırıklığına uğradığını varsayalım. Baba, oğlunun kendisinin sahip olmadığı fırsata sahip olması için büyük plânlar ve fedakârlıklar yapmış ve şimdi onun umutları suya düşmüştür. Oysa babanın cesaretinin kırılması gerekmezdi. O, içinde bulunduğu durumda hayırlı olanı aramalı, yargılamadan ve suçlamadan kaçınmalıydı. Oğlunun böyle bir karar vermesinin cesaret gerektirdiğini, bu kararı vermenin belki onun için zor olduğunu ve her insanın kendi hayatını kendisi için doğru olan şekilde yaşaması gerektiğini anlamalıydı. Bir üniversite eğitiminden yoksun olmak bir kişinin başarısızlığa mahkûm olduğu anlamına gelmez. Birçok kişi bir üniversitede kapalı bir hayat yaşamak yerine, dışarı çıkarak ve hayatın zorluklarıyla yüzleşerek daha güçlü hale gelir. Belki oğul bu eğitimi daha sonra isteyecek ve o zaman kendisi için daha büyük bir çaba göstermeye gönüllü olacaktır. Her ne olursa olsun, bir insanın başka bir insanla ilgili umutları ve beklentileri, o insanın umutları ve arzularıyla uyuşmalıdır. Baba, oğlunun içinde ve onun vasıtasıyla çalışan tanrısal Zekâ'nın, oğluna onun için doğru olan yolu göstereceğini bilmelidir. Her insan Ruh'un özgün bir bireyleştirilmesidir ve her insan için -Tek Zihin'deki kendi farkındalık noktasında bilinen ve ona açıklanan- kusursuz bir plân vardır.

Belirli bir girişimle ilgili yüksek umutları ve beklentileri gerçekleşmeyen bir işadamı dikkatini derhal başka bir girişime yöneltmelidir. Ford Motor Şirketi Edsel'de (o zaman için çok büyük bir meblağ olan) 265 milyon dolar kaybetmişti. Şimdi bu kaybı kim hatırlıyor? Başarısızlık üzerinde durmak sadece daha fazla başarısızlık üretecektir. Hayal kırıklığı geçici bir şeydir. Önemli olan kişinin onu nasıl karşıladığıdır. Kişi, başarısızlığın veya gerçekleşmemiş beklentilerin cesaretini yitirmesine neden olmasına izin verdiğinde, cesaretsizliğe teslim olduğunda tehlikeli bölgededir.

Cesaretsizliğe kapılan insan bu konuda yalnız olmadığını, herkesin şu ya da bu zamanda hayal kırıklığına uğradığını anlamalıdır. Biz, beşerî perspektiften bakarak, kendimiz için neyin en iyisi olduğu konusunda her zaman doğru karar veremeyiz. Bizim beşerî eğilimimiz çok yüksek umutlar ve beklentiler oluşturmaktır, böylece çoğunlukla hayal kırıklığına uğrarız. Ancak, yüksek beklentiler zorlanıp esnememize ve böylece sahip olduğumuzun farkında olmadığımız içsel kaynakları kullanabilmemize neden olurlar.

GEÇİCİ BİR DÜŞÜŞ BİR NİMET OLABİLİR

Bazen, ani bir düşüşe, düşük bir devreye gireriz. Bu düşüş devreleri doğaldır. Onlara korkuyla bakılmamalıdır; onlar yenilenmeye, yükselme devresine ve daha büyük başarıya hazırlandığımız zamanlar olmalıdır. Böyle dönemlerde sessiz inceleme ve meditasyon gereklidir. Bunlar üretken zamanlardır. Aslında, gerçek çalışma sessizlikte yapılır ve bazen evde tamamen hareketsiz geçirilen bir gün tam ihtiyaç duyduğumuz ilhamın bize verildiği gün olabilir. Çoğunlukla, bu İç Rehberimizin sesini duyacak kadar sessiz olduğumuz tek zamandır.

Düşüşlerimizi cesaretin kırılmasıyla karıştırmayalım. İnsan sürekli bir başarı grafiği çizmek için yaratılmamıştır. Hayat gelgitler içerir. Kutsal Kitap'ın Ecclesiastes bölümünde söylendiği gibi:

Bu dünyada her şeyin bir mevsimi, her amacın bir zamanı vardır.
Doğma zamanı, ölme zamanı; ekme zamanı ve ekileni biçme zamanı vardır.
Tanrı her şeyi kendi zamanında güzel olacak şekilde yaratmıştır.

SESSİZ GÜVENDE GÜCÜMÜZÜ BULURUZ

Sessizlik ve meditasyon yoluyla kazandığımız güç gösteriyor ki tempomuzu düşürmemiz ve gevşeyip rahatlamaya zaman ayırmamız önemlidir.

İnsana verilen ilk derslerden biri, onun haftada bir günü dinlenmeye ve hayatın yüksek değerlerine odaklanmaya ayırması gerektiğiydi. Bu gün, sadece Tanrı'ya ibadete ayrılan bir gün değil, aynı zamanda -haftanın yedi günü tüm dikkatimizi işe veya bir şeyler kazanmaya vermek zorunda olduğumuzu hissetmediğimiz için- Tanrı'ya güvendiğimizi gösterdiğimiz bir gündür. Bu her şeyi Tanrı'nın ellerine bıraktığımız zamandır.

Tanrı'ya dönerek ve dinlenerek korunacaksınız; sessizlik ve güvende kuvvet bulacaksınız. -Yeşeya 30:15

HERKES CESARETSİZLİĞE KAPILABİLİR

Herkes cesaret kırıcı zamanlar geçirebilir. İçindeki Mesih sayesinde gerçek bir hâkimiyete sahip olan İsa bile cesaret kırıcı zamanlar geçirmiştir. Romalı askerler tarafından yakalanıp çarmıha gerilmeden önce, bunu hissettiği gece cesareti kırılmış ve o halden Tanrı'ya sığınarak, dua ederek kurtulmuştur. Onun cesaretsizliğe karşı kullandığı çareyi biz de kullanabilir, cesaretimizin kırıldığı anlarda içtenlikle dua edebiliriz.

Cesaretsizlik, insanlar, durumlar ve koşullarla ilgili hislerimizden kaynaklanır. O bir kuşatılmışlık ve engellenmişlik hissidir. Hayallerimiz ve tutkularımız suya düşmüş göründüğünde ortaya çıkan bir boşunalık hissidir. Amerikan bağımsızlık savaşının başkomutanı Washington bu cesaretsizlik sancılarını o soğuk ve kasvetli kışta Forge Vadisi'nde hissetti. Kongreden hiçbir destek alamıyordu; adamları savaş meydanından kaçıyorlardı; kalanlar aç, üşümüş ve perişandılar. Washington, göremediği ve dokunamadığı bir Güç'e güvenmek zorundaydı. *Görerek değil, inançla yürürüz* demiş Aziz Pavlus.

HİÇBİR ŞEY BİZE KARŞI DEĞİL

Dün bir adam ofisimde bana, cesaretsizliği nasıl yendiğini anlatıyordu. Bir yıl önce durumun karanlık göründüğünü söylüyordu. Hayatındaki insanlar kendisini her bakımdan istismar etmişler gibi görünüyordu. Görünüşe göre cesaretini yitirmeye hakkı vardı. İsa, *görünüşe göre hüküm vermeyin, doğru hüküm verin* diye öğütlemiş. Bu adam bu öğüdü sebatla uygulamış.

Görünüşe göre, onun hiç parası yoktu, ama görünüşteki parasızlığın bile kendisine karşı olmadığı gerçeğini benimsedi. Şu önerme üzerinde çalıştı: *Hiçbir şey bana karşı değil, parasızlık bile bana karşı değil.* Şunu kendine tekrar tekrar -ona iyice inanana kadar- söyledi: "Tanrı tüm var olandır ve her yerde mevcuttur. Tanrı'dan başka bir şey yoktur, dolayısıyla eğer Tanrı benim içinse, kim bana karşı olabilir?"

Bugün o hiçbir şeyin ona karşı olmadığını, iyiliği sevenler için her şeyin iyilik yönünde işbirliği yaptığını kendisine ve onu tanıyan herkese kanıtlamış durumda. Doğru güdülere sahip olarak ve bu önermeye sebatla sarılarak başarılı bir iş kurdu. Herhangi bir maddi sermayeye sahip olmadığından, ruhsal kaynaklara yatırım yaptı ve kendisine doğru arkadaşları ve iş ortaklarını çekerek, görünüşte imkânsız olan bir şeyi başardı. Bir yıl sonra karşımda otururken yine aynı şeyi söylüyordu: "Tanrı benim içinse, kim bana karşı olabilir?"

"Bu hayatımızın her alanında her birimiz için geçerlidir" diye düşündüm. Her hastalık, yoksunluk, uyumsuzluk inancı hayatın bir yerinde bir şeyin bize karşı olduğu hissidir. Hayatta hiçbir şey bize karşı değil, dolayısıyla cesaretsizliğe yer yoktur.

CESARETSİZLİĞİN KUSURSUZ ÇARESİ

Cesaretinizin kırıldığını hissettiğinizde, elinize bir kâğıt ve kalem alarak oturun. Eğer belirli bir sorununuz varsa, kâğıdın bir yüzüne o sorunu tüm ayrıntılarıyla yazın. Sonra, kâğıdın öbür yüzüne, mümkün olan her çözümü yazın. Fikirlerin gelmesine izin vermek için zihninizi gerçekten açın. Size gelen çözüm imkânsız görünse bile, onu yine de yazın. Sık sık, *imkânsız* çözümün çözüm olduğunu gördüm. Bir kez dikkat çözümler üzerinde odaklandığında, güç sorundan çekilir ve çözüm belirir.

Sonra, başka bir kâğıt alın ve hayatınızda cesaret verici olan her şeyi -kazançlarınızı, arkadaşlarınızı, yeteneklerinizi vb.- yazın. Yazacak bir şey bulamayıncaya kadar bunları yazmaya devam edin. Kâğıdın öbür yüzüne, hayatınızdaki cesaret kırıcı şeylerin tümünü yazın. Hepsini kâğıda dökün. Bunu yaptıktan sonra, bu cesaret kırıcı şeylerin her birinin üzerini çizin. Kendi kendinize, "Bununla işim bitti! Bu benim gerçeğim değil" deyin.

Şimdi, tüm dikkatinizi sizinle ve hayatınızla ilgili cesaret verici şeylere odaklayın. Dikkatimizi verdiğimiz şey gelişir. Dikkatimizi iyiye, olumluya ve doğruya verdiğimizde, onları deneyimleriz.

HAYAT BİR SERÜVENDİR

Biz hayat yolunda bilinenden bilinmeyene doğru ilerleyen serüvencileriz. Bugün nerede bulunduğumuzu, hayattaki yerimizi, durumumuzu, şu anki ilişkilerimizi biliyoruz. Bugünkü hayatımızı bilebiliriz; ama yarını, gelecek haftayı, bir ay veya bir yıl sonrayı düşünerek ileriye baktığımızda, hayatımızın nasıl şekilleneceğini her zaman göremeyiz. On yıl sonra ne yapıyor olacağımızı hayal etmeye çalışsak da, bu değişen dünyada neler olacağını bilmemizin bir yolu yoktur. Ama bir şeyi kesin olarak bileceğiz: İçimizde Tanrı'nın bizi asla terk etmeyecek ve yüzüstü bırakmayacak olan Bilgeliği, Gücü ve Sevgisi vardır.

> *Bakın, ben her zaman sizinleyim. Sizden önce gidip eğri yerleri düzelteceğim. Siz nehirlerden geçerken boğulmayacaksınız, ateşin üzerinde yürürken yanmayacaksınız, çünkü ben hep sizinle olacağım.*
>
> Matta 28:20; Yeşeya 43:2, 45:2

HAYAT GELİŞEN BİR SÜREÇTİR

Kendimizi bazen göreceli bir rahatlıktan kriz noktalarına kayarken buluruz; ancak, eğer kim olduğumuzu ve neyle birlikte çalışmamız gerektiğini bilirsek, bu durum hiçbir fark yaratmaz. Bu durum sadece yolculuğun bir parçasıdır, yakında geçecek ve unutulacak küçük bir zorluktur.

Genel tabloya bakıldığında, Hayat gelişen bir süreçtir; o bu dünyadaki küçük bir deneyimle sınırlı değildir; sonsuz bir deneyimin Evrensel bir gelişimidir. Her deneyimin bir anlamı, öğrenilecek bir dersi, kazanılacak bir gücü -ya da bize sağladığı ve değeri daha ileride anlaşılacak bir gelişim- vardır. *Eğer hiçbir şeye cesaret etmezsek, hiçbir şey kazanamayız.* Cesaretimizin kırılmasına *zarar görmeden* izin veremeyiz.

KENDİNİ-YÖNETME

Cesaretimin kırılmasını reddediyorum.
İçimde her durumu karşılayacak bilgelik var.
Ben doğru seçimler yapmaya yönlendiriliyorum.
İçimdeki Mutlak Güç ne yapacağını ve onu nasıl yapacağını biliyor.
İçimde onun için hiçbir şeyin imkânsız olmadığı bir Güç var.
Yaptığım her şeyde içimdeki Mutlak Güç'e güveniyorum.

20

KENDİNİ İYİ YÖNETMENİN ÖDÜLÜ: SÜREKLİ İÇ HUZURU

Kendinizden başka hiçbir şey size huzur getiremez. Prensiplerin zaferinden başka hiçbir şey size huzur getiremez.

RALPH WALDO EMERSON

İşin özüne indiğimizde, bugün çoğumuzun nihai hedefi iç huzurudur. Bazıları onu sağlıklarına kavuştuklarında bulacaklarını düşünürler; bazıları mutlu bir evliliğin onlara huzur getireceğine inanırlar; birçokları da zenginliğin huzura giden güvenilir yol olduğuna inanırlar. Daha büyük bir huzur için çılgın arayışta, birçok kişi huzuru alkol ve uyuşturucu gibi geçici çarelerde arar. Bu şeylerin hiçbirinin o erişilmesi zor hedefi - huzuru- sağlamadığını görmek için sadece çevremize bakmamız ya da küçük bir ruh-araştırması yapmamız yeterlidir.

Huzur (veya barış) sözcüğü (peace) Latince'de "anlaşmaya varmak" anlamına gelen *pacere* sözcüğünden türetilmiştir. Huzur üzerinde yoğunlaşmak, hayatla tam bir anlaşma içinde olmak, mutabakat sağlamak demektir. Her insanın hedefi olan gerçek iç huzuru bir sükûnet halidir; rahatsızlıktan, heyecandan, endişeden kurtulmuşluk halidir; hayatla ve çevremizdekilerle uyum içinde olmaktır. Herkes, onu bir başkasına verebilmek için, önce kendi iç huzurunu bulmalıdır.

DİRENİŞ ZİHİNSEL ZEHİRDİR

İç huzurunun zıddı iç çatışmadır; o, insanlara durumlara, koşullara ya da fikirlere direnmekten kaynaklanır. Direniş, direnen kişinin yaşamına karışıklık, kaos ve sonuç olarak stres getirir. Dolayısıyla, eğer kalıcı bir iç huzuru bulmak istiyorsak, önce dirence bir çare bulmalıyız.

Direnmek, zehirle uğraştığını fark edemeyen insan zihnine daima çok mantıklı görünür. Aksine, anlaşmanın iyileştirici gücü daima her zorluktan kurtuluş yoludur. Dikkatimizi direndiğimiz şeyden uzaklaştırıp anlaşmanın yaratıcı gücü üzerinde odakladığımızda, sahip olabileceğimizi hiç hayal etmediğimiz yeni yaratıcılık kanalları bize açılır. Şimdi anlaşmanın bazı veçhelerini değerlendirelim.

HAYATLA ANLAŞMA

Yaratıcı olmak için hayatla anlaşmamız gerekir. Tarihe baktığımızda, insanlığın varoluşundaki en yaratıcı dönemlerin bazılarının bir savaş ya da kriz gibi büyük stres ve karışıklık zamanlarında yaşandığını görürüz. Yüzeyde, bu bir çelişki gibi görünebilir. Ancak, insanın acil bir durumla karşılaştığında, büyük bir ihtiyaçla yüz yüze geldiğinde anlaşmaya daha eğilimli olduğunu görürüz. Belki böyle zamanlarda insan kendi yetersizliğini, ölümlü insanın yetersizliğini idrak ediyor ve kendisinden daha büyük bir Güç'e uzanması gerektiğini anlıyor.

John Flavel adında bir adam, 1690'da şu yorumda bulunmuş: "İnsanın had safhası Tanrı'nın fırsatıdır." O zamandan beri, birçok kişi bu gerçeği buldu ve ona sahip çıktı. İnsan en büyük ihtiyacıyla yüz yüze geldiğinde, en sonunda içindeki büyük Güç'e döner ve onunla anlaşır. Ondan önce, insan çatışma içindedir ve bu onun hayattan ayrılık hissetmesine neden olur.

Bugün bazı doktorlar tüm hastalıkların stresten kaynaklandığını söylüyorlar. Stres bizi tekrar sağlık, zenginlik ve bilgelikle tam bir uyum içine sokabilecek olan Hayat Prensibi ile anlaşmama halidir. Bizi, çaresizlik duygusuyla, tüm Güç olan Hayat Prensibi'ne dönmeye, en sonunda onunla anlaşmaya zorlayan her büyük sorunun kılık değiştirmiş bir nimet olduğunu görmek kolaydır. İsa, *Baba, benim değil senin iraden gerçekleşsin* dediğinde, dünyayı yenmiştir.

HAYATLA ANLAŞMAK YARATICILIKTIR

Hayatı taleplerimizi yerine getirmesi için zorlamaktan vazgeçip içimizdeki yaratıcı Hayat Prensibi ile anlaşmaya başladığımızda, O'nun bizim vasıtamızla yaşamasına izin verdiğimizde, yaratıcı bir hayat yaşamanın yollarını bulacağız. Böyle bir hayatta bir doyum duygusu vardır. Bir bireyin zihninde bir birlik duygusu yaratacak olan herhangi bir şey, o bireyin içinde bir sevinç ve doyum hissi yaratacaktır. Bu ister bir iş anlaşması, ister bir tablo yapma, ister bir müzik besteleme, isterse kurabiye pişirme yoluyla doyum vermek olsun, o kişi hayatla anlaştığını, hayata bir şeyler verdiğini ve hayatın kendisine bir şeyler verdiğini hisseder. Hiçbir ayrılık duygusu yoktur. O zaman, bir huzur duygusu o kişinin hayatının her yanına yansır.

İşini seven insan hayatla anlaşmaktadır. O, işinde yaratıcı olmayı, kendini işiyle insanlara doyum verecek bir biçimde ifade etmeyi sever. O ister bir zanaatkâr, isterse bir tezgâhtar olsun, işinde doyum bulan işçi, işine sevgi katan biridir. Aziz Pavlus'un *Sevgi, yasanın yerine getirilmesidir* demesinin nedeni budur. Sevgi yaratıcıdır, sevgi yapıcıdır, yapılan işe karşı saygı doludur. Sevgi, Tanrı'nın Gücü'nü ortaya çıkarır, çünkü o insanın hayatında ifade edilen Tanrı'dır.

TANRI İLE ANLAŞIN

Bu Tanrı'yla, içimizdeki ve tüm hayatın içindeki Sonsuz İyilik'le anlaşmak anlamına gelir. Bu, Tanrı'nın tüm nitelikleriyle -Hayat, Gerçek, Sevgi, Güzellik, Bilgelik, Huzur ile- anlaşmak demektir. İster inanın ister inanmayın, biz hayatla herhangi bir şekilde mücadele ettiğimizde, Tanrı'yla mücadele etmekteyizdir; çünkü Tanrı tüm var olandır. Özünde, Tanrı'ya, "Bunu Sen bana neden yaptın?" diyoruz. Ama Tanrı, kusursuz Hayat Prensibi, kusursuz olmaya devam eder, yarattıklarını kusursuz görmeye devam eder; ve biz, kırılgan ölümlüler, yapmamız gereken tek şey bizim için zaten oluşturulmuş olan Tanrısal Kusursuzluğa katılmakken, kendi zihinlerimizde oluşturduğumuz kötülüğe direnerek pestilimizi çıkarırız. Bu, özgürlüğe açılan kapı ardına kadar açıkken, kapalı bir pencerenin ardında çırpınan bir kuşun durumuna benzer.

Tanrı'yla nasıl anlaşırız? İşte birkaç örnek:

HUZURLA ANLAŞIN

Seçim bize bağlıdır. Savaş ve savaş kışkırtıcılarıyla mücadele mi edeceğiz, yoksa bulunduğumuz yerde huzur mu bulacağız? Bugün dünyada bulunan yanlışlara direnerek harcadığımız her dakika savaş ateşini körükler, bedenlerimizdeki hücreleri tahrip eder, barış ve huzur açısından hiçbir kazanım sağlamaz. Bu prensibe inanmadığımız ya da prensibi temsil etmek istemediğimiz anlamına gelmez. Bu, bizim idealler ve prensipler doğrultusunda hareket etmemiz, ama insanlara ve koşullara direnmememiz anlamına gelir. Zihnimizi huzur ve barış üzerinde merkezlenmiş tutarak, çevremizde her ne olursa olsun ilerleriz. Eğer insanın zihni mücadele, çatışma, yüksek mevkilerdeki kötülük ve yolsuzluk düşünceleriyle doluysa, o bu düşünüşü kendi hayatında, ilişkilerinde ve toplumsal hayatında ifade edecektir. Eğer o, koşullara direnerek boşa harcayacağı enerjiyi koruyarak, zihnen Tanrı'nın huzuru, adalet ve doğru davranış üzerinde yoğunlaşırsa, bulunduğu yerde bir huzur ve barış kuvveti, bir iyilik vasıtası olacaktır. *Huzur olsun ve o benimle başlasın* yaklaşımı huzur ve barışa doğru ilerlemenin tek yoludur.

Dikkat Tanrı üzerinde yoğunlaştığında, Tanrı ve Ben çoğunluk oluruz. Dikkat huzur üzerinde yoğunlaştırıldığında, insan huzurun bir aracı olur. Evet, *cennette (içte) ve dünyada (dışta) tüm güç bize verilmiştir.* Camdan geçmek için kanatlarını boş yere çırpan küçük kuşlar olmaktan vazgeçelim. Direnmek daima yıkıcıdır. Huzuru ve barışı temsil eden bir avuç dolusu insan bile büyük işler başarabilir.

Bu sadece dünya koşullarına değil, bugün var olan tüm yanlışlıklara ve adaletsizliklere uygulanabilir.

KÖTÜLÜĞE DİRENMEYİN

İsa da sürekli olarak bundan söz ediyordu. *Göze göz, dişe diş dendiğini duydunuz; ama size söylüyorum, kötülüğe direnmeyin; sağ yanağınıza vurana öbür yanağınızı da çevirin. Eğer birisi sizi mahkemeye verir ve paltonuzu alırsa, ona pelerininizi de verin. Biri sizi bir mil yürümeye zorlarsa, iki mil yürüyün... Daha önce size komşunuzu sevmeniz, düşmanınızdan nefret etmeniz söylendi. Ama size söylüyorum, düşmanlarınızı da sevin, size beddua edenleri kutsayın, sizden nefret edenlere iyilik yapın ve sizi kullananlar ve size eziyet edenler için dua edin; böylece cennetteki Babanızın çocukları olabilirsiniz.*

Bütün bu öğreti anlaşmaya dayanır. Öbür yanağını çeviren insanda içerleme, nefret yoktur, karşı olma duygusu yoktur; anlaşma vardır. Direncin olmadığı yerde hasım öfkesini yitirir. Zararsız hale gelir.

Pitirim A. Sorokin, çok değer verdiğim *Sevginin Yolları ve Gücü* adlı kitabında, sevginin nefreti harika bir biçimde yendiği birçok gerçek olaydan söz eder. Hırsızlar, istedikleri her şey kendilerine verildiğinde bir şey çalamıyor ve dönüp gidiyorlar. İşkenceciler, direnç yerine sevgiyle karşılaştıklarında acımasız davranmak istemiyorlar. "Öldürülen insan çoğu kez kendi ölümünden sorumludur" diyor Halil Cibran, *Ermiş* adlı kitabında. Direnç dirence ve ona eşlik eden tüm olumsuzluklara yol açar; ama sevgi nefreti, iyi kötüyü yener. Tek yol budur.

Ve birisi sizi mahkemeye verir ve paltonuzu alırsa, ona pelerininizi de verin. İsa yargı yoluna başvurmamanız gerekir demiyor; burada öğreti, eğer karşı taraf mahkemeyi kazanır ve paltonuzu alırsa, ona içerlememek, ondan nefret etmemek için ona daha fazla şey vermektir. Bu içinizdeki içerleme ve nefret duygusunu bırakmanızı sağlar.

Ben zamanımı olumlu ve yapıcı bir hayat felsefesini -nefret yerine sevgiyi; kötüyü iyiyle yenmeyi- öğretmeye adamak için başarıyla sürdürdüğüm avukatlığı bıraktım. İnsanların uzun pahalı davalara giriştiği birçok vaka anlatabilirim. Onlar tam anlamıyla haklıydılar. Kanun onlardan yanaydı. Sonunda kazandılar, ama ne pahasına! Çoğu zaman, parasal maliyet başlangıçtaki kayıptan daha büyüktü; ama sağlık, mutluluk ve huzur bakımından maliyet asla hesaplanamazdı; o kadar büyüktü.

TÜM HAYATTA TANRI İLE ANLAŞIN

İçinizdeki Tanrı'yla, içinizdeki tanrısal Sevgi merkeziyle anlaşın ve hiç kimseye veya hiçbir şeye bulaşmayın. Dünyada sahip olduğumuz düşmanlar kendi içimizde üretilir. Kutsal Kitap'ta yer alan, *düşmanlarımızın hepsi kendi ev halkımızdır* sözü bunu ifade eder. Bir kez onları sevgiyle iptal edebildiğimizde, deneyimimizde hiçbir düşmanın olmadığını göreceğiz. Bilinç olarak içsel huzur ve tanrısal anlaşma içeren yeni bir hayat oluşturduğunuzda, yeni ve daha yüksek bir deneyime geçeceksiniz. *İçiniz nasılsa, dışınız da öyledir.* Bilinçte hiçbir düşman kalmadığında, deneyiminizde de hiçbir düşman olmayacaktır. Bilinçte bir direnç olmadığında, deneyiminizde hiçbir hasım ve muhalif olmayacaktır.

Direnç, anlaşmanın karşıt duygusudur. Direnç, hayatımızda her şeyden daha fazla dikkat etmemiz gereken şeydir. İçinde bulunduğumuz duruma direnmek, hayatımızdaki insanlara direnmek, koşullara direnmek ya da sadece metroya veya hava durumuna direnmek. Direnmek, iç huzurunun en büyük düşmanıdır.

Anlaşma sözcüğü ne anlama gelir? Uyumlu olmak, birlikte çalışmak, birleşmek, bir olmak anlamına gelir. İki kişi anlaştığında, bir olurlar. Bireyin içinde anlaşma olduğunda, o kendi içinde ve tüm hayatla birleşir; o zaman Mutlak Güç onun vasıtasıyla başarıya doğru akar.

İNSANIN ÇEVRESİYLE ANLAŞMASI

Yaşadığınız yerle anlaşın. O yaşamayı istediğiniz bir yer olmayabilir; ama en azından ona direnmezsiniz. Ona uyum sağlarsınız. Bu konuda şöyle bir onaylama yapabilirsiniz: "Ben hayatla uyum içindeyim. Bu yerle uyum içindeyim. Ben doğru yerdeyim, doğru zamanda doğru şeyi yapıyorum. Çevreme direnmek zorunda değilim, çünkü zihnime yerleştirdiğim şeyi mutlaka deneyimleyeceğimi biliyorum. Arzuladığım şeyi görüyorum ve bana ait olanın bana geleceğini bilerek, onun için şimdi teşekkür ediyorum."

İYİYİ BULMAK HAYATLA ANLAŞMAKTIR

Her durumda ona dayanabileceğimiz iyi bir şey bulalım. Bu o eski düşman direnci saf dışı etmenin harika bir yoludur.

İsa'yla ilgili şöyle bir öykü anlatılır: İsa ve havarileri birlikte yürürken yolun kenarında bir köpek görürler. Köpek günler önce öldüğü için pek hoş bir halde değildir. Havariler bu duruma çoğu insanın göstereceği tepkiyi gösterirler, ama İsa "Köpeğin ne güzel dişleri varmış" der.

Her durumdaki iyiye karşılık vermeye çalışın. İyiyi bulun. Eleştiride ve suçlamada bulunmayın. Bu tutumu bir hafta kadar deneyin; sonunda yaratıcılığa giden yolu açtığınızı göreceksiniz. Kanallar açılır. Hiçbir şey yolunuzu kesmez. Tanrı sizin vasıtanızla, mümkün olabileceğine inanmadığınız bir sağlık ve tanrısal esenlik ifadesine ulaşabilir. Tanıdığım bir kadın "küçük nefretlerinden" kurtulduğunda kanserden de kurtulmuştu. Kadın o nefretleri böyle adlandırıyordu ki bunlardan biri bulaşık yıkamaktı. Dirençlerinizi korumaya değer mi? Hayatla anlaşın, o zaman hayat da sizinle anlaşacaktır.

HAYATLA ANLAŞMAK İÇSEL GÜVENLİK GETİRİR

Kendimiz için yeni anlaşma kalıpları oluşturduğumuzda hayata direnme eğilimimizin gittikçe azaldığını görürüz. Direnmeyi bıraktığımızda, tüm anlayışı aşan bir huzuru keşfederiz. Artık kaderin insafına kalmayız. Yeni, sağlam bir güven duygusu bizi etkisi altına alır.

Anlaşma çok gerçek bir şeydir. Kaç kişinin sizinle anlaşamadığı, kimin sizinle çekiştiği, kimin size karşı mücadele ettiği bir fark yaratmaz. Çünkü Tanrı ve Ben bir çoğunluğuz.

Çözüm, içimizdeki tanrısal Sevgi ile, içimizdeki Tanrı ile anlaşmak, onun bizim vasıtamızla yaşamasına, bizi nefretten, yargılardan, içerlemelerden arındırmasına izin vermektir. Onun bize yol göstermesine, günlük hayattaki tüm direnci yok etmesine, bize her durumda yaratıcı ve mutlu bir biçimde yaşama özgürlüğünü vermesine, hayatımızı huzur ve tanrısal doğru eylem yollarına doğru yeniden inşa edecek gücü ve zekâyı vermesine izin vermektir.

KENDİNİ-YÖNETME

Ben son derece rahat ve huzurluyum.
Hayatımdaki iyiliğin gücüne inanıyorum.
Koşullarda hiçbir güç yoktur; kişiliklerde hiçbir güç yoktur; sadece iyilikte güç vardır.
Şu anda içimdeki iyilik gücünü engelleyebilecek hiçbir kişi, yer, nesne, koşul veya durum yoktur.
Hiçbir şey bana karşı değil; hiçbir şey beni rahatsız edemez.
Geçmiş hayatımdaki hiçbir şey beni incitecek bir güce sahip değildir.
Şu anda iyi düşünerek geleceğimi yaratıyorum.
Ben şimdide yaşıyorum; geleceğe güveniyorum; geçmiş için hiçbir pişmanlık duymuyorum.
Tüm hayatın benim iyiliğim için işbirliği yaptığına inanıyorum.
Ben rahatım. Huzur doluyum.